Angelika Grauer/Peter F. Schlottke:

Muß der Speck weg?

Der Kampf ums Idealgewicht im Wandel der Schönheitsideale

Mit 24 Abbildungen

Deutscher
Taschenbuch
Verlag

dtv

Originalausgabe
November 1987

Umschlaggestaltung: Celestino Piatti
Umschlagabbildung: Kunsthistorisches Museum Wien
(Jacopo Tintoretto: Susanna im Bade)
Gesamtherstellung: C. H. Beck'sche Buchdruckerei,
Nördlingen
Printed in Germany · ISBN 3-423-10808-8

Inhalt

Dank
Unser Dank für viele Hinweise und ergiebige Diskussionen gilt Petra Peitgen-Hoffmann, Thomas Grauer und Klaus Paal. Bei der Verteilung der Fragebogen war uns die Hilfe von Lore Krautter und Marion Ungerer sehr wertvoll.

»Ich finde es schrecklich, daß heute alles einem Ideal hinterherjagt, egal ob es zum Typ paßt oder nicht. Wir Frauen riskieren unsere Gesundheit und unser Selbstvertrauen mit all diesen Schlankheitsdogmen. Viel persönliches Leid ist auf die Unzufriedenheit mit dem eigenen Körper zurückzuführen. Krankheiten wie Mager- oder Fettsucht oder Bulimie resultieren aus der Forderung der Gesellschaft, jung und schlank zu sein. Sonst gilt man als Außenseiter.« So lautete eine Antwort in unserem Fragebogen auf die Frage: »Was halten Sie davon, daß heutzutage eigentlich nur die schlanke Frau als schön gilt? Haben Sie selbst schon in irgendeiner Weise unter diesem Ideal gelitten?« (Siehe auch Seite 62 und 70.)

Erstaunt Sie diese Antwort? Oder gehören Sie zu denen, die ganz ähnlich denken? Schlankheit – was halten Sie davon? Haben Sie schon gehungert, mit knurrendem Magen Kalorien gezählt, Ihre mangelhafte Selbstdisziplin verflucht? Haben Sie es bisher immer geschafft, Ihre »Linie« zu halten? Gehören Sie gar zu den »Glücklichen«, die einfach essen, was ihnen schmeckt, ohne einen Gedanken an drohende Fettpölsterchen zu verschwenden?

Lange Zeit war es selbstverständlich, daß »Schlankheit« schön, ästhetisch, gesund und deshalb erstrebenswert sei. Der Widerspruch derer, die es schwer hatten, diesem Ideal gerecht zu werden, regte sich nur zaghaft. Auf dem Buchmarkt erschien zum Beispiel 1979 erstmals ein ›Anti-Diät-Buch‹ für Frauen von Susie Orbach und 1981 ›Wir sind rund – na und? Ein Plädoyer für die mollige Frau‹ von Margit Schönberger und Anita Höhne.

Aber jetzt erst scheint sich eine wirkliche Trendwende anzubahnen. Ein Zeichen dafür: Die Massenmedien greifen das Thema »Schlankheit« nicht mehr nur in der üblichen befürwortenden Form auf, sondern untersuchen es auch kritisch. 1985 erschienen einige Artikel, die denjenigen Mut machten, die unter dem Zwang zur Schlankheit leiden, so zum Beispiel der ›Spiegel‹-Artikel »Schrei aus der Tiefe des Bauches«, in dem Volker Pudel, Leiter der Arbeitsgruppe für Ernährungsforschung der Universität Göttingen, das seiner Meinung nach »kollektive Diätverhalten« der Deutschen mit folgenden Worten an den Pranger stellt: »Es gibt bei uns kaum noch Menschen, die so essen, wie sie Appetit haben.« (Pudel 1985 a, S. 36)

Pudels Aussage mag provozierend klingen, aber in ihr steckt ein wahrer Kern – ein unübersehbar großer, der bevorzugt Frauen im Hals steckenbleiben kann. Denn es sind vor allem Frauen, die den

Kampf um die schlanke Linie führen, die unter diesem Kampf leiden, gelitten haben bis zur Resignation oder bis sie eine neue Einstellung zu ihrem Körper entwickelten und Kalorien Kalorien und sich selbst sich selbst sein ließen.

Dieses Buch möchte den Weg zu einer neuen Einstellung ebnen: Es wird allgemein verbreitete Ansichten in Frage stellen, kritisch machen gegenüber spontanen Urteilen im Umgang mit sich selbst und anderen. Vor allem aber will es Mut machen. Mut, die eigene Individualität zu entdecken und zu ihr zu stehen. Damit ist bereits angedeutet, daß es hier nicht nur um »Schlanksein: ja oder nein« geht, obwohl die Beschreibung des Leidens der »Dicken« und der nicht so dicken oder gar dünnen »Gewichtskämpfer« Bände füllen könnte. Teil A befaßt sich damit. In ihm wird »die Sachlage« analysiert. Zuerst wird an Beispielen aus den ›Ernährungsberichten‹ gezeigt, daß sich in den vergangenen fünfzehn Jahren das Bedürfnis, schlank zu sein, immer mehr ausgebreitet hat. Am Anfang stand die Sorge um die Gesundheit: »Übergewicht macht krank. Idealgewicht erhöht die Lebenserwartung. Die Mehrzahl der Bundesbürger hat Übergewicht. Übergewicht ist die Volksseuche Nr. 1« – so tönte es allenthalben. Schließlich hatte es jeder gehört, und sich zumindest ein schlechtes Gewissen zugelegt, wenn er ein paar Pfunde zuviel mit sich herumtrug. Viele Bundesbürger nahmen sich die Appelle ernsthaft zu Herzen und bemühten sich »abzuspecken« – ein Unterfangen, das ohnehin nur selten von dauerhaftem Erfolg gekrönt wird. Diäthalten als Dauerhobby der Nation? Der Eifer hatte böse Folgen: Wehe den »Dicken«, deren Ansehen sich rapide verschlechterte. Und wehe den Frauen: Die Sorge um die Gesundheit trat in den Hintergrund. »Schlank ist schön!« lautete bald die Devise und verkehrte die guten Absichten ins Gegenteil – schlank muß die Frau sein, auch wenn es die Gesundheit kostet.

Wie sieht die *Medizin* die Sache mit dem Übergewicht heute? Sie bewertet sie eigentlich ganz anders: Idealgewicht ist »out«. Und wie sieht's mit »Schlank ist schön« aus? Dieses Vermächtnis ist uns (noch) geblieben. Zu Recht? Ist schlank wirklich so schön? Mit dieser Frage befaßt sich Teil B dieses Buches, allerdings auf eine etwas ungewöhnliche Art und Weise. Es geht nämlich nur noch am Rande um Schlankheit – ansonsten um *Nachdenken,* Nachdenken über Vorurteile, Frauen und Männer, ihre Stellung in der Gesellschaft, Schönheit und Schönheitsideale, Erotik ...

Psychologie, Soziologie, Kunst und Geschichte liefern Mosaiksteine, die sich zu einem bunten Bild zusammenfügen lassen, das dem Betrachter vor allem eines zeigt: Wie gebunden unsere Meinungen und Urteile an die Zeit und Kultur sind, in der wir leben.

Nicht nur Sitte und Kultur, auch Körperideale wandeln sich (im wahrsten Sinn des Wortes!) in einem Umfang, der es oft schwer machen kann, sich gefühlsmäßig in eine fremde Zeit und Kultur hineinzuversetzen. Aber gerade der Versuch, die Ideale früherer Epochen nicht nur mit dem Verstand als den heutigen gleichberechtigt und gleichwertig anzuerkennen, ist der erste Schritt auf dem Weg zur Relativierung des eigenen Weltbildes und damit auch zur inneren Loslösung von kulturell bestimmten Idealen. Selbstverständlich wird es unmöglich bleiben, sich vollständig von den Maßstäben der Kultur zu lösen, in der man großgeworden ist – aber es ist jederzeit möglich, dort kritischen Abstand zu gewinnen, wo solche (tatsächlichen oder vermeintlichen) Maßstäbe mehr Schaden anrichten als Nutzen bringen. Und hier schließt sich der Kreis: Das übertriebene Schlankheitsideal hat inzwischen soviel Schaden angerichtet, daß die Zeit reif ist, nicht nur kritischen Abstand zu gewinnen, sondern es schlicht fallenzulassen.

Teil A Die Sachlage

»Manon war früh auf, um dem Bruder noch bei der Abreise behilflich zu sein, die beiden anderen Schwestern beschränkten sich darauf, als Leo den Korridor passierte, ihm ihre Arme durch den Türspalt entgegenzustrecken. ›Ich kenne euch doch‹, sagte Leo, ›der dicke Arm, das ist Sophie.‹ Die von ihm gestellte Diagnose war denn auch richtig, aber für Therese verletzlich, und so empfing der Abschiedsmoment einen kleinen Beigeschmack von Verstimmung.« (Fontane 1978, S. 63). Würde diese kleine Szene in der Gegenwart stattfinden, hätte Leos »Diagnose« zweifelsohne die gleiche Verstimmung ausgelöst – allerdings bei Sophie. 1896 beschrieb Fontane die rundliche Sophie als die attraktivere und wie er sich ausdrückte, die »appetitlichere« der beiden Schwestern. Der Geschmack ändert sich: Die Einstellungen gegenüber üppigen Körperformen haben sich gründlich gewandelt. Man mußte früher sehr viel essen und sehr dick sein, um der Umwelt als Vielfraß aufzufallen.

Im westlichen Kulturkreis hat sich eine Vorstellung vom »schönen« Körper herausgebildet, die in etwa – sieht man von individuellen Unterschieden ab – der Körperform eines Menschen mit Broca-Idealgewicht* entspricht.

Es ist ein natürlicher Prozeß, daß sich in jeder Kultur, in jeder Gesellschaft, in unterschiedlichen Lebensbereichen Ideale herauskristallisieren. Was aber, wenn aus einem Ideal immer strengere Maßstäbe abgeleitet und die Nichtanpassung auf mehr oder minder verletzende Weise bestraft wird?

Genau dies ist mit dem Schlankheitsideal geschehen. Nicht genug damit, daß »Dicke« in zunehmendem Maß diskriminiert werden – nein, auch Normalgewichtige** fühlen sich zu »dick«, unterziehen sich Diäten, verlieren ein natürliches Verhältnis zur Nahrungsaufnahme, die an sich eine lustbetonte Selbstverständlichkeit sein sollte. Die Normen dessen, was als »schön« und ästhetisch angesehen wird, haben sich im Laufe der letzten fünfzehn Jahre gründlich verändert. Die Toleranz gegenüber individuellen Körperformen ist gesunken. Nur noch schlank ist schön. Warum hat sich das so entwickelt? Die Frage nach den Ursachen läßt sich

* Broca-Idealgewicht:
Frauen: Körpergröße in Zentimetern minus 100 minus 15 Prozent;
Männer: Körpergröße in Zentimetern minus 100 minus 10 Prozent.

** Broca-Normalgewicht für Frauen und Männer: Körpergröße in Zentimetern minus 100.

nicht beantworten, aber man kann nachvollziehen, was sich während dieses Zeitraums zugetragen hat.

Das kollektive Diätverhalten der Deutschen hat seine Geschichte. Und diese läßt sich am Beispiel der ›Ernährungsberichte‹ zumindest teilweise rekonstruieren. Die ›Ernährungsberichte‹ werden seit 1969 im Auftrag der Bundesregierung herausgegeben. Da sie als eine der Grundlagen der jeweils aktuellen Gesundheits- und Bildungspolitik dienen, werden in ihnen viele Themenbereiche wissenschaftlich aufgearbeitet: von Ernährungsqualität bis hin zur Bereitschaft der Bürger, sich gesund zu ernähren. Auch Angaben zur Verbreitung des Übergewichts in der Bevölkerung und dem Auftreten von Gesundheitsschäden durch Übergewicht finden sich darin. Es bleibt jedoch nicht bei der bloßen Bestandsaufnahme. Gezielte Verbesserungsvorschläge beeinflussen die Gesundheitspolitik: Lehrpläne für Schulen werden daran ausgerichtet, Ärzteschaft und Krankenkassen orientieren sich an den Ergebnissen, und die Massenmedien beteiligen sich an der Verbreitung neuer Erkenntnisse, informieren, warnen, mahnen.

Soweit, so gut und auch so schlecht; denn: Was nach bestem Wissen und Gewissen über Jahre hinweg als der Weisheit letzter Schluß verkündet wurde, war teilweise falsch. So wurde Übergewicht generell als Risikofaktor Nr. 1 für die Gesundheit verteufelt. Normalgewicht wurde als oberste Gewichtsgrenze akzeptiert. Als optimal galt jedoch das Idealgewicht – hochgejubelt als *das* Körpergewicht, bei dem ein Mensch gesund ist, sich am wohlsten fühlt und die höchste Lebenserwartung hat. Leider war diese Sicht der Dinge zu einfach, weil die Aufklärung über schädliche Auswirkungen von Übergewicht auf eine Art und Weise betrieben wurde, die mehr Schaden angerichtet, als Nutzen gebracht hat. Der Ruf nach dem Idealgewicht tönte so fordernd, die Vorzüge des Idealgewichts wurden so überzeugend hervorgehoben, daß bald niemand mehr wagte, seine Pfunde behaglich mit sich herumzutragen. »Weg mit dem Speck« lautete die Devise. Der Hang zur schlanken Linie wurde zum Zwang.

Und der Zwang brachte einige unschöne Begleiterscheinungen mit sich: Diskriminierung der Übergewichtigen, hungrige, ihre Selbstbeherrschung auf die Probe stellende Abnahmewillige, »neue Frauenkrankheiten« wie Bulimie* oder Anorexie (Magersucht), immer mehr Abhängige von Appetitzüglern und Abführmitteln.

Angesichts der verzwickten Lage tut eines not – Gegenaufklä-

* Selbstherbeigeführtes Erbrechen zur Gewichtsbeeinflussung, oft nach Heißhungeranfällen.

rung! Andere haben damit angefangen, wir wollen sie hier fortsetzen. Die Sache mit dem Idealgewicht ist nicht so einfach, wie es jahrelang dargestellt wurde. Das »ideale Körpergewicht« ist von Person zu Person unterschiedlich. Schließlich kommt ja auch niemand auf die Idee, daß alle Menschen gleich groß sein oder dieselbe Haar- und Augenfarbe haben müßten. Was die Gefahren des Übergewichts angeht, so hat sich die medizinische Lehrmeinung stark verändert. Idealgewicht gilt seit einiger Zeit nicht mehr als Gewicht der höchsten Lebenserwartung. Und ab wievielen Pfunden das Übergewicht Gesundheitsschäden nach sich zieht – nun, auch hier gibt es keine starren Regeln mehr.

Den Zwang zur Schlankheit kann man jedoch nicht nur dadurch aufheben, daß man Entwarnung bezüglich der Sorge um die Gesundheit gibt, denn: Idealgewichtig zu sein ist zum Schönheitsideal geworden. Vor allem Frauen werden an diesem Maßstab gemessen und messen sich selbst daran. Zwar hat sich in den letzten Jahren der gesellschaftliche Druck zur schlanken Linie auch verstärkt auf Männer ausgedehnt, aber: Frauen sind immer noch die Hauptleidtragenden – ganz besonders jüngere Frauen und Mädchen. Innerhalb dieses Personenkreises stieg die Anzahl Unterernährter, an Magersucht oder Bulimie Leidender sehr stark an.

Heute stehen viele Frauen dem herrschenden Schlankheitsideal bereits kritischer gegenüber, können oder wollen sich aber (noch) nicht davon lösen. Wie zwiegespalten Frauen über den Zwang zur Schlankheit denken, wurde auch an den Ergebnissen unserer Untersuchung zum Thema »Frauen und Körperideale« deutlich. Wir erläutern und diskutieren die Befunde zum Abschluß dieses ersten Teils (Teil A). Dies bietet Ihnen eine Gelegenheit, die eigenen Einstellungen und Gefühle mit denen von 112 Befragten zu vergleichen! Zunächst aber zu anderen Tatsachen.

Kapitel 1
Die ›Ernährungsberichte‹ 1972 bis 1984

Die ›Ernährungsberichte‹ erscheinen seit 1969 etwa alle vier Jahre. Sie sind der Öffentlichkeit zugänglich, jeder kann sie im Buchhandel kaufen oder in Fachbibliotheken ausleihen. Herausgeber ist die Deutsche Gesellschaft für Ernährung e.V., die im Auftrag des Bundesministers für Ernährung, Landwirtschaft und Forsten und des Bundesministers für Jugend, Familie und Gesundheit tätig ist. Die einzelnen Kapitel der ›Ernährungsberichte‹ behandeln verschiedene Themen im Zusammenhang mit Ernährungsfragen. Sie werden von spezialisierten wissenschaftlichen Arbeitsgruppen verfaßt, die sie in den ›Ernährungsberichten‹ in teilweise gekürzter Form veröffentlichen; und aus ihren Erkenntnissen leiten die Autoren konkrete Ratschläge für eine langfristige Gesundheitspolitik der Bundesministerien ab. Die ›Ernährungsberichte‹ spiegeln deshalb den gegenwärtigen Wissensstand und die Meinungen der beauftragten Wissenschaftler sehr gut wider.

Vergleicht man die ›Ernährungsberichte‹ der Jahre 1972, 1976, 1980 und 1984 miteinander, so zeigt sich eine sehr aufschlußreiche Entwicklung von Ergebnissen und Urteilen.

1972 meinte man, daß der Anteil der Übergewichtigen in der Bevölkerung der Bundesrepublik deutlich zu hoch sei und daß sich viele Bürger nicht nur über- sondern auch falsch ernähren: Zu viel Fett, zu viele Kohlehydrate, zu wenig Eiweiß und Vitamine. Im ›Ernährungsbericht 1972‹ – die Schlankheitswelle war noch nicht richtig angerollt – fanden die Ernährungswissenschaftler eine einfache Erklärung für das Fehlverhalten der Deutschen: mangelnde Information – zu geringes Wissen über Ernährung und ihre Bedeutung für die Gesundheit. Die Folgerung lautete: Mehr Aufklärung in Erwachsenenbildung, Schulen und Medien durch Ärzte und Krankenkassen tut not, denn Interesse an Fragen der »richtigen Ernährung« sei durchaus vorhanden. Wenn das Informationsdefizit erst einmal beseitigt sei, dann verschwinde das unvernünftige Eßverhalten von selbst, und damit auch das Problem mit den zu vielen »Dicken«, die sich selber – das heißt ihrer Gesundheit – schaden und ihre schlanken Mitbürger durch daraus entstehende Kostensteigerungen im öffentlichen Gesundheitswesen schädigen. Den Empfehlungen folgte die Tat. Man begann mit massiven Aufklärungskampagnen, zeigte die schädlichen Folgen des Übergewichts auf, informierte über vollwertige, gesundheitsfördernde Ernährung.

Der ›Ernährungsbericht 1976‹ gibt einen Überblick auf die Entwicklungen der zurückliegenden vier Jahre. Und siehe da – das Ernährungswissen der Bevölkerung hat deutlich zugenommen. Grund zum Jubeln? Nein, im Gegenteil. Zur großen Verwunderung der Ernährungswissenschaftler hatte sich das Ernährungs*verhalten* nicht im mindesten verändert. Nun war Nachdenken über dieses verwirrende Ergebnis angesagt: Wenn es nicht an mangelnder Information liegt, daß die Deutschen so viel essen, woran dann? Folgender Schluß lag nahe: Sie wollen gar nicht weniger und vernünftiger essen. Also war nicht nur das fehlende Wissen, sondern auch die fehlende Motivation dafür verantwortlich. Im ›Ernährungsbericht 1976‹ wird folgerichtig empfohlen, die »Widerstände« genauer zu untersuchen, um sie bei den weiteren Aufklärungskampagnen berücksichtigen zu können. Aufklärung über die schädlichen Folgen von Übergewicht wurde weiterhin betrieben – im Zeitraum von 1976 bis 1980 wetteiferten Medien, Krankenkassen, Versicherungsanstalten und Ärzteschaft miteinander, dem Bürger die Gefährlichkeit seines unbeherrschten Eßtriebs vor Augen zu führen.

Im ›Ernährungsbericht 1980‹ war wieder ein Erfolg zu verbuchen. Das Sachwissen der Bevölkerung hatte gegenüber 1976 nochmals zugenommen. Aber seltsamerweise hatte sich das tatsächliche Ernährungsverhalten immer noch nicht gebessert. Die Empfehlung lautete, die Aufklärung gleichen Inhalts weiter zu intensivieren. Das erstaunt ein wenig vor dem Hintergrund, daß im ›Ernährungsbericht 1980‹ erste Zweifel geäußert wurden, ob verschiedene Zusammenhänge nicht falsch interpretiert worden waren, wie zum Beispiel die Bedeutung des Idealgewichts als Gewicht der höchsten Lebenserwartung. Es wurde sogar die Diskussion darüber geführt, wie verbreitet das Übergewicht in der Bundesrepublik denn nun wirklich sei – schon 1980 war man sich nicht mehr sicher, ob die vorliegenden Daten nicht teilweise falsch gedeutet worden waren. Gab es wirklich so viele Übergewichtige wie behauptet? War das Erschrecken über die Volksseuche Nr. 1 gerechtfertigt? Dennoch zogen sich die meisten Ernährungswissenschaftler auf den Standpunkt »Sicher ist sicher« zurück: Lieber noch mehr Aufklärung fordern, als an der Gesundheit der Bürger und einer Kostenexplosion im Gesundheitswesen schuldig zu werden. Daß und wie die früheren Aufklärungskampagnen gewirkt hatten, hielt der ›Ernährungsbericht 1980‹ fest. Die Warnungen waren nicht ungehört verhallt. Obwohl sich die Bürger nicht gesünder ernährten, wußten sie besser über Diät Bescheid und hatten sich vielfach selber schon im Maßhalten geübt. Ein weiteres Ergebnis: Die »Dicken« hatten ihr positives Ansehen in der Gesellschaft verloren. Der Einstellungswandel gegenüber Übergewichtigen im Zeitraum zwischen 1971 und 1979 ist erstaunlich.

Tabelle 1 stammt aus einer Untersuchung zum Wandel des Ansehens von »Dicken« in der Bundesrepublik. Es wurden Versuchspersonen befragt, die fünf stilisierte Gewichtstypen nach sechs Kategorien beurteilen mußten, zum Beispiel mit welchem Typus sie gerne befreundet sein möchten. Typ 1 verkörpert den »mageren Typus«, also einen Menschen, der das Idealgewicht unterschreitet, Typ 2 entspricht dem »schlanken« Körperideal, also der Verwirklichung des Idealgewichts. Typ 3 soll den Normalgewichtigen darstellen, die Typen 4 und 5 Übergewichtige.

Die Tabelle enthält trockene Zahlen, in denen jedoch Zündstoff steckt – schlechte Zeiten für »Dicke«. 1971 wollten nur 15 Prozent der Befragten mit einem Menschen des Typus Idealgewicht befreundet sein – 1979 waren es bereits 60 Prozent. Da der erste Eindruck, den wir von einem Menschen haben, vor allem durch sein Aussehen vermittelt wird, ist einsichtig, daß die Chancen der Übergewichtigen zu Sozialkontakten sinken. Oder wie steht es

Tabelle 1
Fremd- und Selbstbeurteilung des Übergewichts

Beurteilungskategorie	 1	 2	 3	 4	 5	Jahr
Wen halten Sie für den Verträglichsten?	6 %	31 %	32 %	17 %	11 %	1979
	5 %	5 %	28 %	21 %	43 %	1971
Mit wem möchten Sie gerne befreundet sein?	12 %	60 %	23 %	3 %	0 %	1979
	2 %	15 %	45 %	37 %	3 %	1971
Wer hat die meiste Freude am Leben?	11 %	52 %	25 %	6 %	3 %	1979
	7 %	11 %	34 %	23 %	27 %	1971
Wer hat die höchste Lebenserwartung?	28 %	57 %	12 %	1 %	0 %	1979
	17 %	42 %	35 %	6 %	2 %	1971
Wer hat den stärksten Willen?	22 %	48 %	21 %	4 %	2 %	1979
Wer hat die meiste Freude bei der Liebe?	15 %	54 %	24 %	3 %	0 %	1979

Quelle: Deutsche Gesellschaft für Ernährung (Hrsg.): Ernährungsbericht 1980. Frankfurt am Main 1980, Seite 107.

etwa mit der »Lebensfreude«? »Wer hat die meiste Freude am Leben?« – 1971 waren nur 11 Prozent der Befragten davon überzeugt, daß besonders die Idealgewichtigen diese Glücklichen sein könnten, 1979 waren bereits 52 Prozent dieser Meinung.

Allgemein kann man den eingetretenen Gesinnungswandel (nach Pudel 1978, S. 121) so beschreiben: Früher galten Übergewichtige als sympathisch und umgänglich. Man schätzte sie als seelisch ausgeglichene, humorvolle, herzliche, großzügige und hilfsbereite Mitmenschen. Das Bild enthielt natürlich auch negative Eigenschaften wie Trägheit, Bequemlichkeit, Phlegma – die positiven Zuschreibungen hatten jedoch einen weit höheren Stellenwert. Im Laufe der Jahre traten die negativen Eigenschaften immer stärker in den Vordergrund, bis sie das positive Ansehen fast ganz verdrängt hatten. Übergewichtige gelten heutzutage als willensschwach (»Sie können sich nicht beherrschen – sieht man doch an ihrer Fresserei!«), als unflexibel, leistungsschwach (»Sie sind faul und träge – schau doch diesen plumpen Fleischberg an!«) und als emotional fehlangepaßt (»Sie suchen im Essen irgendeinen Ersatz – tja, liebenswert sind sie ja wirklich nicht, die Dicken ... Müssen sie ihren Kummer mit Süßigkeiten runterschlucken?«).

Verändert hat sich aber nicht nur die Fremdeinschätzung, sondern auch die Selbsteinschätzung der Übergewichtigen: Viele beschreiben sich heute selbst als introvertiert und sozial zurückgezogen, eher kontaktscheu und ängstlich zurückhaltend. Das steht im völligen Gegensatz zum früheren Bild vom »fröhlichen Dicken«, der gutmütig »Stimmung in die Runde bringt«. Der ›Ernährungsbericht 1980‹ wertet diese veränderten Selbstaussagen der »Dikken« als Hinweis darauf, wie sich die zunehmende Diskriminierung des Übergewichts auf die Psyche der »Dicken« auswirken kann (Ernährungsbericht 1980, im folgenden abgekürzt ErB 1980, S. 407).

Die zuvor beschriebene Entwicklung wird auch darin deutlich, daß auf die Frage »Wie möchte ich aussehen?« 66 Prozent aller Befragten den schlanken, aber nicht mageren Typus wählen. Dem verinnerlichten Bild vom Idealgewicht (Typ 2) entspricht diese Vorstellung (ErB 1980, S. 107).

Man kann aus den Daten solcher Repräsentativerhebungen schätzen, daß wohl rund zwei Drittel der Bundesbürger ähnliche Vorstellungen vom »Wunschkörper« haben.

Der ›Ernährungsbericht 1984‹ enthält leider keine Untersuchungsergebnisse, die an frühere Fragestellungen anknüpfen, deutet aber an verschiedenen Stellen an, daß sich die Situation der Übergewichtigen eher noch verschlechtert hat. Ein Beispiel hierfür ist die Imageveränderung des Übergewichtigen in den verschiedenen sozialen Schichten. Bis vor kurzem wurde in Untersuchungen immer wieder festgestellt, daß die Verbreitung des Übergewichts mit dem Sozialstatus in Beziehung steht, besonders bei Frauen: Je höher das Bildungsniveau, desto weniger Übergewicht, ein Trend, der sich mit Verzögerung auch bei Männern anbahnt, (ErB 1980, S. 104; Pudel 1978, S. 122f.). Noch 1980 war das Image der übergewichtigen Frau in den unteren Sozialschichten durchaus positiv – »an einer ›richtigen‹ Frau muß was ›dran‹ sein ...«; aber 1985 betont Pudel: »In allen Schichten ist das Image der Dicken negativ geworden, sogar die warmherzigen, mütterlichen Frauen der Unterschicht wollen und sollen schlank sein« (Pudel 1985 a, S. 36).

Was hat's nun aber auf sich mit den »schlimmen Dicken«? Sind sie wirklich so gestört, gar psychisch krank, wie ihnen oft unterstellt wird?

Es gibt eine klare Antwort darauf: Nein. Untersuchungen, die festzustellen versuchten, ob es »den typischen Dicken« gibt, ob Übergewichtige durch bestimmte Persönlichkeitsmerkmale gekennzeichnet sind, die sie von der Normalbevölkerung unterscheiden, liefern kein einheitliches Bild. In manchen Studien fand man nicht den geringsten Unterschied zwischen »Dicken« und »Normalen«, nach anderen Ergebnissen waren die »Dicken« tatsächlich angstbereiter, verunsicherter, einsamer. Faßt man alle Ergebnisse zusammen und versucht eine Bewertung, so bleibt nur die Schlußfolgerung, daß es unter den »Dicken« ebensoviel verschiedene »Charaktertypen« gibt, wie unter den »Normalen«. Die Übergewichtigen ähneln sich untereinander genauso stark oder genauso wenig wie eine zufällige Auswahl von Normalgewichtigen (Pudel 1978, S. 120).

Sie mögen einwenden, daß Sie aber einige »Dicke« kennen, die ganz bestimmt psychische Probleme haben. Sicherlich gibt es Menschen, die zuviel essen, weil ihr psychisches Gleichgewicht in irgendeiner Form gestört ist (genauso, wie es Normalgewichtige mit psychischen Problemen gibt). Aber wenn man bei Übergewichtigen bestimmte Verhaltensauffälligkeiten feststellt – zum Beispiel sozialer Rückzug, unsicheres Verhalten, häufig Probleme im beruflichen oder sexuellen Bereich – so sollte man sich vor Augen führen, daß dies Folgeerscheinungen des Übergewichts sein können: Eben *weil* sich »Dicke« häufig mit Vorurteilen konfrontiert sehen, sich diskriminiert, benachteiligt und unterschätzt fühlen, stehen sie unter dem Druck, das Gegenteil beweisen zu müssen, dem auch der »normalste« Mensch unter Umständen nicht gewachsen wäre.

Dieses wichtige Thema wird im zweiten Teil des Buches (Teil B) nochmals aufgegriffen. Das Aussehen eines Menschen beeinflußt die Reaktionen seiner Mitmenschen auf ihn weit stärker, als man vermutet.

Auf den folgenden Seiten wird die Entwicklung der letzten Jahre am Beispiel der ›Ernährungsberichte‹ ausführlicher dargestellt. Wenn Sie sich dafür weniger interessieren, können Sie diesen Teil auslassen und auf Seite 30 im Abschnitt »Was ist falsch gelaufen?« weiterlesen.

1. ›Ernährungsberichte‹ 1972 bis 1984: Wichtige Informationen in Kurzform

Für die Jahre 1972, 1976, 1980 und 1984 finden Sie Informationen zu a) Ernährungswissen und Informationsstand der Bevölkerung, für 1972, 1976 und 1980 Daten zur b) Verbreitung des Übergewichts, Ernährungsverhalten und Motivation der Bevölkerung, sich »richtig« zu ernähren, sowie die Reaktionen der Ernährungswissenschaftler. Im ›Ernährungsbericht 1984‹ tauchen dann c) massive Probleme auf.

a) Ernährungswissen und Informationsstand der Bevölkerung

1972: Der ›Ernährungsbericht‹ stellt fest, daß ein starkes Informationsbedürfnis über die Grundlagen »richtiger« Ernährung besteht. Überkommene Ernährungsgewohnheiten werden nicht mehr kritiklos weitergeführt, so ist zum Beispiel die Bedeutung von Vitaminen, von leichtem Essen, viel Eiweiß und wenig Fett bekannt, ebenso die »Gefährlichkeit« von zu vielem und zu reichhaltigem Essen (ErB 1972, S. 37).

1976: Das Wissen über gesunde Ernährung ist jetzt schon erfreulich gut ausgeprägt. Bereits 76 Prozent der befragten »normalen« Hausfrauen geben richtige Auskünfte bezüglich Ernährungs-»sünden« (ErB 1976, S. 432).

1980: Das Ernährungswissen wird erstmals sorgfältiger untersucht. Es stellt sich heraus, daß das theoretische Hintergrundwissen nicht sehr ausgebildet ist, jedoch ist praktisches Wissen, besonders solches, das auf die Problematik Übergewicht abzielt – Kaloriengehalt von Nahrungsmitteln, Diätvorschriften – im allgemeinen vorhanden (ErB 1980, S. 88). Interessant ist, daß sich bezüglich Ernährungswissen bezeichnende Schichtunterschiede finden lassen. Auch das Alter spielt eine Rolle. So haben Personen im

Alter von 26 bis 35 Jahren und solche mit höherer Schulbildung ein wesentlich besseres Ernährungswissen (ErB 1980, S. 89).

1984: Es werden Mütter sowie Kinder und Jugendliche befragt. Das Ergebnis: Je jünger die Mütter sind, desto stärker ist ihr Interesse an Ernährungsfragen (ErB 1984, S. 127). Kinder haben, offensichtlich je nach Altersgruppe mit mehr oder weniger Verständnis, einige Allgemeinplätze von Erwachsenen übernommen (ErB 1980, S. 130f.). Jugendliche (13 bis 17 Jahre) antworten auf Wissensfragen ganz ähnlich wie Erwachsene. Sie zeigen sich einigermaßen informiert (ErB 1980, S. 131).

Wie zu erwarten war, unterscheiden sich Männer und Frauen hinsichtlich des Ernährungswissens und des Interesses an Ernährungsfragen. In Zahlen ausgedrückt sieht das wie folgt aus: 1980 interessierten sich 75 Prozent der Befragten für Ernährungsfragen entweder sehr stark, stark oder zumindest mittel – davon sind 55 Prozent Frauen (siehe Tabelle 2).

Dieses Ergebnis ist nicht weiter verwunderlich, da Frauen sich in unserem Kulturkreis traditionsgemäß mit der Nahrungszubereitung beschäftigen; leider sind die »kochenden Männer« immer noch in der Minderzahl. Erstaunlich ist hingegen, daß sich 1984 doppelt so viele weibliche wie männliche Jugendliche (die Dreizehn- bis unter Achtzehnjährigen) für Ernährungsfragen interessieren. Dies ist nicht nur auf die Rollenverteilung »Frau am Herd« zurückzuführen, eher spiegelt sich darin der Trend wider, daß weibliche Jugendliche sich viel mehr Gedanken um ihre »schlanke Linie« machen als männliche (ErB 1984, S. 127); dies stellt auch eine Art der Rollenverteilung dar, auf die noch ausführlich einge-

Tabelle 2
Interesse an Ernährungsfragen unter Berücksichtigung der Geschlechter

Interesse an Ernährungsfragen	Gesamtwert im Wissenstest	Häufigkeitsverteilung des Ernährungsinteresses		
		Gesamt	Frauen	Männer
sehr stark	101	14%	10%	4%
stark	101	24%	15%	9%
mittel	102	37%	20%	17%
kaum	98	14%	5%	9%
überhaupt nicht	93	11%	3%	8%

Quelle: Deutsche Gesellschaft für Ernährung e.V. (Hrsg.): Ernährungsbericht 1980. Frankfurt am Main 1980, S. 89.

gangen wird. Insgesamt ist das Ernährungswissen in der Bevölkerung erstaunlich gut. Wie wenig jedoch Wissen mit Verhalten zu tun hat, zeigt der folgende Abschnitt.

b) Verbreitung des Übergewichts, Ernährungsverhalten, Reaktionen der Ernährungswissenschaftler

1972: Man schätzt, daß 30 Prozent der Erwachsenen und 10 Prozent der Säuglinge und Kinder in der Bundesrepublik Deutschland übergewichtig sind, das heißt, über dem Broca-Normalgewicht (Körpergröße in Zentimetern minus 100) liegen (ErB 1972, S. 175). Als Ursache der Fehl- und Überernährung vermutet man vor allem ein starkes Informationsdefizit bezüglich Ernährungsfragen (ErB 1972, S. 37).

1976: Nach den Daten des Bundesgesundheitsamtes haben nur 10 Prozent der Bevölkerung Idealgewicht (Körpergröße in Zentimetern minus 100; nochmals minus 15 Prozent bei Frauen, minus 10 Prozent bei Männern). Übergewicht zwischen 10 und 30 Prozent hätten jedoch 50 Prozent der Bevölkerung! Angesichts dieser erschreckend hohen Zahlen breitet sich Panikstimmung aus: Übergewicht wird daraufhin zur »Volksseuche« erklärt (ErB 1976, S. 433).

Wie bereits erwähnt, ist das Wissen über Ernährungs-»Sünden« zu diesem Zeitpunkt in der Bevölkerung durchaus verbreitet, es werden aber keine Konsequenzen bezüglich der tatsächlichen Ernährung daraus gezogen. Der ›Ernährungsbericht 1976‹ stellt sogar fest: »Man lehnt eine Diskussion über falsches Essen ab, weil man sich die wenigen Freuden des Lebens, wozu vor allem gutes Essen und Trinken gehört, nicht nehmen lassen will.« (ErB 1976, S. 430)

Die Ernährungswissenschaftler weisen nachdrücklich darauf hin, wie gesundheitsschädigend die Auswirkungen einer solchen Haltung sein können. Es wird gefordert, das Ernährungsverhalten wesentlich gründlicher als bisher zu untersuchen. Das Ziel dieser Forschung soll unter anderem sein, Strategien zu entwickeln, mit deren Hilfe das Ernährungsverhalten positiv beeinflußt werden kann (ErB 1976, S. 433). Zudem seien Studien über die »Dicken« und ihr Ansehen in der Gesellschaft notwendig (ErB 1976, S. 442). Warum? Nun – solange »gut genährt« sein mit der Zuschreibung positiver Eigenschaften verbunden ist, besteht kein Grund, »schlank« zu werden.

1976 wird intensive Aufklärung der Bevölkerung mit allen zur Verfügung stehenden Mitteln zum Gebot der Stunde erhoben, droht doch die »Volksseuche Übergewicht« sich immer stärker auszubreiten, den einzelnen und die Gemeinschaft (durch Kostenexplosion im Gesundheitswesen) zu schädigen.

1980: Der alarmierende Ton wird beibehalten, obwohl erste Zweifel an einigen bis dahin kritiklos hingenommenen Forschungsergebnissen angemeldet werden:

- Nach Analyse der Gewichts- und Größenmessungen verschiedener Studien zur Verbreitung des Übergewichts erkennt man, daß das Übergewicht in der Bundesrepublik keineswegs so verbreitet ist, wie bisher angenommen. Man schätzt jetzt, daß nur
- 35 Prozent der Bevölkerung über 14 Jahren mehr als das Broca-Normalgewicht auf die Waage bringen, also Übergewicht haben – und nicht 50 Prozent wie vier Jahre zuvor angenommen wurde.
- 25 Prozent der Bevölkerung hätten Idealgewicht,
- 15 Prozent der Bevölkerung unterschritten sogar das Idealgewicht (ErB 1980, S. 103).
- Es wird darauf hingewiesen, daß die gesundheitliche Bedeutung des Idealgewichts seit Jahren kritisch diskutiert wird, weil fragwürdig ist, ob es sich dabei wirklich um das »Gewicht der höchsten Lebenserwartung« handelt. Trotz dieser Zweifel wird das Idealgewicht im ›Ernährungsbericht 1980‹ immer noch als das »gesündeste« Gewicht befürwortet (S. 7).
- Der Enttäuschung über die Fehlernährung der Bevölkerung wird klar Ausdruck verliehen: »Die Energiezufuhr ist mit Eintritt in das Erwachsenenalter bei beiden Geschlechtern deutlich zu hoch« (S. 61), obwohl man inzwischen gleichzeitig einräumt, daß sich in der Energieaufnahme von schlanken und übergewichtigen Personen kein sicherer Unterschied feststellen läßt, da zum Beispiel die durchschnittliche Energieaufnahme in den einzelnen Bundesländern nicht der vorgefundenen Übergewichtsverteilung entspricht (S. 96), wie später noch ausführlich erläutert wird. Nicht jeder Übergewichtige »frißt unbeherrscht in sich hinein«, nicht jeder Normal- oder sogar Idealgewichtige ißt wenig, beherrscht sich, um seine »Linie« zu halten!

Das Fazit des ›Ernährungsberichts 1980‹ lautet: Die Aktionen und Kampagnen gegen das Übergewicht und die starke Beschäftigung der Medien mit dem Problemkreis »richtige Ernährung« haben das Interesse der Bevölkerung an der Thematik geweckt. Dadurch wurden zumindest einige Einstellungsveränderungen, zum Beispiel ein gesteigertes Bewußtsein für die Bedeutung gesunder Ernährung, bewirkt (ErB 1980, S. 101). Diese Einstellungsveränderung scheint jedoch überwiegend theoretischer Art zu sein. Die

Diskrepanz zwischen Ernährungswissen und Handeln ist weiterhin so groß, wie in den Vorjahren: Hatten doch Befragungen ergeben, daß viele fest davon überzeugt waren, sich gesund und bewußt zu ernähren, ging aus ihren Aufzeichnungen über die tatsächlich konsumierte Nahrung jedoch hervor, daß die Ernährungsqualität keineswegs so hoch war, wie sie annahmen (ErB 1980, S. 96). Eine andere Einstellungsveränderung hatte jedoch ganz praktische Auswirkungen: Das gesunkene Ansehen der »Dicken« in der öffentlichen Meinung führte zu ihrer massiven Diskriminierung.

Die Forderung des ›Ernährungsberichts 1980‹ lautet ähnlich wie 1976: Noch mehr Aufklärung, verstärkte Aufnahme des Ernährungsthemas in Kinder-, Jugendlichen- und Erwachsenenbildung.

c) ›Ernährungsbericht 1984‹ – Hilfe: Probleme!

Dieser neueste ›Ernährungsbericht‹ läßt sich in verschiedener Hinsicht nicht mit den vorhergehenden vergleichen:

Erstens schwächen neuere Forschungsergebnisse die alarmierenden Aussagen der früheren ›Ernährungsberichte‹ ab. Zwar stellt Fehlernährung im Sinn von Überernährung nach wie vor das wichtigste Ernährungsproblem dar (ErB 1984, S. 41), jedoch wird auch ganz klar eingeräumt, daß Diät bei Übergewicht erst dann notwendig ist, wenn das Körpergewicht mehr als 15 bis 20 Prozent über dem Broca-Normalgewicht liegt! Dies gilt als »neue Faustregel«. Eine Diät bei einem Gewicht von weniger als 15 bis 20 Prozent über Broca-Normalgewicht ist im allgemeinen nur dann anzuraten, wenn bestimmte Risikofaktoren für die Gesundheit mit dem Übergewicht gleichzeitig auftreten, zum Beispiel Arteriosklerose, Bluthochdruck, Erhöhung der Fett- und Harnsäurewerte im Blut oder eine Glucose-Verwertungsstörung (»Zuckerkrankheit«).

Was bedeutet dies? Das Idealgewicht wird nicht mehr als »gesündestes Gewicht«, als »Gewicht der höchsten Lebenserwartung« angesehen, wie es jahrelang propagiert wurde. Die Diskussion um die Bedeutung des Idealgewichts ist leider nicht so öffentlich geführt worden, als daß die Bevölkerung den Sinneswandel in all seinen Bedeutungen hätte nachvollziehen können.

Die Forderung, daß sich möglichst jeder auf Idealgewicht herunterhungern solle, war lautstark verkündet worden. Alles schien klar und eindeutig, wenn man den Broschüren, Heftchen, Illustrierten und nicht zuletzt der Werbung für Süßstoffe, kalorienre-

Essen wird zur Sünde – Abhilfe von außen soll die »schrecklichen Folgen« in Grenzen halten. Obwohl der ›Ernährungsbericht 1984‹ klarstellte, daß nicht nur das Übergewicht, sondern auch das Idealgewicht nicht optimal sind, wurde in den Medien weiterhin nur das Übergewicht aufs Korn genommen. Beispiele dafür sind die Werbung für Abführtee, der angeblich Übergewicht reduziert, Süßstoff und Appetithemmer.

duzierte Nahrungsmittel und Spezialdiäten Glauben schenkte. Und warum auch nicht? Alle argumentierten mit wissenschaftlichen Fakten, mit Zahlen und Daten, die scheinbar jede Kritik ausschließen. Nie wurde es ins Rampenlicht der Öffentlichkeit gerückt, daß die Sache mit dem allheilbringenden Idealgewicht in den Kreisen, die sich mit der Erforschung der Risikofaktoren und Ernährungsthemen befaßten, schon seit Jahren nicht mehr so klar und eindeutig gesehen wurde. Etwa 1982/1983 hat man den Glauben an das so ideale Idealgewicht stillschweigend zu Grabe getragen.

Wäre das nicht gar so leise vor sich gegangen, dann hätte vielleicht die Entwicklung gestoppt werden können, die im ›Ernährungsbericht 1984‹ Anlaß zum Kopfzerbrechen gibt.

Die neuen Aspekte des ›Ernährungsberichts 1984‹ stammen aus einer Repräsentativerhebung in der Bundesrepublik zur »psychosozialen Bewertung der Ernährung in Familien mit Kindern«. Pudel (ErB 1984, S. 103f.) stellt im Rahmen dieser Studie fest, daß man die althergebrachte Ansicht, Übergewicht sei das größte Ernährungsproblem bei Kindern und Jugendlichen in der Bundesrepublik, kritisch unter die Lupe nehmen müsse, denn es wurde, insbesondere im Jugendalter, ein »nicht unbeträchtlicher Prozentsatz an Untergewichtigen« gefunden. Hauptsächlich handelt es sich hierbei um Mädchen und junge Frauen. Pudel meint zu diesem Ergebnis, » ... daß modisch-ästhetische Ideale eine wichtige Rolle spielen, die eine solche, teilweise sicher übertriebene Schlankheitsnorm durch bewußt reduzierte Nahrungsaufnahme herbeiführen und aufrechterhalten. Denkbar ist auch, daß die so weit verbreiteten und intensiv vorgebrachten Warnungen und Diskriminierungen des Übergewichts diese Tendenz in der jungen Generation, aber auch bei ihren Eltern, verstärkt haben« (ErB 1984, S. 142ff.).

Unterernährung im Wohlstandsland? Pudel fordert genauere Untersuchungen bei Mädchen und jungen Frauen. Einerseits besteht nämlich die Gefahr, daß eine Unterversorgung mit wichtigen Nährstoffen zu Gesundheitsschäden bei den Betroffenen führt, andererseits vermutet man einen Zusammenhang mit Krankheitsbildern, die in den letzten Jahren durch einen starken Anstieg der Anzahl Neuerkrankter sehr populär wurden: Anorexie und Bulimie (ErB 1984, S. 143).

Im Abschnitt »Ernährungsberichte 1972 bis 1984: Ein Trend« wurde beschrieben, wie man angesichts der vermeintlichen »Volksseuche Übergewicht« in Panikstimmung geriet. Bildungs- und Gesundheitspolitik wurden revidiert, Krankenkassen und Massenmedien gaben Alarm: Aber all die Aufklärung, Warnungen und Appelle an die Vernunft zogen in bunter Mischung am Verbraucher vorbei. Mit der positiven Zielsetzung, die Gesundheit der Bevölkerung zu schützen und die Ernährungssituation zu verbessern, startete man von offizieller und nichtoffizieller Seite massive Angriffe auf die »Dicken«. Unter dem bezeichnenden Motto »Der kreditwürdige Bauch muß gezielt in Mißkredit gebracht werden« (Verband Deutscher Rentenversicherungsträger 1972; zitiert nach Pudel 1978, S. 122) wurden Schreckensmeldungen über die Gefahren des Übergewichts verbreitet und die Vorteile des Idealgewichts angepriesen. Diese fragwürdigen Botschaften sind angekommen, zumindest insofern, als sie die Beunruhigung und Verunsicherung der Bevölkerung verschärft haben. Betrachtet man den Einstellungswandel gegenüber Übergewichtigen und den Wunsch der Mehrzahl der Bundesbürger »idealgewichtig« zu sein, dann wird klar, zu welchem »Erfolg« die Appelle geführt haben.

Diät-Bücher haben Hochkonjunktur: 1987 waren in der Bundesrepublik über 80 verschiedene Anweisungen zum Schlankwerden erhältlich, die »Anti-Diät-Bücher« nicht mitgezählt. Vergleicht man dies mit der Anzahl von Büchern zu anderen Themenbereichen, wird anschaulich, wie aktuell und gefragt die Thematik »Schlankheit« ist – vor allem, wenn man sich vor Augen führt, daß es noch über 70 weitere Bücher zum Thema Ernährung gibt (Buchhändler-Vereinigung 1986).

Unter diesen Büchern finden sich einige, die »Wunderkuren« anpreisen, aber es wird auch versucht, ernsthaft Aufklärung zu betreiben. Dabei werden Ängste um die Gesundheit deutlich angesprochen. Zur Illustration im folgenden einige Zitate aus einem vielverkauften Diätbuch (Exner 1975, 8. Auflage):

»Nach den neuesten medizinischen Statistiken fordert Übergewicht die meisten Todesopfer in unseren Kulturstaaten ... Übergewicht tötet langsam, aber zuverlässig sicher. Stellen wir diesen medizinisch untermauerten, unbequemen Satz hier fest [...] Übergewicht ist die Wurzel beinahe aller unserer Zivilisationskrankheiten [...] Fettsucht belastet den Körper wirklich bis zur Lebensgefahr! [...] Die Statistiken der internationalen Versicherungskonzerne zeigen in nüchternen, nicht anzuzweifelnden Zahlen, welche

Das Energiebilanzprinzip

Jahrelang wurde behauptet, Übergewicht entstehe durch zuviel Essen oder durch zu wenig Bewegung. So pauschal ist dies ebenso falsch, wie einige andere Grundannahmen früherer Forschung (vgl. Miltner, Gerber, Birbaumer 1986). Im Prinzip ist es zwar richtig, daß zuviel Nahrung (Energieüberschuß) zu Gewichtszunahme und ein Energiedefizit zu Abnahme führt. Aber die Sichtweise der Energiebilanz-Apostel war zu einfach: Es ist zwar kein Problem, die Kalorienzufuhr zu messen, doch damit weiß man wenig über den Kalorienbedarf einer Person. Dieser schwankt vor allem mit der jeweiligen Tätigkeit und ist von Faktoren des Stoffwechsels abhängig (Gries, Berchtold, Berger 1976). Ratschläge zur Berechnung des individuellen Energiebedarfes machen es sich zu einfach:

»Wollen Sie sich nun Ihren ganz persönlichen Grundumsatz ausrechnen? Nehmen Sie Ihr Gewicht (in Kilogramm) mal 25. Das heißt: Ein Mensch von 70 Kilo hat einen Grundumsatz von 1750 Kalorien (7325 Joule) [...] Der weitere Energieumsatz hängt nun davon ab, was man in 24 Stunden tut. [...] Für mittelschwer Arbeitende zählen wir bei den Männern pro Arbeitsstunde 75–150 Kalorien (315–630 Joule) dazu, bei Frauen 60–120 (250–500 Joule). Mittelschwer Arbeitende sind: Briefträger, Ärzte mit viel Bewegung, Schlosser, Schreiner, Hausangestellte oder Hausfrauen mit Kindern ohne arbeitssparende Geräte, Laboranten, Setzer, Metzger, Anstreicher« (Klever 1986, S. 6f.).

Solche Berechnungen untergraben die Standhaftigkeit des Abnahmewilligen, wenn es mit dem Abnehmen nicht klappt. Daß die Angst vor heimlichem Essen oder vor mangelndem guten Willen unberechtigt sein kann, zeigt Pudel auf: Es konnte in Experimenten nachgewiesen werden, daß der Energieumsatz um bis zu 30 Prozent während einer Phase geringer Nahrungsaufnahme sinkt. Das bedeutet nach Ansicht des Göttinger Ernährungspsychologen, daß der Körper die geringe Nahrungszufuhr durch eine Drosselung des Kalorienverbrauchs auszugleichen versucht. Der Effekt: Während man am Anfang einer Abnahmekur schnell Pfunde verliert, flacht die Abnahmekurve danach ab; um jedes Gramm muß dann »gekämpft« werden. Der Grund liegt im obengenannten »Schongang« beim Kalorienverbrauch. Noch schwieriger wird es, wenn man die Abnahmevorschriften zu lockern beginnt: Dann ist das wenig mehr, das man (wieder) ißt, schon zuviel. Im ernährungspsychologischen Jargon hört sich das so an: Die Milderung einer Diät »stellt ... bereits eine hyperkalorische Ernährung dar, eine Gewichtszunahme ist die Folge« (Pudel 1985b, S. 29).

Gefahr im Übergewicht steckt. Nach dieser Berechnung verringert schon ein Übergewicht von nur 10 Prozent [bezogen auf das Idealgewicht, immerhin unter Berücksichtigung des Körperbaus; Anm. d. Verf.] die Lebenserwartung um rund ein Zehntel. Ein Mensch mit 30 Prozent zuviel Gewicht aber wird nur zwei Drittel so lang leben wie ein Schlanker gleicher Erbanlagen und Umweltbedingungen. Dieses Resultat, das bestimmt nicht zu schwarz gefärbt ist, sollte uns zu Überlegungen anregen« (S. 12f.). »Fürchten Sie nicht, daß eventuelles Untergewicht gesundheitsschädigend sein könnte, denn das ist wichtig zu wissen: leichtes Minusgewicht verlängert das Leben« (S. 16).

Soweit einige typische Informationen, die in den letzten Jahren verbreitet wurden. Und nun das große »Aber«: Die oben zitierten Aussagen sind in dieser einfachen Form falsch, wie neuere Forschungsergebnisse gezeigt haben. Weder ist das Idealgewicht das »Gewicht der höchsten Lebenserwartung«, noch ist Übergewicht die Wurzel aller Zivilisationskrankheiten, wie in den folgenden Abschnitten klar werden wird.

Da es anscheinend um »Lebensgefahr«, um dick und krank oder schlank und gesund geht, steckt Brisanz in diesen Zitaten. Wer kann sich der suggestiven Wirkung der gutgemeinten Warnungen und Versprechungen entziehen? Und wen wundert es, wenn solche Informationen in entsprechende Bilder umgesetzt werden: Eine Krankenkasse gab zum Beispiel einen Kalender heraus, auf dem einem betreten dreinschauenden Dicken mit dem Zeigefinger gedroht wird.

Es sei nochmals betont, daß den Aufklärungskampagnen wirklich die allerbesten Absichten zugrunde lagen. Man ging jedoch in verschiedener Hinsicht von falschen Vorstellungen aus; man kann dies folgendermaßen zusammenfassen:

1. Das Broca-Idealgewicht sei das »gesündeste« Gewicht, das die höchste Lebenserwartung garantiere.
2. Das gelte für jeden Menschen – und jeder Mensch könne das Idealgewicht mit einigermaßen gutem Willen erreichen und halten.
3. Wer zu dick ist, esse zu viel und/oder bewege sich zu wenig.
4. Wer das nicht einsieht und sein Verhalten nicht ändert, sei selber schuld und schade sich und der Gesellschaft – Abweichler verdienen kein Mitleid!

Ausgangspunkt der beiden letzten Aussagen war eine sehr einfache Interpretation des Energiebilanzprinzips (siehe auch Seite 31 und 33). Heute sieht man den Zusammenhang zwischen Energieaufnahme und Gewichtskonstanz sowie Gewichtszu- oder Gewichtsabnahme wesentlich differenzierter. Wieviel Energie der

Energiebilanzprinzip auf dem Prüfstand

In den letzten Jahren wurden einige Experimente durchgeführt, deren Ergebnisse dem Energiebilanzprinzip klar widersprechen. Ein Beispiel, allerdings eines, das an der Moral der Forscher zweifeln läßt, macht dies deutlich (nach Scott-Beller 1977):

1966 wurden 16 »Freiwillige«, Häftlinge des Vermont State Prison, sieben Monate lang systematisch überernährt. Der Versuchsplan sah Zeiträume vor, in denen sehr viele Kalorien zugeführt und viel Sport getrieben wurde und Perioden, in denen zwar viele Kalorien zugeführt, aber körperliche Ruhe verordnet war. Von Zeit zu Zeit wurde das Gewicht, Änderung der Körperproportionen und die Anzahl der Fettgewebszellen gemessen.

Die Ergebnisse waren provozierend: Es nahmen zwar alle Versuchspersonen zu, im Durchschnitt die Gruppe als Ganzes um 24,8 Prozent, aber – die einzelnen Individuen unterschieden sich sehr stark, obwohl streng darauf geachtet worden war, daß jede Versuchsperson im Verhältnis gleich überernährt wurde. Die Streuung lag zwischen plus 18 Prozent und plus 31 Prozent des Ursprungsgewichts. Die Anzahl der Fettgewebszellen blieb bei allen konstant, es veränderte sich nur ihre Größe. Die Körperproportionen veränderten sich in unterschiedlicher Weise. Zudem bildete sich bei manchen Versuchspersonen nur Fettgewebe, bei anderen hingegen durch das Körpertraining auch Muskelfasern.

Man schloß aus diesem Experiment, daß Erbanlagen tatsächlich eine große Rolle spielen – da die äußeren Bedingungen bei allen gleich waren, sind die Unterschiede wohl in Stoffwechselvorgängen begründet.

Übrigens: Die anschließende Abmagerungsphase auf das Ursprungsgewicht verlief individuell ebenso unterschiedlich wie die Zunahmephase.

Noch aussagekräftiger als dieses Experiment ist ein Untersuchungsergebnis, das Anfang 1986 im ›New England Journal of Medicine‹ veröffentlicht wurde (zitiert nach Randow 1986): Sieben Adipositas-Forscher, unter ihnen der in Fachkreisen weltberühmte Amerikaner Albert J. Stunkard, schickten über 1000 Erwachsenen, die als Kinder adoptiert worden waren, Gesundheitsfragebogen zu. 540 beantworteten die Fragen und wurden danach in 4 Gewichtsklassen eingeteilt, von dünn über normalgewichtig bis hin zu übergewichtig und adipös (»krankhaft« fettleibig). Entscheidend für die Figur, die die Befragten hatten, war das Gewicht ihrer leiblichen Eltern, vor allem der Mutter. Würden Eßgewohnheiten und Vorbilder in der Umgebung die Hauptrolle spielen, müßte die »Gewichtigkeit« der Adoptiveltern ausschlaggebend sein – und genau dies war nicht der Fall.

einzelne benötigt, um sein Gewicht zu halten, ab- oder zuzunehmen, scheint sehr individuell zu sein. Die »Dicken«, die behaupten, »gar nicht so viel zu essen«, sind meist nicht so unglaubwürdig, wie ihnen manchmal hämisch nachgesagt wird – es gibt nämlich genügend Normal- oder sogar Idealgewichtige, deren Energieaufnahme nach dem einfachen Energiebilanzprinzip zu Übergewicht führen müßte! Uns es gibt Menschen, für deren Körperhaushalt die Berechnungen »stimmen«.

Was bis heute erstaunlicherweise fehlt, ist eine umfassende wissenschaftliche Theorie zu »Nahrungsaufnahme und Körpergewicht«. Aber das Gebiet ist einfach zu vielschichtig, als daß alle Widersprüche beim heutigen Wissensstand ausgeräumt werden könnten. Wissenschaftler, die sich mit den Themen Ernährung, Gesundheit, Diät auseinandersetzen, sind sich dessen bewußt, daß sie nur von Annahmen ausgehen und keine abgesicherten Aussagen machen können. Im Grunde ist es noch immer ein Rätsel, wie die menschliche Nahrungsaufnahme gesteuert wird, wie es zu Hungergefühlen kommt, wann und warum Sättigung signalisiert wird, weshalb manche Menschen zu- und die anderen abnehmen, obwohl sie bei gleicher Körpergröße und gleichem Ausgangsgewicht dieselbe Nahrungsmenge aufnehmen.

Eine plausible Hypothese besagt, daß jedes Individuum einen »Sollwert«bereich besitzt, in dessen Rahmen sich sein Gewicht einpendelt (siehe auch Seite 35). Dieser Wert kann individuell durchaus über dem Normal- oder Idealgewicht liegen. Medizinisch tolerierbares Übergewicht darf nach neueren Erkenntnissen bis zirka 20 Prozent über dem Normalgewicht liegen, wenn damit keine sonstigen Risikofaktoren, wie Herz- oder Kreislaufkrankheiten, Zuckerkrankheit und so weiter verbunden sind. 20 Prozent über dem Normalgewicht bedeutet bei einer Körpergröße von 167 Zentimeter ein Gewicht von 80,4 Kilogramm. Wenn keine der vorher genannten Gründe gesundheitlicher Art dagegen sprechen, sollte dieses Übergewicht aus verhaltenstherapeutischer Sicht* eher nicht behandelt werden, da die Gewichtsreduktion als solche und die anschließende Aufrechterhaltung des »Traumgewichts« ständig kontrolliertes Essen erfordern. Was »kontrolliertes Essen« bedeuten kann, kennt jeder, der schon einmal mit knurrendem Magen Kalorien gezählt und sehnsüchtig auf die nächste Mahlzeit gewartet hat! Daß die Lebensqualität und »Lebensfreude« darunter leiden können, wird wohl niemand bestreiten. Essen ist doch

* Verhaltenstherapie ist eine Therapieart, die auf Veränderung des Verhaltens in konkreten Situationen abzielt. Unerwünschtes Verhalten wird langsam abgebaut, erwünschtes eingeübt, wobei versucht wird, auch Gedanken und Gefühle miteinzubeziehen.

Set-Point-Theorie, Sollwertbereich

Die Anhänger der Set-Point-Theorie (nach Pudel 1985 b, S. 27ff.) gehen davon aus, daß im Körper ein Regelsystem existiert, das in der Lage ist, das Körpergewicht bis auf kleine Schwankungen konstant zu halten. Der Wunsch nach Nahrungsaufnahme werde von innen her so gesteuert, daß sich ein natürliches Gleichgewicht einpendle. Wenn nicht von außen her Störfaktoren auftreten, wie zum Beispiel Aushungern des Körpers oder totales Überessen, dann brauche man überhaupt nicht mehr zu überlegen, wieviel man essen darf.

Es deutet viel darauf hin, daß es solch ein Regelsystem tatsächlich gibt, wie Versuche an Tieren und Menschen (siehe auch: »Energiebilanzprinzip auf dem Prüfstand« S. 33), Erfahrungen von Forschern im Bereich Langzeiterfolge von Diäten ergeben haben. So steigt nach Diäten das Gewicht zwar meist wieder an – jedoch nie über einen bestimmten, individuellen Punkt hinaus.

Mastversuche mit schlanken Freiwilligen führten zwar zu Gewichtszunahme. Als sie sich wieder ihren eigenen Wünschen und Bedürfnissen gemäß ernährten, sank ihr Gewicht nach einiger Zeit bis zum ursprünglichen Ausgangsgewicht. Auch Alltagserfahrungen stützen die Set-Point-Theorie. Viele Menschen, die den Kampf mit den Kalorien aufgegeben haben, berichten, daß sich ihr Gewicht von alleine eingependelt hat, manchmal beim Idealgewicht, meist zwischen Ideal- und Normalgewicht, seltener bei Normalgewicht oder darüber. Wie bereits erwähnt: Der Sollwertbereich des einzelnen ist sehr individuell.

Unklar bei der Set-Point-Theorie ist bis heute, welche Stoffwechselvorgänge und welche biologischen Steuermechanismen für den Sollwertbereich zuständig sein könnten. Man weiß auch nicht, wie sich der Sollwertbereich einpendelt und unter welchen Bedingungen er sich verändert. Das ist ein ganz wichtiger Punkt für den Abnahmewilligen: Erwiesen ist, daß der Energieumsatz sinken kann, wenn jemand Diät hält. Der Körper scheint dann mit der spärlichen Energiezufuhr hauszuhalten, er kommt mit weniger Nahrung aus. Deshalb nehmen die wenigsten Menschen so schnell ab, wie es ihrer geringen Nahrungsaufnahme entspricht, wenn sich eine Diät über längere Zeit hinzieht. Nun kann es aber sein, daß sich durch die geringe Nahrungszufuhr auch der Sollwertbereich verstellt – der Körper hat sich daran gewöhnt, mit wenig Nahrung auszukommen und reagiert schließlich auf früher normale Mengen mit Gewichtszunahme. Wie lange es dauert, bis der Körper wieder zu seinem ursprünglichen Sollwertbereich zurückfindet, ist unbekannt. Wer also lange Zeit Diät gelebt hat und wieder zu einem Leben ohne Kalorienzählen zurückkehren möchte, muß unter Umständen eine ganze Weile warten, bis sich ein Gleichgewicht ohne Gewichtszunahme eingestellt hat. Das Ausbrechen aus einem Diätkreislauf kann zunächst mit Gewichtszunahme verbunden sein, weil sich der Sollwertbereich verstellt hat. Vermutlich normalisiert sich jedoch die Lage über kurz oder lang.

ein natürliches, primär lustbetontes Bedürfnis, oft einer der Mittelpunkte sozialer Geselligkeit – und wer fühlt sich wohl, wenn ihm Essen zum Problem wird? Wenn ein Teil seiner Gedanken zur ständigen Selbstkontrolle eingesetzt werden muß? Wenn ein Fest zum Prüfstein der eigenen Standhaftigkeit wird? Oder wenn man verschämt trotzig die Selbstbeherrschung »auf morgen« verlegt, um heute genießen zu können?

Das Beispiel oben – 20 Prozent über Normalgewicht bei einer Körpergröße von 167 Zentimetern ergibt 80,4 Kilogramm – stellt zwar einen Extremfall dar, es macht aber deutlich, wie sehr sich in der wissenschaftlichen Diskussion die Meinung über die Notwendigkeit einer Behandlung geändert hat.

Nun ist es aber hierzulande so, daß selbst leichtes Übergewicht oft sozial nicht toleriert wird oder beim »Übergewichtigen« ein »schlechtes Gefühl« auslöst. Zwei oder drei Kilogramm »zuviel« wirken auf manche Menschen schon äußerst »belastend«, sie fühlen sich »aus dem Leim gegangen«, unbeweglich, weniger leistungsfähig. Solche Wahrnehmungen sind zwar real, aber nicht realistisch: Sie beruhen auf einem verinnerlichten Ideal, so unglaubhaft dies für denjenigen klingen mag, der genau so empfindet.

Solche Empfindungen müssen kein Problem darstellen – sie können es aber sein oder dazu werden, wenn Menschen sich selbst unter Druck setzen, wenn sie ein standardisiertes Ideal anstreben, das nur unter Mühen oder jeweils nur für kurze Zeit gehalten werden kann. Mit ein paar Kilogramm zuviel am Leib ist keine Diät notwendig, sondern eine veränderte Einstellung zum eigenen Körper. Denn wahrscheinlich ist es gerade die mühsam erzwungene Selbstkontrolle, die dazu beiträgt, daß viele Diätversuche zunächst gelingen, das frühere Gewicht jedoch bald wieder erreicht oder oft sogar überschritten wird.

In diesem Zusammenhang ist es wichtig zu wissen, daß die Rückfallquote nach zunächst erfolgreichen Diäten extrem hoch ist: Es gibt fast niemanden, der sich »sein Leben lang beherrschen kann« (Pudel 1978, S. 170ff.: Überblick über Langzeiterfolge bei unterschiedlichen Diäten). Sollten Sie zu den »Versagern« gehören, dann wundern Sie sich nicht länger über Ihre »Charakterschwäche«: Ihr »Versagen« ist nicht die Ausnahme, sondern die Regel! Und das sollte zu denken geben.

Therapeuten ist nicht nur die hohe Rückfallquote bekannt (siehe auch »Ein Therapiebericht«, S. 37), sie kämpfen bei der Behandlung von Übergewicht noch mit einem anderen Problem, dem sogenannten »Jo-Jo-Phänomen«, das in Diättips und -vorschriften verschwiegen wird. Worin besteht es? Stellen Sie sich vor, Sie beschließen abzunehmen. Das für zu hoch befundene Ausgangsge-

Ein Therapiebericht

Der Konstanzer Psychologe Martin Hautzinger berichtete auf einer Tagung von einem Forschungsprojekt, an dem er mitgearbeitet hatte. Ziel dieses Projekts war es gewesen, die kurz- und langfristigen Auswirkungen eines sorgfältig ausgearbeiteten Therapieplans zur Gewichtsreduktion zu überprüfen. Es handelte sich nicht nur um eine einfache Diät, die vorschrieb, wieviele Kalorien die Abnahmewilligen zu sich nehmen dürfen. Nein, man hatte versucht, an alles zu denken:

Nach dem Motto »Erleben statt Essen« trafen sich die Teilnehmer zu gemeinsamen Unternehmungen wie Theater-, Kino- und Konzertbesuchen. Auch Sport wurde immer in Gruppen betrieben, das erhöhte die Motivation, sich tatsächlich körperliche Bewegung zu verschaffen. Die Diätpläne wurden individuell auf die Bedürfnisse der einzelnen abgestimmt. Sie waren zudem so aufgebaut, daß sie bereits auf die Phase vorbereiteten, die nach Erreichen des Wunschgewichts eintritt: wieder »normal« essen zu dürfen. Die Projektleiter gingen von der richtigen Annahme aus, daß während der Diätzeit ein Umlernprozeß stattfinden muß, um sich auch nach Abschluß der Diät vernünftig zu ernähren.

Abnahmeerfolge und -mißerfolge wurden in regelmäßigen Gruppensitzungen besprochen. Der Gruppenleiter, der als Vorbild diente, hatte kurz zuvor mit Hilfe eines ähnlich aufgebauten Therapieplans viele Pfunde verloren.

Während der eigentlichen Abnahmephase klappte alles wie vorgesehen. Die Gruppenteilnehmer waren begeistert bei der Sache. Es gab keinen, der sein gestecktes Ziel nicht erreichte. Eine Wunderdiät?

Das dicke Ende kam nach. Die Projektleiter überprüften, ob der Erfolg langfristig anhielt. Das Ergebnis: Nach ein bis zwei Jahren waren fast alle Teilnehmer »rückfällig« geworden, hatten ihr Ausgangsgewicht wieder erreicht oder überschritten.

Hautzinger schloß seinen Vortrag schmunzelnd-resigniert:

Auch der Gruppenleiter – ein Psychologe – hatte sich seine Pfunde wieder angefuttert und beschlossen, fortan zu bleiben wie er ist.

wicht wird durch eine Diät reduziert. Die Reduktion ist allerdings meist nicht von Dauer, das alte Gewicht ist über kurz oder länger wieder erreicht oder wird sogar noch überschritten. Ein erneuter Diätversuch ist wiederum von Erfolg gekrönt, jedoch ebenfalls nur kurzlebig: Das Ausgangsgewicht stellt sich von neuem ein oder wird noch stärker überschritten als nach dem mißlungenen ersten Versuch. Gibt der/die Diätwillige hier noch nicht auf, so kann er/sie in einem sogenannten »Teufelskreis der ständig wiederholten Diätversuche« oder sogar in eine aufwärtssteigende »Gewichtsspirale« geraten. Möglicherweise lassen sich diese Phänomene so erklären: Geht man davon aus, daß jedes Individuum einen Sollwertbereich hat, in dessen Rahmen sich sein Gewicht einpendelt – sofern nicht ein psychisches Ungleichgewicht starkes »Überessen« verursacht – dann bedeutet Gewichtsreduktion ein Unterschreiten des Sollwertbereichs. Die Folge: Der Organismus gerät in eine Art Deprivationszustand, leidet sozusagen unter Entzugserscheinungen. Die Entzugserscheinungen können durch Einsatz des »Willens« ausgehalten werden, daß heißt, beim Essen ist ständige Selbstkontrolle notwendig, um den Deprivationszustand zu überspielen. Fällt jedoch die Selbstkontrolle aus irgendwelchen Gründen weg (und wer hat sich schon selber ständig unter Kontrolle!) so holt der Organismus auf. Und wie die Erfahrung zeigt, begnügt er sich oft damit nicht; wer ausgehungert ist, neigt dazu, sich zu überessen und kann damit häufig noch sein ursprüngliches Ausgangsgewicht überschreiten. Vor diesem Hintergrund hält es Pudel übrigens für denkbar, daß die aus ästhetisch-kosmetischen Anlässen gestarteten Diätversuche späteres Überwicht mitverursachen können: »Das schlankheitsfixierte Eßverhalten ... würde damit genau das bewirken, was es eigentlich vermeiden soll« (Pudel 1985b, S. 29). Was heißt das? Ganz konkret folgendes: Wer sich an einem Schlankheitsideal orientiert, das seinem Sollwertbereich nicht entspricht, wer also schlanker sein möchte, als er es bei »natürlichem Eßverhalten« wäre, und wer deshalb seinen Organismus durch Diätversuche aushungert, der steht in der Gefahr, sein Gewicht »hochzuschaukeln«, weil er mit großer Wahrscheinlichkeit nicht auf Dauer die notwendige Selbstkontrolle aufbringen kann, seinen Körper »unterzuernähren«; hier schlägt also sozusagen der »Selbsterhaltungstrieb« des Organismus den modischen Idealen ein Schnippchen – sicher zum Leidwesen der Betroffenen, langfristig jedoch als Selbstschutz.

Kapitel 2
Idealgewicht? Nein danke!

Haben Sie Idealgewicht? Wenn ja: Bravo! – wenn nein: Wollen Sie nicht abnehmen? Das hätte man Ihnen jahrelang geraten, und heute?

Über einen längeren Zeitraum war der unerschütterliche Glaube an die nicht zu übertreffenden Vorteile des Idealgewichts Leitbild. Unkritisch war es aufgrund vermeintlich »harter Daten« amerikanischer Lebensversicherungsgesellschaften definiert worden. In handlichen Tabellen gefaßt, bestimmte es lange Zeit, welcher idealen Norm der einzelne gerecht zu werden hatte. Auch oder gerade für Ärzte setzten diese als äußerst glaubwürdig geltenden Richtwerte der »höchsten Lebenserwartung« den Maßstab ihrer Patientenberatung. Sie entschieden danach, wem eine Diät dringend nahegelegt werden mußte oder wessen Gesundheit in absehbarer Zeit gefährdet sein könnte.

Die Forderung nach dem Idealgewicht war zunächst nur am Rande wahrgenommen worden. Als sie aber zur Grundlage medizinischer »Massenaufklärungskampagnen« wurde, setzte sie sich in den Köpfen aller fest – Ärzte, Modemacher, immer breitere Schichten der Bevölkerung waren sich einig: Schlank ist schön, schlank ist gesund, schlank, schlanker, am schlanksten ... Die, nennen wir sie »Diätindustrie«, schürte die Hysterie zusätzlich: Sie ließ sich die Chance nicht entgehen, ein Wirtschaftszweig zu werden, dessen Umsätze und Gewinne sich sehen lassen können.

Seit wenigen Jahren wehren sich nicht nur die unter dem Idealgewicht Leidenden, sondern auch Fachleute gegen die Gültigkeit dieser Schlankheitsnorm (zum Beispiel Berger, Berchtold 1978). Einen entscheidenden Beitrag zur Relativierung der »Idealgewichtstabellen« leistete die amerikanische Framingham-Studie (Kannel, Gordon 1974; Sorlie, Gordon, Kannel 1980). Diese seit etwa 18 Jahren laufende Langzeitstudie sollte den Zusammenhang zwischen Risikofaktoren für Herz- und Kreislauferkrankungen beziehungsweise Arteriosklerose und Sterblichkeit aufklären. Sie zeigte ganz deutlich, daß die vermeintlich einfache Gleichung »soundsoviel Übergewicht = bestimmte Risiken und Gefahren« nicht stimmt.

Heute lauten die Fragen anders: Kann man überhaupt ein allgemeingültiges »Idealgewicht« definieren? Genügt es dann, dieses Idealgewicht anhand von Körpergröße, Geschlecht und Alter festzulegen? Ist Übergewicht wirklich die Ursache vieler Krankheiten? Hat man nicht vielmehr in den letzten Jahren erkannt, daß Krankheiten jeder Art nicht nur ein rein physisches Problem sind? Spielt nicht der »Allgemeinzustand« eines Menschen, sein psychisches Befinden, seine soziale Umwelt, seine Gruppenzugehörigkeit eine weitaus größere Rolle als das Körpergewicht?

Diese Fragen lassen sich mit dem heutigen Wissen nicht vollständig beantworten, aber um ihrer Klärung etwas näher zu kommen, kehren wir zum Ausgangspunkt der Debatte um das Idealgewicht zurück.

Zuerst einmal – wer kam eigentlich auf die Idee, eine solche Gewichtsnorm aufzustellen und weshalb?

In den fünfziger Jahren gaben amerikanische Versicherungsgesellschaften eine Studie in Auftrag, die Build and Blood Pressure Study (BBPS), deren Ziel es war, die mit Übergewicht verbundenen Risiken zu erfassen (Society of Actuaries 1959). Warum interessieren sich Lebensversicherungsgesellschaften dafür? Sie müssen wissen, welche Charakteristiken Menschen auszeichnen, die ein erhöhtes Krankheits- oder Sterberisiko haben, um ihre Beiträge dementsprechend anpassen zu können. Wer gefährdet ist, bezahlt mehr oder wird überhaupt nicht versichert.

Die Ergebnisse der Studie wurden 1959 veröffentlicht. Man hatte aufwendige Aktenstudien betrieben und auf diese Weise rückblickend fast fünf Millionen Frauen und Männer nachuntersucht, die zwischen 1935 und 1953 eine Lebensversicherung abgeschlossen hatten. Das Ergebnis bei diesen 5 Millionen Amerikanern und Amerikanerinnen schien so zu sein, daß zwischen Gewicht und Sterblichkeitsrate ein *direkter Zusammenhang* bestand. Je höher das Gewicht, desto größer das Sterberisiko, je niedriger das Gewicht, desto höher die Lebenserwartung. Das Sterberisiko sank anscheinend mit abnehmendem Gewicht bis zu einem Punkt der minimalen Mortalität. Bei höherem Übergewicht war es so, daß das Sterberisiko immer stärker zunahm. Genauer: Bei Männern mit 20 Prozent Übergewicht über dem Durchschnitt lag die Sterblichkeitsrate um 25 Prozent höher, mit 40 Prozent Übergewicht bereits um 67 Prozent höher und mit 60 Prozent Übergewicht gar schon um 150 Prozent höher! Bei Frauen war dieser überproportionale Anstieg der Sterblichkeit etwas geringer ausgefallen.

Die Metropolitan Life Insurance Company stellte aus den Daten dieser Studie Tabellen zusammen, die das »wünschenswerte Gewicht« angaben, das heißt das Körpergewicht, bei dem Sterbe- und Krankheitsrisiken am geringsten ausgeprägt seien. Das durchschnittliche Idealgewicht, das in diesen Tabellen gefordert wurde, lag damals etwa 7 bis 11 Kilogramm unter dem Durchschnittsgewicht amerikanischer Bürger. Der springende Punkt in diesem

Zusammenhang ist, daß sich die Höhe der Lebensversicherungsprämien natürlich an diesen Tabellen orientierte: Wer Idealgewicht hatte, bezahlte weniger als ein »Übergewichtiger«. Es soll nicht unterstellt werden, daß irgendwelche Daten bewußt gefälscht wurden, aber man muß doch ganz klar sehen, daß die Versicherungsgesellschaften mit dieser Praxis einen höheren Gewinn einstrichen. Denn: Wer über dem postulierten Gewicht lag, der bezahlte mehr.

Die Autoren der Framingham-Studie (Sorlie, Gordon, Kannel 1980) starteten die ersten Angriffe gegen die anscheinend so unangreifbaren Daten der Metropolitan Life Insurance Company. Die Framingham-Studie ist eine echte Langzeitstudie, das heißt, die Versuchspersonen werden nicht nur rückblickend untersucht, sondern fortlaufend in bestimmten Abständen. Das ergibt natürlich aktuellere und damit bessere Informationen als eine rückblikkende Studie.

Die Ergebnisse der Framingham-Studie stimmten zwar in einem Punkt mit denen der Build and Blood Pressure Study überein: Erhöhtes Körpergewicht geht mit einer Zunahme der Risikofaktoren für bestimmte Krankheiten einher, nämlich erhöhter Blutdruck, höherer Serumcholesterinspiegel (Blutfett), erhöhter Harnsäurewert, häufigeres Auftreten von Gicht, höherer Blutzuckerspiegel und überdurchschnittlich häufiges Auftreten von Diabetes mellitus (Zuckerkrankheit); ein weiteres gemeinsames Ergebnis: Gewichtsreduktion führt tatsächlich zu einer Abnahme dieser Risikofaktoren. Aber es gab einen sehr großen Unterschied: Im Gegensatz zu den Autoren der Build and Blood Pressure Study stellten die Framingham-Forscher fest, daß »die Sache mit dem Idealgewicht« nach ihren Daten ein Gerücht darstellen müsse. So lag bei Männern ein erhöhtes Sterberisiko erst zwischen 125 und 139 Prozent des Idealgewichts vor. Das entspricht einem Übergewicht über Broca-Normalgewicht von etwa 12 bis 25 Prozent. Bei Frauen trat das erhöhte Sterberisiko erst bei 105 bis 124 Prozent über dem statistischen Idealgewicht ein: das entspricht einem Gewicht von 11 Prozent unter Normalgewicht bis zu 5 Prozent über Normalgewicht, also einem Übergewicht bis zu 5 Prozent. Bei Untergewicht und stärkerem Übergewicht stieg die Sterblichkeitsrate weiter an.

Neuere Forschungsergebnisse haben ältere ersetzt. Das heißt nun nicht, daß diese neueren Forschungsergebnisse die Wahrheit endgültig ans Licht gebracht hätten. Auch die Framingham-Studie ist nicht der Weisheit letzter Schluß. Aber die neueren Studien bieten uns doch sicherere Anhaltspunkte zur Beurteilung und Bewertung der Gesamtverhältnisse.

Ein Beispiel sei kurz angerissen. Früher hatte man vor allem Übergewicht für das Auftreten von Herzkrankheiten verantwortlich gemacht. Nach aktuellen Daten spielen sehr viele Faktoren eine Rolle (vgl. Miltner, Gerber, Birbaumer 1986): Übergewicht die allergeringste, aber Streß, Rauchen und selbst Erbanlagen wiegen schwerer. Wer über 20 Zigaretten mit einem Nikotingehalt von mehr als 0,8 Milligramm pro Tag raucht, dessen Risiko, einen Herzinfarkt zu erleiden, ist ungefähr dreieinhalbmal so groß als bei Nichtrauchern oder Personen, die das Rauchen aufgegeben haben. Der wichtigste Punkt für das Herzinfarktrisiko ist jedoch Streß. Darunter wird heute nicht mehr nur allgemeine Überbelastung verstanden. Das moderne Streßkonzept berücksichtigt sowohl äußere Streßreize wie Arbeitsanforderungen, Lärm, Wohnbedingungen, zwischenmenschliche Schwierigkeiten, als auch die Fähigkeiten des Individuums, damit umzugehen. Was den einen bis zur Erschöpfung belastet, kann für den anderen eine Herausforderung sein, mit der seine Kräfte wachsen. Die Verhinderung von Herzkrankheiten erfordert also eine Überprüfung des eigenen Lebensstils und gegebenenfalls Streßabbau durch Veränderung äußerer Umstände oder/und Lernen, die Umweltanforderungen besser in den Griff zu bekommen.

Doch zurück zur Build and Blood Pressure Study. Diese Studie gilt als typisches Beispiel dafür, wie fragwürdig Methoden sein können, mit denen Daten erhoben werden und wie leichtfertig aus Ergebnissen Schlußfolgerungen gezogen werden, die dann als vermeintliche Wahrheiten jahrelang in den Köpfen herumspuken. Die Liste der Kritikpunkte an dieser Studie ist lang:

1. Die Daten der Build and Blood Pressure Study wurden in den Jahren 1935 bis 1954 erhoben, also vor 30 bis 50 Jahren. Es sind »uralte Daten« in Anbetracht dessen, wie schnell sich unsere Welt verändert hat. Man steht also bei der Beurteilung dieser Daten vor einigen Problemen (vgl. Berger, Berchtold 1978; Sorlie, Gordon, Kannel 1980).

Zum einen haben sich in den letzten 30 bis 50 Jahren, unter anderem durch die zunehmende Technisierung, die Lebensgewohnheiten in der westlichen Welt sehr stark verändert. Aber nicht nur die Umwelteinflüsse ganz allgemein, auch die Ernährungsgewohnheiten sind nicht gleich geblieben. Vermutlich hängt damit auch zusammen, daß die Durchschnittswerte für Körpergewicht und Körpergröße angestiegen sind. Was heißt das für die Beurteilung dieser Daten? Man kann nicht ohne weiteres Daten von 1959 auf die heutigen Verhältnisse übertragen – und damit genausowenig die Normen, die 1959 vielleicht Gültigkeit hatten.

Zum anderen ging man 1959 anders vor, wenn man Daten erhob, als heute. Heutzutage wird betont, wie wichtig es ist, »methodisch sauber« zu arbeiten, das heißt an die Zuverlässigkeit der Daten werden weitaus höhere Ansprüche gestellt, als noch vor 20 Jahren. Alleine schon aus den unterschiedlichen Forschungsmethoden läßt sich zumindest teilweise erklären, weshalb zum Beispiel die Untergewichtigen in dieser Studie kein erhöhtes Sterblichkeitsrisiko haben, in der Framingham-Studie jedoch zum gefährdeten Personenkreis gehören:

In der Build and Blood Pressure Study wurde ein Teil der sehr leichten Personen gar nicht erfaßt. Warum? Zur Zeit der Erarbeitung dieser Studie war Tuberkulose (Lungenschwindsucht) eine noch relativ häufige Krankheits- und Todesursache. Tuberkulose führt zu starkem Gewichtsverlust, sie zehrt sozusagen an der Körpersubstanz. Es ist wahrscheinlich so, daß die Urheber dieser Studie Personen ausgeschlossen haben, die aus unerklärlichen Gründen Gewicht verloren oder schon starkes Untergewicht hatten, weil sie von der Annahme ausgingen, daß diese Personen unter Tuberkulose litten und deshalb nicht zur Normalbevölkerung gehörten.

Durchaus möglich ist es auch, daß solche »auffälligen« Personen schon beim Versuch, einen Versicherungsvertrag abzuschließen, wegen erhöhten Krankheitsrisikos erst gar nicht als Versicherungsnehmer zugelassen wurden.

2. Die Build and Blood Pressure Study ist eine sogenannte retrospektive Studie, das heißt, man erhob keine aktuellen Daten, sondern versuchte, aus verschiedenen Quellen, wie Arztberichten, Sterbeurkunden und so weiter, Krankheitsverläufe zu rekonstruieren. Daß diese Vorgehensweise die Wirklichkeit verzerrt, dürfte jedem klar sein, der sich zum Beispiel mit der Glaubwürdigkeit von Augenzeugenberichten, Verbreitung von Gerüchten oder ähnlichem auseinandergesetzt hat.

3. Die Daten stammen nur aus einem ganz bestimmten Personenkreis, nämlich dem der Versicherten, also Personen, die eine Versicherung abschließen wollten und letztendlich auch von den Versicherungsgesellschaften als Klienten angenommen wurden. Dieser Personenkreis unterscheidet sich von der Durchschnittsbevölkerung, ist also nicht repräsentativ für den Normalbürger. Versichert wurde nur, wer von vorneherein kein zu hohes Sterblichkeitsrisiko hatte: Die Lebenserwartung der Versicherten war also höher als die der Bevölkerung im Durchschnitt (Mann 1971).

Nicht vergessen darf man auch, daß es sich bei den erfaßten Personen um Nordamerikaner handelte: Damit ist die Übertragbarkeit auf europäische Verhältnisse von vorneherein in Frage gestellt. Dieses Argument mag spitzfindig klingen, aber es ist inzwischen nachgewiesen, daß die allgemeinen Lebensverhältnisse durchaus eine Rolle für Krankheits- und Sterberisiken spielen.

4. Die Größen- und Gewichtsangaben der fünf Millionen »Untersuchten« sind nicht so hieb- und stichfest, wie die Zahlen es glauben machen wollen. Oft wurden sie nur geschätzt oder ungenau ermittelt (Wiegen in Kleidern und Schuhen ergibt keine vergleichbaren Werte!). Die Angabe von Zahlenwerten ist nicht gleichbedeutend mit Glaubwürdigkeit. Entscheidend ist, *wie* die Zahlenwerte erhoben wurden – und in diesem speziellen Fall, wie schon dargestellt, geschah dies nicht für alle auf die gleiche Art und Weise.

5. Man hatte nicht berücksichtigt, daß es verschiedene Körperform- und Körperbautypen gibt. In späteren »Gewichtstabellen« wurde dies zwar bei der Festlegung des Idealgewichts berücksichtigt (zum Beispiel »schwerer, mittlerer, leichter Körperbau«) – aber es gibt doch zu denken, daß bei der Definition des Idealgewichts solche Unterscheidungen nicht gemacht wurden.

Die Build and Blood Pressure Study legt dem Gewicht als solches das Verhältnis zur Körpergröße zugrunde – dabei wird aber völlig übersehen, daß Übergewicht auch durch das Verhältnis zwischen Muskel- und Fettgewebe bestimmt wird. Ein Beispiel: Sportler, die sehr muskulös sind, können »Übergewicht« haben, obwohl ihr Körper straff und durchtrainiert ist. Dagegen kann sich hinter einem »Normalgewicht« ein mäßig fettleibiger, inaktiver Mensch »verbergen«.

Viele kritische Argumente wurden also vorgebracht! Es war wohl doch nicht alles so klar mit dem Idealgewicht! Eine Gewichtsnorm darf nie und nimmer auf der Grundlage solch fragwürdiger, wissenschaftlich angreifbarer Daten als allgemeinverbindliches Gesundheitsideal propagiert werden. Aufgrund neuerer Befunde kann Entwarnung gegeben werden: »Das sogenannte Idealgewicht [liegt] erheblich unterhalb der Grenze für eine Gefährdung durch die Fettsucht, ja möglicherweise sogar unterhalb des im Hinblick auf die Lebenserwartung optimalen Körpergewichts« (Berger, Berchtold 1978, S. 1496).

Das heißt eindeutig: Die gesundheitliche Bedeutung des Idealgewichts ist jahrelang übertrieben worden. Es besteht also kein Anlaß, sich in der Hoffnung, einige zusätzliche Jahre in Gesundheit und Lebensfrische gewinnen zu können, selbst zu kasteien, indem man Hunger leidet.

Was heute noch nicht ganz klar ist: Ab welchem Grad von Übergewicht besteht nun ein wirkliches Gesundheitsrisiko? Auf diese Frage können nur methodisch sauber durchgeführte Langzeitstudien eine Antwort geben.

Kapitel 3
Frauen und ihr Kampf um die schlanke Linie

Eine afrikanische Lehrerin, die in Deutschland studiert hatte, äußerte in einem Interview: »Die deutschen Frauen meinen, sie müßten immer hübsch sein. Die letzte Zeit war in Deutschland das Problem der Figur. Ja, selbst wenn sie schlank sind, versuchen sie mit allen Mitteln, dünner zu werden. Vielleicht sind sie schon dünn, dann versuchen sie, die Maße zu halten. Und da hab' ich, als ich da war, auch gedacht, ich müßte auch mal unbedingt ein paar Pfund verlieren. Aber seitdem ich hier bin (in Afrika), da fühle ich mich sehr wohl. Man kann dick sein und trotzdem eine gute Figur haben. Und wenn man schön ist, dann nicht unbedingt für den Mann. Für sich selbst, ja« (Deffarge, Troeller 1984, S. 56).

Frauen haben sich in fast allen Zeitaltern und Kulturen intensiver mit Schönheitspflege beschäftigt als Männer; frau scheute keine Mühe, selbst wenn es auf Kosten der Gesundheit ging.

Zwei Beispiele aus der Vergangenheit, bei der die Damenwelt auch vor Körperdeformationen nicht zurückscheute, seien als Einführung in dieses Kapitel genannt: Der chinesische Lilienfuß und

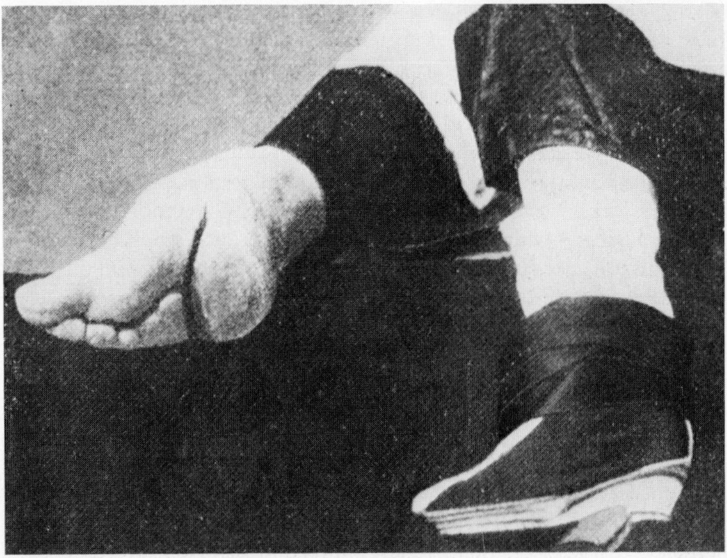

Was den Europäern die Taille, war den wohlhabenden Chinesen der Lilienfuß.

die europäische Einschnürung ins Korsett. Beide Methoden der »Verschönerung« waren äußerst schmerzhaft. Und beide erhöhten die Chancen auf dem Heiratsmarkt – nichtkonforme Frauen konnten nur schwer »an den Mann gebracht« werden.

1. Lilienfuß und Korsett

Im China der Kaiserzeit galt der Lilienfuß als Inbegriff weiblicher Erotik. Eine Frau mit normal groß gewachsenen Füßen hatte in gehobeneren Schichten keine Heiratschancen, eine Frau aus unteren Schichten hatte die Möglichkeit, durch Heirat sozial aufzusteigen, wenn ihr Fuß besonders kleingeschnürt war.

Wie erreichte man das Ideal des Lilienfußes, dieses winzig klein gehaltenen Fußes? Schon bei kleinen Mädchen wurden zunächst die Zehen durch festes Binden unter die Fußsohle gedrückt, nach einigen Jahren wurde dann die Ferse dem großen Zehen durch feste Umschnürung genähert, so daß schließlich eine Fußform erzeugt wurde, die dem »Klumpfuß« ähnelt – wie schmerzhaft dies war, ist leicht vorstellbar. Fremde Länder – grausame Sitten? (Stratz 1920) Wie »verschönerten« sich europäische Frauen? Ganz bestimmt nicht auf weniger schmerzhafte Art und Weise.

Europäerinnen schnürten sich lange Zeit den Atem mit Korsetts ab. Schönheitsideal war die »Wespentaille«. Ein zeitgenössischer Beobachter, der Arzt Carl Heinrich Stratz (1900), vermutete in einer Streitschrift gegen das Korsett, daß die Frauen jedes Volkes die Merkmale besonders hervorheben, die ihrem Körperbau entsprächen: bei asiatischen Völkern seien die kleinen Füße schon von vorneherein besonders ausgeprägt, bei Europäerinnen die Taille. Durch das Einschnüren wurde jedoch nicht nur die Schmalheit der Taille betont, es wurden auch die Brüste »vorbauartig« hochgehalten – denn je üppiger die Brust, desto besser. »Pillules orientales« wurden angepriesen, um der Oberweite nachzuhelfen, notfalls wurde zu Wattebrüsten oder besonders lebensecht nachgebildeten Wachsbrüsten gegriffen.

Das Korsett ist eine Weiterentwicklung des Mieders. Es kam in seiner neueren »einschnürenden« Form im Frankreich des 16. Jahrhunderts auf, wurde während und nach der Französischen Revolution als »unnatürlich« abgelegt, aber ab 1813/1814, also vor dem Hintergrund der Restauration, erlebte es eine neue Blütezeit. Vor den gesundheitlichen Schäden durch das Einschnüren war von vielen Seiten gewarnt worden, ohne daß die Mahner sich große

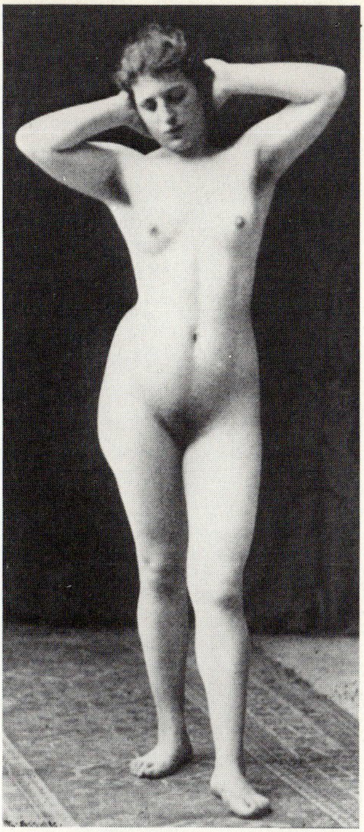

Achtzehnjähriges »Bürgermädchen« aus Wien: ohne Korsett weiblich-üppig.

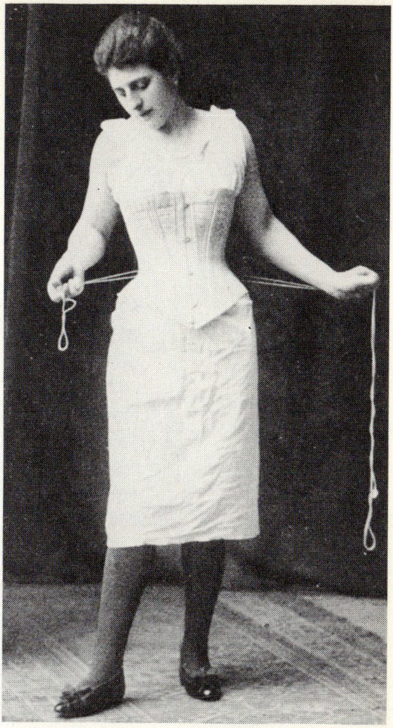

Dasselbe »Bürgermädchen« mit Korsett: die Taille schrumpft.

Hoffnung machten, Gehör zu finden. So schließt zum Beispiel ein Zeitungsartikel von 1893 mit den Worten:

»Denn die Thorheit und Eitelkeit der Menschen ist bergehoch, die Vernunft aber einem Sandkorne gleich und so wird leider auch diese Warnung wie die Stimme eines Predigers in der Wüste wirkungslos verhallen, und der Panzer der Damen wohl erst mit dem Erlöschen des Menschengeschlechtes zugleich aussterben« (Illustrierte Chronik der Zeit, Heft 14, 1893, S. 443).

Nun – diese resigniert klingende Vorhersage ist nicht eingetroffen. Wir leben noch und haben das sichtbare Korsett abgelegt. Interessant ist, daß das Schnüren als Modetorheit beibehalten wurde, obwohl die gefährlichen Folgen allseits bekannt waren:

– Deformation des Brustkorbs, Schädigung der Lungen, Einschränkung der Atemfunktion,

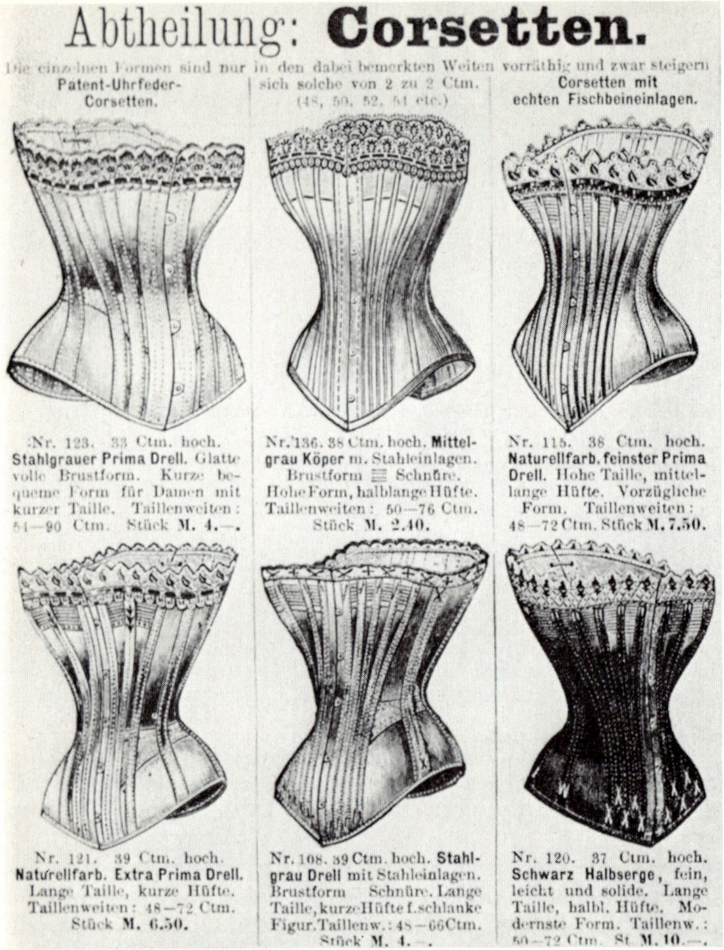

»Corsetten« auf Bestellung: billig zu haben, aber teuer bezahlt mit der Gesundheit. Die schädlichen Auswirkungen des »Schnürens« waren allgemein bekannt.

– Degeneration von Bauch- und Rückenmuskulatur,
– Störung des Blutkreislaufes,
– bei Obduktion von Frauenleichen waren Schnürfurchen an den inneren Organen, besonders an der Leber, erkennbar.

Daß das Einschnüren auch tödliche Folgen haben konnte, belegen folgende Zeitungsmeldungen: »Beim Tanzen gestorben ist in Berlin ein zwanzigjähriges Mädchen. Der Arzt stellte fest, daß zu festes Schnüren die Ursache des Todes gewesen sei« (Illustrierte Chronik der Zeit, Heft 9, 1893, S. 287). »Zur Warnung. Eine Dame in Bayreuth, die einzige Tochter eines Lehrers, hatte sich zu fest geschnürt und ging zum Ball. Im Garderobenzimmer wollte sie die Ballschuhe anziehen, sie bückte sich und fühlte sich bald unwohl. Ohne getanzt zu haben, begab sie sich nach Hause, es wurde der Arzt gerufen, und dieser stellte fest, daß infolge des zu engen Schnürens ein Darm geplatzt sei. Am anderen Nachmittag starb die Dame« (Illustrierte Chronik der Zeit, Heft 17, 1893, S. 511).

Allen Warnungen zum Trotz machten es sich erst um die Jahrhundertwende einige wenige fortschrittliche Damen durch »Reformkleidung« bequemer. Endgültig verschwand das Korsett nach dem Ersten Weltkrieg und wurde durch die neuentwickelten elastischen Korsagen aus Gummistoffen ersetzt.

Wie schmal waren die Taillen der Damen nun wirklich? Beim Besuch einer Ausstellung »Die Frau im Korsett« bestand die Möglichkeit, Originalkleidung aus dem 19. Jahrhundert der »Modesammlung der Stadt Wien« zu vermessen. Taillen- und Brustumfang der kostbaren Roben wiesen darauf hin, daß die damalige Damenwelt (bis auf ganz junge Mädchen, die ja damals auch schon in die Modewelt der Erwachsenen einbezogen waren) üppiger als die heutige war. Taillenmaße, die damals mit Hilfe des Korsetts erzielt wurden, sind heute wohl eher Durchschnitt. Diese Beobachtung wurde von Regina Forstner, Leiterin der Modesammlung, bestätigt (Forstner 1984). Nicht verwunderlich: Im 19. Jahrhundert wurden »weiche Formen«, schwellende Brüste und Arme favorisiert; eine Dame mit Idealgewicht wäre als bedauernswert mager betrachtet worden.

Und wie sieht es in der Gegenwart aus?

Auch heute nimmt die Schönheitspflege einen breiten Raum im Leben vieler Frauen ein. Frauenzeitschriften informieren ausführlich über die neueste Mode, passende Frisuren, Make-up und Körperpflege jeder Art: Diäten, Kampf gegen »lästige Pölsterchen«, Gymnastik, um Bauch, Schenkel und Brüste zu straffen. Nun ist nichts Prinzipielles gegen eine gepflegte Erscheinung einzuwenden – nur: Warum beschäftigen sich Herrenmagazine so gut wie gar nicht mit der Schönheitspflege des Mannes, sondern mit der Darstellung attraktiver Frauen? Warum gibt es auf dem Buchmarkt so gut wie kein Buch (sieht man von einigen Titeln über Bodybuilding ab), das Männern verrät, wie sie ihre körperliche Attraktivität erhöhen können, während Frauen nach dem Motto eines Buchtitels »Schönheit ist kein Zufall« (Prenger 1969) ausführlich beraten werden?

»Die Mode erfaßt den ganzen Menschen« meint der Soziologe René König (1971, S. 25) in einem Buch über Mode und modisches Verhalten. Er hat recht: Nicht nur Kleidung und Schmuck, sondern auch die Körperform war und ist ein wichtiges Kriterium dafür, ob man den Schönheitsidealen der jeweiligen Zeit und Kultur gerecht wird. Daß heutzutage die »schlanke Frau« (beileibe nicht der magere Twiggy-Typ, nein, die Frau mit Idealgewicht) favorisiert wird, bestätigt der Blick in Frauenzeitschriften und Herrenmagazine.

Ein Beispiel sei herausgegriffen: Die Fachzeitschrift ›Brigitte‹ hat sich ganz besonders auf Diätvorschläge spezialisiert. Viola Roggenkamp, ›Zeit‹-Redakteurin, hat sich die Mühe gemacht, viele Jahrgänge dieser Zeitschrift durchzuschauen. Sie stellte fest, daß seit etwa 15 Jahren das Wort »Diät« auf dem Titelblatt auftaucht, in den letzten Jahren bei durchschnittlich jedem fünften Heft der insgesamt 26 Ausgaben pro Jahr. Hochsaison für sinnige Diätvorschläge herrscht zu Jahresbeginn und im Frühjahr oder Frühsommer. In der Herbst- und Vorweihnachtssaison dagegen verliert das Thema »Diät« an Bedeutung (Roggenkamp 1986). Eine Belohnung winkt der besonders erfolgreichen Diätwilligen: Die Frauen, die sich mit der »Brigitte-Diät« bei 1000 Kilokalorien pro Tag »schlankgeschlemmt« haben, erhalten die Chance, sich auf »Vorher-Nachher«-Bildern der Öffentlichkeit zu präsentieren: Ein dikkes, unglückliches Hascherl versus einer attraktiv-selbstbewußten Frau. Wer möchte da nicht mithalten können?

Daß die Frau mit Idealgewicht tatsächlich bevorzugt wird, zeigt sich auch in der Modebranche: Schicke, ganz moderne Kleidung gibt es im allgemeinen nur bis Konfektionsgröße 42 zu kaufen. Die Autorinnen von ›Wir sind rund – na und?‹, Margit Schönberger und Anita Höhne, meinen dazu: »Auf dieser Kleiderszene (ab Größe 42) findet man eben nur den bekannten Hemdblusenschick im Traditionsschnitt mit dem ewigen Halbarm mit Aufschlag, madamige Kostüme und einzelne brave Röcke, Blusen und Strickjakken. Eine Art Mehrzweck-Uniform, die keinen Modefan vom Stuhl reißt. Die größte Attraktion: Ein Krägelchen am Hals ... Kein modischer Bestseller für die Frauen mit üppiger Figur, die textilen Hüllen für Mollige sind trostlos.«

Da bleibt doch nur die Flucht ins »Diätleben« oder ein Nähkurs an der Volkshochschule ... und sehr viel Selbstbewußtsein.

»Statt Korsett – Selleriestangen und Magerquark« – so versteht Sigrid Löffler (1984, S. 58) in der ›Zeit‹ die neue Botschaft Susan Brownmillers, die seit kurzem ihren Leserinnen zum »Konkurrenzkampf von Frau gegen Frau« unter Einsatz aller Mittel aufruft. Nicht nur Intelligenz, sondern auch weiblicher Charme und Schönheit, die untrennbar mit »schlanker Selbstbeherrschung« verbunden sind, sollen zu höchster Blüte entwickelt werden (Brownmiller 1984, S. 171).

Junge Frauen scheinen sich das seit Jahren auch ohne Kenntnis von Brownmillers guten Ratschlägen zu Herzen genommen zu haben.

Zwischen 1979 und 1985 hat sich der Anteil der Mädchen und jungen Frauen, die mehr als 20 Prozent untergewichtig sind, von 10 auf nahezu 20 Prozent verdoppelt (Pudel 1985b, S. 27). Sie brauchen kein Korsett mehr – schmaler kann die Taille nicht werden. Und das erreichten sie auf »ganz natürliche Art«: durch eiserne Diät!

Sicher, unter Jugendlichen findet man allgemein einen hohen Prozentsatz Untergewichtige – auch junge Männer. Das ändert jedoch nichts daran, daß in dieser Gruppe Frauen und junge Mädchen deutlich überwiegen (Ernährungsbericht 1984, S. 142). Dem entspricht auch, daß sich doppelt so viele weibliche wie männliche Jugendliche für »Ernährungsfragen« interessieren, wobei dieser Ausdruck wohl konkreter mit »Diätfragen« zu ersetzen wäre.

Was schätzen Sie, wieviele Jugendliche bereits mindestens eine Diät hinter sich haben? Es sind 52 Prozent! Daß auch hier die weiblichen Jugendlichen überwiegen, bedarf fast keiner weiteren Erwähnung. Aber sie überwiegen nicht nur in ihrem besonderen Diäteifer, sie wiegen sich auch weitaus häufiger als ihre männlichen Altersgenossen. Besonders oft kontrollieren die ganz Schlanken ihr Gewicht – jedes Gramm Übergewicht will sofort erkannt und bekämpft werden (Ernährungsbericht 1984, S. 111).

Spektakulärer als die Zahl der Untergewichtigen, die dank des extremen Schlankheitsideals kaum oder gar nicht auffallen, ist die steigende Anzahl von jungen Mädchen und Frauen, die unter den »neuen Frauenkrankheiten« leiden. Zumindest zwei der »Verhaltensauffälligkeiten« stehen wohl in ganz konkretem Zusammenhang mit einem verinnerlichten Schlankheitsideal:

Erstens hat der Abführmittel- und Appetitzüglermißbrauch stark zugenommen, trotz der nicht verschwiegenen Gefahren, die mit der Einnahme solcher »Medikamente« verbunden sind. Die

Abnehmen als Quelle des Erfolgs? Tatsache ist, daß die Anzahl der Magersüchtigen zur Zeit in die Höhe schnellt.

Hersteller sind verpflichtet, auf den Beipackzetteln vor den mit der Einnahme verbundenen Risiken zu warnen. Die »Suchtgefahr« durch Gewöhnung ist extrem hoch – daneben bestehen die schädigenden Wirkungen (in diesem Zusammenhang von »Nebenwirkungen« zu sprechen wäre verharmlosend) von Abführmitteln vor allem in der Zerstörung der empfindlichen Darmflora. Die Folge ist ein völliges Angewiesensein auf Abführmittel. Wie schwierig und langwierig es ist, eine auch nur leicht geschädigte Darmflora wieder neu aufzubauen, ist seit langem bekannt. Appetitzügler »zügeln« den Appetit nur kurzfristig – und das auch nur deshalb, weil sie aufputschend wirken. Bei längerer Einnahme überwiegt diese Wirkung: Höchste Suchtgefahr und die Gefahr eines physischen und psychischen Zusammenbruchs drohen.

Zweitens ist eine Art der Gewichtskontrolle »modern« geworden, unter der die Betroffenen sehr stark leiden: Selbstherbeigeführtes Erbrechen, oft nach Heißhungeranfällen, bei denen unglaublich viele Nahrungsmittel verschlungen werden, die sogenannte Bulimie. Man schätzt, daß zur Zeit 3 bis 5 Prozent aller Frauen, vor allem jüngere, diese »Methode« zur Gewichtsminderung mehr oder weniger häufig »anwenden«. Meist handelt es sich um Frauen, die strikt kontrolliert essen, also generell ein hohes Maß an Selbstbeherrschung aufbringen. Da es fast niemandem möglich ist, eine so strenge Selbstkontrolle ständig aufrechtzuerhalten, können unkontrollierte »Freßorgien« mit anschließendem schlechten Gewissen die Folgen sein. Die Angst vor Gewichtszunahme führt zum Entschluß, die Nahrung zu erbrechen. Die Scham vor dem eigenen Handeln bleibt bestehen. Bulimie ist ein »heimliches Leiden«, genau wie Abführmittel- und Appetitzüglermißbrauch. Die Dunkelziffer ist sehr hoch. Zudem besteht auch bei Bulimie »Suchtgefahr« – diese Verhaltensweise kann sehr leicht zur Gewohnheit werden: »Wie stark die psychischen Auswirkungen sein können, die sich aus dem überwertigen Bedürfnis nach dem Idealgewicht ergeben können, beweist die Bulimie. Sie ist eine moderne Krankheit in einer Gesellschaft, in der gezügeltes Eßverhalten aufgrund einer kollektiven Schlankheitsidee die Nahrungsaufnahme nachhaltiger bestimmt, als die bedarfs- und bedürfnisgerechte Zusammensetzung« (Pudel 1985b, S. 29).

Anscheinend kaufen ausschließlich Frauen Appetitzügler und fast nur Frauen Abführmittel – das geht zumindest aus den Erfahrungen einiger Apotheker hervor: Besonders Appetitzügler werden äußerst verschämt verlangt, meist mit dem Hinweis darauf, daß sie nicht für einen selber bestimmt wären, sondern für eine Freundin, Tante, ja sogar die Großmutter wird zitiert. Solche »Einkaufsmethoden« zeigen, daß wohl weder die Gefahren der

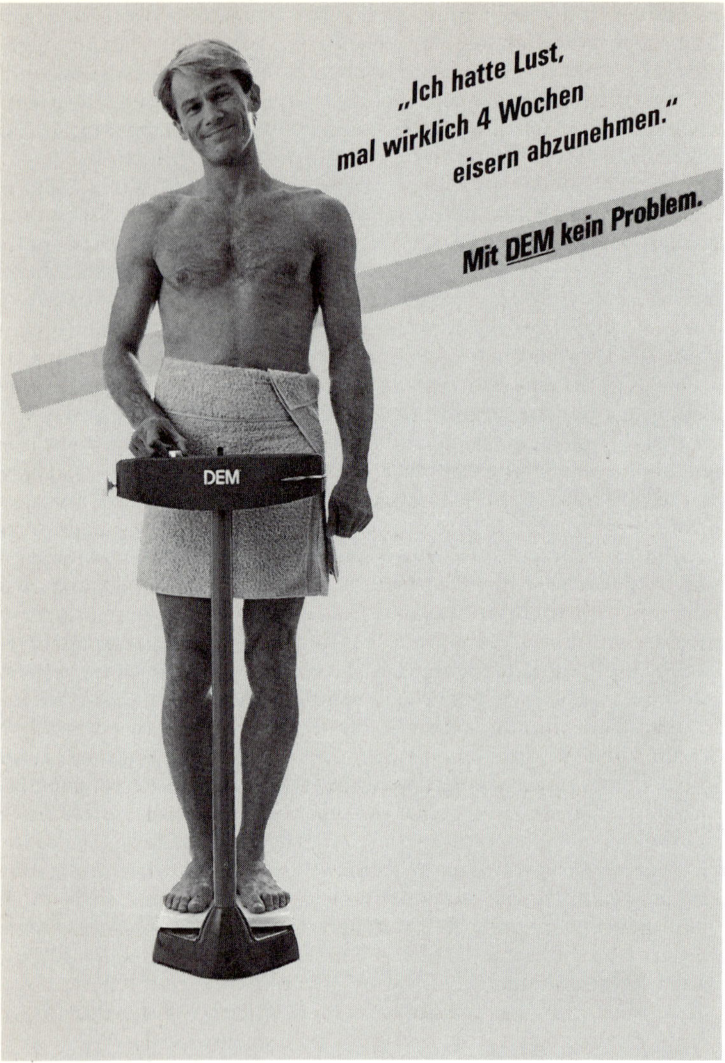

Abnahme-Appelle der Werbung richten sich selten an Männer. Ist den Männern die Figur weniger wichtig als den Frauen? Während er mannhaft »eisern« abnimmt, hat sie Lust, ihre »sexy Figur wiederzukriegen«.

Einnahme unbekannt sind, noch daß es leicht fällt, das eigene »Versagen der Selbstbeherrschung beim Essen« einzugestehen. Auch Fertigdiäten (»Formula-Diäten«: industriell hergestellte, pulverisierte, flüssige oder granulierte Nährstoffgemische, die mit allen wichtigen Fett- und Aminosäuren versehen und mit Vitaminen und Nährstoffen angereichert sind) werden meist nur von Frauen gekauft. Hochkonjunktur herrscht vor Beginn der Badesaison. Zu dieser Zeit intensivieren auch die Hersteller dieser Fertigdiäten ihre Werbekampagnen. Ein Apotheker meinte dazu: »Die Vertreter rennen einem fast die Bude ein und reden einem ein, daß der Boom ganz bestimmt kommt ...« (Grauer 1985). In der Werbung werden zwar auch Männer angesprochen, Hauptzielgruppe sind aber Frauen. Und Frauen werden mit Argumenten angesprochen, die wohl jeder Mann als Zumutung empfinden würde: »Ich hatte Lust, in sechs Tagen meine sexy Figur wiederzukriegen« oder: »Vor vier Wochen wäre er mit mir noch nicht in eine Boutique gegangen!« Der Mann in der Werbung äußert sich ein wenig anders: »Ich hatte Lust, mal wirklich 4 Wochen eisern abzunehmen.« Gerechterweise ist hinzuzufügen, daß auch eine »eiserne Frau« gesichtet wurde. Sollte sie der »neuen starken Frauengeneration« angehören, oder wurden versehentlich die Werbetexte durcheinandergebracht?

Die Werbung geht nicht spurlos am Verbraucher vorüber. Die befragten Apotheker meinten übereinstimmend, daß die Werbung den Umsatz sehr deutlich beeinflusse (Grauer 1985).

Wie sieht's im Frauenalltag aus? Es gibt wohl kaum eine Frau, die noch nie einen Gedanken an ihre »Linie« verschwendet hat, die noch nie mit anderen Frauen darüber diskutiert hat; die »schlanke Linie« ist ein beliebter und ständiger Gesprächsstoff. Da werden Körpergröße und Gewicht verglichen, Taillenmaße, Oberweite, »dicke Schenkel«, es werden Diättips ausgetauscht, Erfolgsrezepte besprochen, Kalorien gezählt, »Diätgemeinschaften« gegründet. Neidvoll bewundert wird die Frau, die es »geschafft« hat, ein paar Pfunde herunterzuhungern. Noch neidvoller bewundert wird die Frau, die »alles essen kann und nie zunimmt«.

Solange das alles noch als Nebensache betrachtet wird, ist sicher nichts dagegen einzuwenden; was aber, wenn sie alles zu beherrschen beginnt? Wenn die Beschäftigung mit dem Körpergewicht zum Lebensinhalt wird, die Gedanken fast völlig in Anspruch nimmt? Wenn die Tage um Kalorien, die nächste Mahlzeit, Angst vor »Versagen« kreisen? Wenn Feste, Einladungen, Parties zu Herausforderungen der Standhaftigkeit werden? Wenn das Lebensglück vom »Idealgewicht« abzuhängen scheint?

»Ganz von alleine« kommt sicherlich keine Frau auf die Idee, ihr

Leben der Beschäftigung mit ihrem Körpergewicht zu widmen. Der Zwang zur Schlankheit hat seine Geschichte. Gesellschaftliche Hintergründe, anerkannte Ideale, das Monopol der Frauen, »schön sein zu dürfen beziehungsweise zu müssen« – das alles spielt eine Rolle. Ausführlicheres dazu in Teil B! An dieser Stelle soll es genügen, die Alltagserfahrungen durch die Stellungnahmen einiger Frauen zum Thema Schlankheitsideal zu illustrieren.

Die Antworten stammen aus unserer Fragebogenaktion »Frauen und Körperideale«, die im übernächsten Abschnitt vorgestellt wird. Lassen wir die Befragten zu Wort kommen, zunächst vier Frauen, die unter Broca-Normalgewicht liegen, also zu Anfang der siebziger Jahre ganz bestimmt nicht als »üppig« gegolten hätten.

»Ich habe manchmal auch schon gedacht, warum bin ich eigentlich nicht so schlank, wie ich es gern hätte, aber man kann ja trotzdem was aus sich machen.« (18 Jahre, knapp über Idealgewicht.)

»Am Strand doofe Bemerkungen über die Figuren der verschiedenen Strandbesucherinnen berühren mich innerlich peinlich, da ja auch ich mit meiner Figur nicht zufrieden bin. Leider fällt die Figur am Strand aber auch ungünstig auf, da man sich nicht unter langen Röcken verstecken kann.« (21 Jahre, zwischen Normal- und Idealgewicht, Tendenz eher zum Idealgewicht.)

»Die Mode orientiert sich an den schlanken Frauen, da ist es nur natürlich, wenn man ein wenig mit der Mode gehen will, daß man sich selbst ein wenig anpaßt. Ich habe in dieser Hinsicht bisher überhaupt keine Probleme gehabt, konnte alles essen, jedoch aß ich nie viel ... Schlanke Frauen sind meist wendiger und schneller, nicht so träge. Wichtig ist auf jeden Fall, daß man mit sich selbst zufrieden ist.« (49 Jahre, Normalgewicht.)

»Ich halte nichts [von dem schlanken Schönheitsideal; Anm. d. Verf.], merke aber, daß ich selbst meist genau die gleichen Maßstäbe habe, vor allem bei mir selber.« (25 Jahre, knapp unter Idealgewicht.)

Frauen, die über dem Broca-Normalgewicht liegen, meinen:

»Ich versuchte, mir eigentlich schon immer einzureden, auf die Figur käme es nicht an, aber ich litt doch. Ich hatte auch lange keinen Freund. Mir war das schon klar: ›So eine kann ja keiner mögen.‹ Viele günstige Umstände, unter anderem ein attraktiver Mann, der mich so liebte, wie ich war, und eine Freundin, die mich nie als dick betrachtete, brachten mich so weit, daß ich heute fast immer meine Rundungen akzeptieren kann. Manchmal, wenn es mir nicht gut geht und dann auch noch Situationen auftauchen, die mich an früher erinnern, an die ›unglückliche Zeit‹, kann ich schon

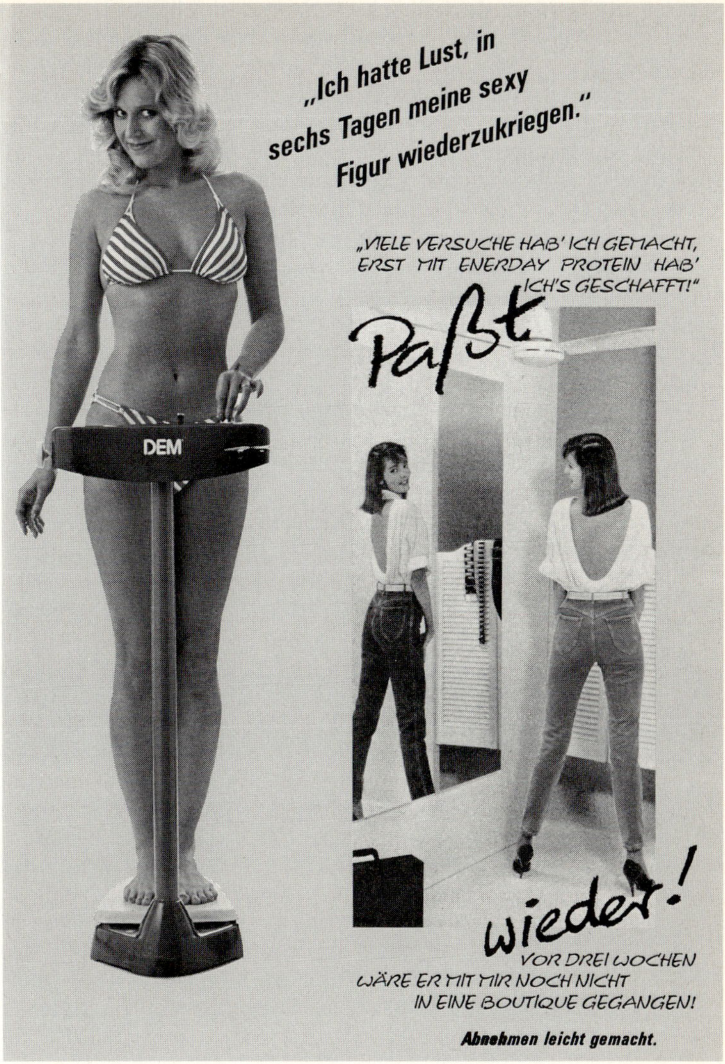

Werbetricks: »Sie« will für »ihn« schlank sein.

wieder in die alten Komplexe verfallen. Und ich merke, daß ich mich immer noch darüber freue, wenn ich nach einer Krankheit oder ähnlichem merke, daß ich abgenommen habe.« (26 Jahre.)

»Unter dem Schönheitsideal ›schlank‹ leide ich eigentlich nur im Freibad und am Strand seelisch, wenn ich meine dicken Schenkel und meinen Bauch mit anderen vergleiche. Wenn es nicht nur ein ›schlankes‹ Schönheitsideal gäbe, dann könnte man essen, was einem schmeckt, ohne sich hinterher über den eigenen Speck zu ärgern.« (25 Jahre, knapp über Normalgewicht.)

»Ich ärgere mich beim Kleiderkauf und vor allem auch bei Unterwäsche, daß es mit den hübschen, reizvollen Modellen schon bei Größe 40 aufhört. Meist bieten nur die Versandhäuser schicke, jugendliche Modelle auch in größeren Größen an. Nach meinem Geschmack sieht eine ältere Frau in Größe 36 eher dürftig aus. Hager würde ich sie nennen.« (49 Jahre, Konfektionsgröße 42/44.)

»Als ›Dicke‹ finde ich dies [das schlanke Schönheitsideal; Anm. d. Verf.] natürlich nicht in Ordnung, früher machte es mir ziemlich viel aus. Zwischenzeitlich habe ich mich akzeptiert, ich denke, es gelingt mir, nicht nur durch mein Aussehen auf andere zu wirken.« (39 Jahre.)

3. Wehrt euch!

Lange Zeit hatte sich von seiten der Frauen kein Widerspruch gegen ein übertriebenes Schlankheitsideal geregt, im Gegenteil: Schlank sein wurde als der natürlichste Zustand der Welt betrachtet. Die Konsequenz war: Unnatürliche Üppigkeit muß bekämpft werden. Seit einigen Jahren tauchen jedoch auch Gegenstimmen, erste Ansätze zum Widerstand, auf. Einige Beispiele, die zur weiteren Lektüre empfohlen werden:

1979 veröffentlichte der Verlag Frauenoffensive das 1978 in den USA erschienene ›Antidiätbuch‹ von Susie Orbach, einer Psychotherapeutin, die jahrelang selber unter Eßproblemen gelitten hatte. 1984 wurde der Folgeband ›Antidiätbuch II‹ vorgelegt. 1984 war bereits die 10. Auflage des ›Antidiätbuches‹ und die 2. Auflage des ›Antidiätbuchs II‹ in Druck gegangen. Der Verlag teilte uns auf Anfrage mit (März 1985): »Dieses Thema interessiert sehr viele Frauen, und wir haben zum Problem der Eß- und Magersucht viele Zuschriften bekommen.«

Kurz zum Inhalt des ›Antidiätbuchs‹: Susie Orbach vertritt die Meinung, daß Diäten nur Symptome kurieren können und deshalb äußerst problematisch sind. Sie überdecken zugrunde liegende Probleme und schaffen dadurch neue. Um von Eßsucht beziehungsweise dem Kreislauf Diät – Gewichtszunahme – Diät – erneute Gewichtszunahme loszukommen, müssen Frauen nicht hungern und Selbstbeherrschung üben, sondern sie müssen lernen, sich selbst zu akzeptieren, mehr Selbstbewußtsein zu gewinnen und ihre spezifischen psychischen Probleme zu lösen, die teilweise mit überkommenen Vorstellungen von der Rolle der Frau zusammenhängen. Ein Beispiel: Frauen bestimmen ihr Selbstwertgefühl in stärkerem Maße in Abhängigkeit von ihrem Äußeren. Eine Loslösung von diesem Kriterium schafft neue Bewertungen. Susie Orbachs »Psychodiät auf feministischem Hintergrund« packt die eigentlichen Probleme an: Wenn die individuellen psychischen Probleme gelöst werden, dann kann sich das zur jeweiligen Frau »passende« Gewicht, das keineswegs dem Ideal eines gertenschlanken Körpers entsprechen muß, von selbst einpendeln und mühelos, das heißt ohne ständige Selbstkontrolle, gehalten werden. Es ist sicher angenehmer, mit Selbstbewußtsein 5 Kilogramm mehr zu wiegen, als sich im Kampf um »lästige Pölsterchen« aufzureiben!

Ein anderes Buch, das nicht nur üppigen Frauen zu empfehlen ist, erschien 1981: ›Wir sind rund – na und?‹. Die Autorinnen, Margit Schönberger und Anita Höhne, beide Münchner Journalistinnen, haben es erfaßt: »Weil wir schwer sind, haben wir es schwer, das heißt, man macht es uns schwer« (Schönberger, Höhne 1981). Ihr Buch greift die Diskriminierung der übergewichtigen Frauen an und soll ihnen Mut machen, zu sich zu stehen und sich nicht mit der Mauerblümchenrolle abzufinden. Ein Buch, das sich primär an »wirklich Dicke« wendet, aber interessant für alle ist.

Ein von Angelika Grauer durchgeführtes Interview im Frauenbuchladen Tübingen (1985) ergab, daß Frauen sich seit etwa eineinhalb Jahren mit Fragen zu Eßproblemen an die Ladeninhaberinnen wenden. Bei einer Veranstaltung zum Thema Eßprobleme war das Frauencafé Tübingen so gut besucht wie noch selten zuvor bei Vortragsangeboten. Seit eineinhalb Jahren wird auch erstmals viel Literatur zum Themenkreis Eßprobleme verkauft, vor allem die ›Antidiätbücher‹ von Susie Orbach (1979, 1982), aber auch zum Beispiel ›Die heimliche Sucht, unheimlich zu essen‹ von Maja Langsdorff (1985) oder ›Mund auf – Augen zu – Essen zwischen Lust und Sucht‹ (Arz, Kloos 1983).

Im Oktober 1984 erschien ein ›Emma‹-Sonderheft ›Durch dick und dünn‹, das seit September 1986 auch als gleichnamiges Buch (Schwarzer 1986) vorliegt. Es enthält Erfahrungsberichte von Frauen mit Eßproblemen aller Art, Bulimie, Anorexie, zum Diät-Kreislauf sowie kritische Beiträge zum aktuellen Schlankheitsideal, zu Abführmittel- und Appetitzüglermißbrauch, unter anderem einen Artikel von Hilde Bruch, der Psychoanalytikerin, die durch ihre Theorien (und erfolgreiche Praxis) zu Fett- und Magersucht bekannt wurde.

Das Schlankheitsideal wird nicht von einem Tag zum anderen verschwinden, es ist ja auch nicht plötzlich entstanden. Aber je mehr Frauen »rebellieren«, das Korsett aus Selleriestangen abzulehnen beginnen, desto schneller wird ein Gegenprozeß in Gang gesetzt, der dringend notwendig ist, um die Extreme der letzten Jahre auf ein »gesundes Normalmaß« zurückzuschrauben!

Kapitel 4
Frauen- und Körperideale

1. Sie sind dran: Eine Fragebogenaktion zum Mitmachen

Die Idee zu einem Fragebogen, den Sie auf der nächsten Seite finden, entstand aus Gesprächen mit Frauen. Wie bereits in den vorigen Abschnitten erwähnt, gibt es kaum eine Frau, die sich noch nie Gedanken über ihr Körpergewicht, über Zunehmen, Abnehmen, Kalorien und Joules gemacht hat. Viele achten »aktiv« auf ihre schlanke Linie, manchen bereitet dies geringe oder keine Mühe, andere wünschen sich von Herzen, endlich mal wieder »normal« essen zu können, was ihnen schmeckt, ohne durch drohende Fettpolster »bestraft« zu werden. Einige Frauen haben eine wirkliche Leidensgeschichte hinter sich – und nur verschwindend wenige hatten noch nie auch nur das geringste Problem mit ihrem Gewicht.

112 Frauen haben sich bereit erklärt, unseren Fragenbogen auszufüllen. Dadurch haben Sie die Gelegenheit, ihre Antworten und Meinungen mit den vorgestellten zu vergleichen. Teilgenommen haben Hausfrauen, Berufstätige, Studentinnen, also eine »bunte Mischung«, was Alter und sozialen Hintergrund angeht.

Was Sie noch wissen sollten: Da es von vorneherein klar war, daß die Antworten einer breiteren Öffentlichkeit zugänglich gemacht werden, haben stark gefühlsmäßig in »Schlankheitsprobleme« verstrickte Frauen es abgelehnt, den Fragebogen auszufüllen. Sie werden jedoch erstaunt sein, wieviel emotionale Betroffenheit aus manchen Aussagen ganz »normaler« Frauen herauszuspüren ist. Einige Antworten haben wir wörtlich übernommen. Sie finden auf den folgenden Seiten die wichtigsten Ergebnisse. Anspruch auf strenge Wissenschaftlichkeit wird nicht erhoben, da wir nur Eindrücke sammeln wollten.

2. Fragebogen: Frauen und Körperideale

Alter: Körpergröße: Gewicht: Beruf:

Bitte beantworten Sie folgende Fragen ganz spontan und ehrlich. Mit diesem Fragebogen wird nicht Ihre Persönlichkeit beurteilt.

1. a) Wenn Sie sich so im Spiegel anschauen – haben Sie dann das Gefühl, Ihre »Traumfigur« beziehungsweise Ihr »Traumgewicht« zu haben?
   b) Wenn nein, was wäre dann Ihr »Traumgewicht«?

2. Können Sie a) »essen was Sie wollen« oder b) müssen Sie sich ab und zu oder c) immer beherrschen, um Ihre Figur zu halten?

3. a) Haben Sie schon versucht abzunehmen?
   b) Wie oft wollten Sie schon abnehmen?
   c) Wie haben Sie das (jeweils) versucht? (Zum Beispiel durch »FdH«, bestimmte Diäten; wenn ja, durch welche?)
   d) Wer hat Sie (jeweils) dazu angeregt abzunehmen?

4. Wenn man sich Frauenporträts beziehungsweise Frauenakte aus verschiedenen Jahrhunderten anschaut fällt auf, daß zu bestimmten Zeiten ganz andere Schlankheitsideale als heute galten.
   a) Würden Sie sich ab und zu wünschen, in einer Zeit zu leben, in der üppige Frauen als schön galten?
   b) Finden Sie die abgebildeten Körperformen schön? Bitte verteilen Sie »Schulnoten« zwischen 1 und 6 und schreiben Sie diese Noten unter das entsprechende Bild.

5. Was halten Sie davon, daß heutzutage eigentlich nur die schlanke Frau als schön gilt? Haben Sie selbst schon in irgendeiner Weise unter diesem Ideal gelitten? Bitte schreiben Sie zu dieser Frage möglichst alles, was Ihnen dazu einfällt. Wichtig ist Ihr persönliches Erleben.

6. Fänden Sie es gut, wenn es nicht nur ein »schlankes Schönheitsideal«, sondern viele verschiedene Schönheitsideale gäbe? Warum ja? Warum nein?

1–19. Jahrhundert

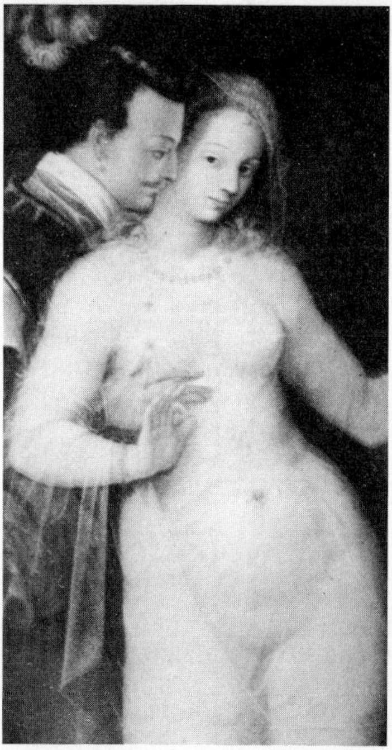

2–16. Jahrhundert

3–17. Jahrhundert

4–17. Jahrhundert

Frage 1 (nach dem individuellen Traumgewicht). Warum hatten wir diese Frage gestellt? Wir vermuteten, daß die Mehrzahl der Frauen eine Vorstellung vom »persönlichen Traumgewicht« hat, die dem Broca-Idealgewicht – also dem aktuellen Schlankheitsideal – entspricht. Um beurteilen zu können, ob unsere Vermutung zutrifft, gingen wir so vor: Wir berechneten aus den Angaben zu Körpergröße und Gewicht Normal- und Idealgewicht und verglichen die Ergebnisse damit, ob die Befragten mit ihrem aktuellen Gewicht zufrieden sind oder nicht. Es sei vorausgeschickt, daß wir erstaunt gewesen wären, hätten wir nicht recht behalten. Die Antworten entsprachen zum größten Teil unseren Erwartungen.

Von 112 befragten Frauen waren 40 mit ihrem Gewicht zufrieden, 5 manchmal oder zur Zeit und 67 unzufrieden. Die Mehrzahl derer, die angaben, ihr Traumgewicht zu haben, lagen tatsächlich im Bereich des Idealgewichts. Wer sein Traumgewicht nicht hatte, strebte meistens Idealgewicht an, mit Ausnahme der Frauen, die so weit über dem Normalgewicht lagen, daß sie sich das realistische Ziel »Normalgewicht« steckten.

In Zahlen ausgedrückt: Insgesamt haben etwa 60 Prozent der befragten Frauen eine Vorstellung von ihrem persönlichen Traumgewicht, die dem Broca-Idealgewicht entspricht oder sogar darunter liegt. Ungefähr 39 Prozent haben oder streben ein Traumgewicht an, das zwischen Ideal- und Normalgewicht liegt, jedoch mit deutlicher Tendenz zum Idealgewicht. Dieses Ergebnis deckt sich damit, daß hierzulande ein Schlankheitsideal verinnerlicht wurde, das sehr stark von der Propagierung des Idealgewichts beeinflußt ist!

Frage 2 (nach dem kontrollierten Essen). Wir interessierten uns mit dieser Frage dafür, wieviele Frauen »kontrolliert essen«, das heißt, sich ab und zu oder ständig beim Essen beherrschen. Sich dem Verzicht zu unterwerfen, beinhaltet bereits eine Art »Leidensdruck«. Auch wenn die Betroffenen die Sache mit ihrem Gewicht im Griff haben und mit Stolz auf ihre Selbstbeherrschung blicken – es ist weder angenehm noch einfach, den Verzicht konsequent aufrechtzuerhalten. Wir fragen uns, ob die Selbstkontrolle in vielen Fällen nicht überflüssig sein könnte. Wenn die Vermutung zutrifft, daß das Idealgewicht für die meisten Menschen einen Zustand der Unterernährung darstellt, dann verwundert es nicht, daß man Hunger leiden muß, um ihn aufrechtzuerhalten.

Der Organismus signalisiert Bedarf nach Nahrung, das aktuelle Schlankheitsideal diktiert aber den Verzicht. Unserer Meinung nach könnten viele Menschen völlig normal und unkontrolliert essen, wenn sie das zu ihrem Organismus, zu ihrem Stoffwechsel »passende« Körpergewicht fänden. Dieses liegt in der Mehrzahl der Fälle über dem Idealgewicht, bei einigen wohl sogar über dem Normalgewicht. Kontrolliertes Essen wäre nur noch notwendig, wenn die Gesundheit wirklich gefährdet ist. Wer sich aus psychischen Gründen überißt, also »Kummerspeck« mit sich herumträgt, dem schadet eine Diät ohnehin mehr als sie ihm nutzt. Statt die wirklichen Probleme anzugehen, wird den Sorgen noch eine weitere hinzugefügt: Die Angst vor dem Versagen der Selbstbeherrschung.

Wieviel Prozent der befragten Frauen essen Ihrer Meinung nach kontrolliert? Wir hatten vermutet, daß über die Hälfte zu dieser Gruppe gehört. Das Ergebnis lautet: Ab und zu beherrschten sich 49 Prozent, ständig immerhin 17 Prozent der Befragten. Das heißt, insgesamt 66 Prozent der Teilnehmerinnen an unserer Umfrage üben zumindest zeitweise Verzicht! Auch wenn das vielen nach ihren Aussagen »nichts oder fast nichts ausmacht« – einige leiden sehr stark darunter. Wäre das Leben für alle nicht etwas einfacher, wenn jede und jeder das zu ihr/ihm passende Gewicht finden könnte, das ohne Selbstbeherrschung zu halten ist? Solange uns die Unterernährung als Ideal vorschwebt, bleibt nichts anderes übrig, als stolz weiterzuhungern.

Frage 3 (nach den Diätversuchen). Wir hatten vermutet, daß fast alle befragten Frauen mindestens einmal in ihrem Leben versucht haben, abzunehmen. Wir haben uns jedoch getäuscht: Es waren »nur« rund drei Viertel. Von diesen 83 Frauen haben aber nur 6 höchstens einmal Diät gehalten, 23 hatten es bis zu fünfmal versucht und 54 öfter (einige schrieben sogar »unendlich oft«). Es scheint also zuzutreffen, daß die meisten »Diätwilligen« immer wieder ab- und zunehmen.

Was uns besonders interessierte, waren die Abnahmemethoden: Gesund oder gesundheitsgefährdend – das war hier die Frage. Zudem greifen vielleicht Verzweifelte, die immer wieder bei ihren Abnahmeversuchen scheitern, eher zu Wundermitteln und Wunderkuren. Letzteres schien nicht zuzutreffen. Und die aufgezählten Abnahmemethoden klangen nicht »unvernünftig«. Allerdings: Wer sein Gewicht dauerhaft verändern will, wird mit speziellen Diätmethoden nicht weit kommen. Da hilft nur eine alltagsangepaßte Umstellung der Eßgewohnheiten, die keine Selbstkasteiungen erfordert. Viel besser wäre es allerdings, ein Körpergleichgewicht zu finden, das vielleicht nicht dem aktuellen Schlankheitsideal entspricht, dafür aber Essen wieder zur natürlichen Angelegenheit macht, die kein unnötiges Kopfzerbrechen verursacht. Welche Abnahmemethoden wurden genannt? Aus Tabelle 3 gehen die verschiedenen Arten und ihre Häufigkeit hervor.

Wie bereits erwähnt, ließ sich kein Zusammenhang zwischen der Anzahl der Abnahmeversuche und den Methoden feststellen. Allerdings wird wohl kaum jemand freiwillig zugeben, was schon an Mitteln und Mittelchen heimlich angewendet wurde.

Tabelle 3
Angaben auf die Frage: »Wie haben Sie jeweils versucht abzunehmen?« (Mehrfachnennungen möglich)

	Anzahl der Nennungen		Anzahl der Nennungen
»Friß die Hälfte«	53	Kartoffeldiät	2
Obst, Salat, Gemüse, Rohkost	14	viel trinken	2
›Brigitte‹-Diät	14	Sauerkraut	1
nichts Süßes	8	Mayo-Diät	1
Körnerkur	7	Mayr-Kur	1
Milchprodukte	7	Buchinger Fasten	1
fasten	6	Dr. Kuosa Brei	1
kein oder weniger Abendessen	5	viel Eiweiß, wenig Kohlehydrate	1
wenig Fett	4	Appetitzügler	1
Atkins-Diät	4	Computerdiät, Saftkur, Sport	1
Vollwertkost	3		
Apfel-Ei-Diät	3		

Sehr interessant waren auch die Antworten auf die Frage, wer die Teilnehmerinnen zum Abnehmen angeregt hat. In Tabelle 4 sind die Antworten aufgeschlüsselt.

Gesundheitliche Erwägungen schienen dabei nur eine ganz geringe Rolle zu spielen. Die meistgenannte Antwort »Selbst« könnte natürlich auch im Hinblick auf die Gesundheit gegeben worden sein; aber die Antworten auf die folgenden Fragen lassen eher auf modisch-ästhetische Gründe schließen.

Frage 4 (nach den Schlankheitsidealen aus verschiedenen Jahrhunderten). Etwas verlegen gestehen wir zuerst ein: Diese Frage hatte nur den einen Zweck, die Befragten zum gründlichen Anschauen einiger üppiger Damen zu bewegen. Es liegt auf der Zunge, die Frage, ob man üppige Körperformen akzeptabel findet, mit »ja«

Tabelle 4
Antworten auf die Frage: »Wer hat Sie jeweils dazu angeregt abzunehmen?« (Mehrfachnennungen möglich)

	Anzahl der Nennungen		Anzahl der Nennungen
Selbst	51	Bekannte	2
zu enge Kleidung	12	Mode	2
Vorbild schlanker Frauen	5	Geschwister	1
Waage	5	dumme Bemerkungen von Fremden	1
Freundinnen	4	dumme Bemerkungen von Klassenkameraden	1
Freund (Partner)	3	Knie und Magen	1
Ehemann	2	Hausarzt	1
Mutter	2	keine Angabe	2
Eltern	2		
dumme Bemerkungen	2		

zu beantworten. Die Abbildungen sollten eine Art »Denkpause« vor der Beantwortung der Fragen 5 und 6 erzwingen.

Wir hatten nur einen Tip abgegeben, nämlich über Rangfolge, die die Damen in unserem Schönheitswettbewerb einnehmen würden. Wie tippen Sie?

Wir setzten Abbildung 1 auf den 1. Platz, Abbildung 4 auf den 2. Platz, Abbildung 3 auf den 3. Platz und Abbildung 2 auf den letzten Platz.

Die tatsächliche Vergabe der Durchschnittsnoten war: Abbildung 1 Note 2,48, Abbildung 4 Note 2,57, Abbildung 3 Note 3,16 und Abbildung 2 Note 3,4.

Das entsprach unserer Vorhersage. Nicht besonders erstaunt waren wir darüber, daß 72 Prozent der Befragten nicht in einer Zeit leben wollten, in der »man sich üppig trug«, etwa 10 Prozent waren sich unsicher und nur 18 Prozent würden gerne in »vollschlanken Zeiten« leben.

Frage 5 und 6: (nach den persönlichen Erfahrungen mit dem Schlankheitsideal und nach verschiedenen Schlankheitsidealen). Diese Fragen ließen ein sehr breites Spektrum von Antwortmöglichkeiten zu: Allgemeine Stellungnahme, eigene Erfahrungen, Erlebnisse mit Freundinnen und Bekannten. Es war nicht einfach, die Gemeinsamkeiten der Aussagen zusammenzufassen. Damit nicht zu viel Information verlorengeht, haben wir uns entschlossen, hier eine Auswahl von Antworten wiederzugeben. Sehr persönliche Bekenntnisse wurden weggelassen.

Was fiel den befragten Frauen zum Thema Schlankheit ein?

Gruppe A 1: Zu dieser Gruppe gehören die Frauen, die bejahen, ihr Traumgewicht zu haben, und deren tatsächliches Gewicht dem Broca-Idealgewicht entspricht.

»Ich finde die Einschränkung des Schönheitsideals negativ. Ich habe selber als Teenager insofern darunter gelitten, als damals das extreme Twiggy-Ideal galt, und meine Brust, daran gemessen, viel zu groß war. Inzwischen glaube ich, daß Rundungen einen wichtigen Teil und ein wichtiges Kennzeichen des weiblichen Körpers darstellen und möchte sie bei mir und anderen Frauen nicht missen. Das in Zeitschriften propagierte Schlankheitsideal empfinde ich daher manchmal so, als sollte alles Weibliche am Körper möglichst verleugnet werden.«

»Mich beschäftigt dieses Thema wenig und ich habe persönlich kein ›Körperform-Ideal‹. Für mich ist ein Mensch, egal ob Mann oder Frau, nicht schön, weil er schlank ist. Ich finde auch unter den schlanken Typen gibt es gut- und schlechtproportionierte. Ich muß zugeben: Zu viel Fettpolster, an bestimmten Stellen massiert, das gefällt mir nicht!«

»Früher, als ich selbst noch dicker war, habe ich schon etwas darunter gelitten, weil ich mich nicht schön fand. Das war dann Anlaß zum Abnehmen (zirka 10 Kilogramm). Ich muß sagen, daß ich mich heute wesentlich wohler fühle, weil ich dadurch auch beweglicher wurde. Mein Ideal stimmt nun mit meinem Körpergewicht beziehungsweise meiner Figur überein. Es macht mir nicht viel aus, manchmal weniger essen zu müssen.«

»Ich finde es schlecht, daß es so was wie ein Schönheitsideal überhaupt gibt. Ich persönlich kann Frauen schön finden, auch wenn sie keine Traumfigur haben, beziehungsweise ich kenne Frauen, die zwar schlank sind, die ich aber trotzdem nicht als schön bezeichnen würde. Ich finde, bei der ›Schönheit‹ einer Frau spielen noch viele andere Faktoren eine Rolle, die zu präzisieren ich aber nicht in der Lage bin. Die Aussage schlank ist gleich schön halte ich also für dumm. Und ich finde es schade, daß die Attraktivität einer Frau für den Mann in erster Linie (in den meisten Fällen) in einer ›guten‹ Figur besteht. Zur Frage, ob ich schon selber unter diesem Ideal gelitten habe: Natürlich, sonst würde ich wohl kaum zu einer solchen Aussage wie der obigen kommen. In meiner Jugend, als ich noch sehr viel Pubertätsspeck an mir hatte, kam ich mir sehr unattraktiv vor und hielt mich für das letzte Mauerblümchen. So mußte ich natürlich zu der Einsicht gelangen, daß das Aussehen einer Frau gar nicht wichtig sei und nur die inneren Werte zählen.«

Gruppe A 2: Zu dieser Gruppe gehören die Frauen, die bejahen, ihr Traumgewicht zu haben, und deren tatsächliches Gewicht unter dem Broca-Idealgewicht liegt.

»Es wäre besser, wenn das Frauenideal nicht nur an einer schlanken Figur gemessen würde, weil viele Frauen darunter leiden. Da Essen eine schöne Nebensache ist, und nicht jede die Beherrschung aufbringt, mit dem Angebot bewußt zu leben, gibt es dadurch oft seelische Störungen. Leider wird von unserer Industrie und der Gesellschaft nichts in gegenteiliger Richtung getan und das Motto ›nur schlank ist schön‹ wird für viele Frauen ein Alptraum bleiben.«

»Ich glaube, daß es auch heute viele Menschen gibt, die dickere Frauen schön finden. Mir persönlich gefallen schlanke Frauen besser. Ich verbinde Schlankheit auch mit Gesundheit, Aktivität und Selbstkontrolle. Ich selbst habe keinerlei Gewichtsprobleme und habe unter dem Schönheitsideal auch noch nie gelitten. Allerdings ist Schlankheit für mich auch ein relativer Begriff, ebenso wie Schönheit. Letztendlich kommt es darauf an, daß man ein relativ konstantes Körpergewicht hat, mit dem man selbst zufrieden ist. Mir tun die Frauen leid, die wegen ihres guten Appetits und ihrer etwas rundlichen Form dauernd Schuldgefühle haben müssen und eigentlich gegen ihre Natur hungern.«

»Ich empfinde das schon als einschränkendes Schönheitsideal. Ich kenne durchaus fülligere Frauen, die ich als schön empfinde. Ich selbst habe noch nie darunter gelitten, da ich recht schlank bin. Es gibt aber so viele Frauen, die unglücklich sind, weil ihre Figur nicht diesem Ideal entspricht, und das ist eigentlich so unnötig. Manchmal glaube ich sogar, daß fast die Mehrzahl der Frauen unserem heutigen Schönheitsideal nicht entspricht, und das spricht ja wohl eher gegen das Ideal als gegen die Frauen.«

»Habe erfreulicherweise nie darunter gelitten. Ist aber Unsinn, Schönheit von Körpergewicht und Leibesfülle abhängig zu machen. Außerdem ist das eine Sache des Geschmacks und ob man sich selber gerne hat. Bin aber leider indoktriniert, da mich der Vorwurf eines ehemaligen ›Liebhabers‹, dick zu sein, durchaus verletzt hat.«

»Ich halte es für blödsinnig, daß nur die schlanke Frau als schön gilt, glaube aber, daß, wenn ich viel dicker wäre, ich mich nicht so wohl fühlen würde (angepaßt an das heutige Schönheitsideal!). Aber ich möchte es (Anpassung) mir, wenn möglich, abgewöhnen. Viele könnten sich ohne dieses Schönheitsideal wohler fühlen: Man würde nicht dauernd angehalten zu fasten – Frauen würden nicht mehr so sehr nach ihrem Äußeren eingestuft (Charakter geht schließlich vor!)«

Gruppe A 3: Zu dieser Gruppe gehören die Frauen, die bejahen, ihr Traumgewicht zu haben, und deren tatsächliches Gewicht über dem Broca-Idealgewicht liegt.

»Ich finde es schrecklich, daß heute alles einem Ideal hinterherjagt, egal ob es zum Typ paßt oder nicht. Wir Frauen riskieren unsere Gesundheit und unser Selbstvertrauen mit all diesen Schlankheitsdogmen. Viel persönliches Leid ist auf die Unzufriedenheit mit dem eigenen Körper zurückzuführen. Krankheiten wie Mager- oder Fettsucht oder Bulimie resultieren aus der Forderung der Gesellschaft, jung und schlank zu sein. Sonst gilt man als Außenseiter.«

»Daß schlanke Frauen nur als schön gelten, dem kann ich nicht zustimmen. Was manchmal als schlank gilt, könnte als ›dürr‹ bezeichnet werden oder als untergewichtig. Es gibt heute schon viele Schönheitsideale, da die Menschen sehr unterschiedlich sind.«

»Da ich eine mir angenehme Figur habe, bin ich damit zufrieden. Ansonsten finde ich, egal was man für eine Figur hat, wenn man dazu steht, ist das in Ordnung.«

»Mir gefällt schlank auch besser als dick, ich habe dieses Ideal anscheinend verinnerlicht. Weil ich schon immer schlank sein wollte (in der Pubertät und Nachpubertät hatte ich einige Kilo mehr), setzte ich mich selbst unter Druck abzunehmen ... Ich finde, das Grundideal sollte ›schlank‹ sein (nicht allzu eng sehen!), denn ich verbinde damit: nicht unmäßig essen, gesünder leben (weniger ernährungsbedingte Krankheiten). Ich glaube, ein gesunder Körper signalisiert Hunger und Sattsein im ›richtigen‹, natürlichen Maß. Voraussetzung dafür ist aber auch, über gesunde Ernährung gut informiert zu sein.«

»Ich finde es nicht gut, daß ein Schlankheitsideal besteht. Dadurch wird die Persönlichkeit einer Frau eingeschränkt. Ich habe selber schon unter diesem Ideal gelitten, als mein Selbstwertgefühl noch nicht sehr gefestigt war – Pubertät. Ohne Schlankheitsideal würde eine Frau von vorneherein akzeptiert werden, egal ob sie dick oder dünn ist. Dann würden dickere Frauen nicht mit Minderwertigkeitsgefühlen herumlaufen, sondern sich selbst bejahen beziehungsweise schön finden. Es gäbe mehr Frauen in unserer Gesellschaft, die glücklicher und zufriedener wären.«

»Ich finde das Schönheitsideal reichlich dumm. Meiner Meinung nach gibt es für jeden eine individuelle Form von Figur, die zu verleugnen erstens nicht viel Sinn und zweitens unglücklichmachenden Charakter hat. Auf jeden Fall ist das meine Erfahrung. Zu dicke (zirka 80 Kilogramm und mehr) oder zu dünne Frauen finde ich keinen schönen Anblick. Ich finde es jedoch geradezu pervers, das Thema Schlankheitskur zum Hauptthema von Frauengesprächen zu machen. Meiner Meinung nach ist das durch werbungsbedingte Manipulation verursacht. Natürlich ist es schwierig, sich von feststehenden Maßstäben beim Finden seiner Formen lösen zu können, das wird wohl auch nie ganz gelingen können.«

Gruppe A 4: Zu dieser Gruppe gehören die Frauen, die bejahen, ihr Traumgewicht zu haben, und deren tatsächliches Gewicht unter 50 Kilogramm liegt, wobei die Angabe der Körpergröße fehlt.

»Ich kann die obige Aussage, daß heutzutage nur die schlanke Frau als schön gilt, nicht einfach so akzeptieren. ›Schön sein‹ umfaßt mehr als schlank sein: Körperformen, Gesichtszüge, Frisur, Bewegung, Naturell, die gesamte Ausstrahlung, die ein Mensch hat, machen ihn schön oder häßlich. Stimmt alles, bis auf die Figur, so wird diese Frau bestimmt nicht als häßlich angesehen (wobei es auch für mich persönlich Grenzen gibt, Extremfälle, deren Anblick ich nicht mehr ästhetisch nennen würde). Im übrigen bin ich der Ansicht, daß es auch heute viele verschiedene Schönheitsideale gibt. Das, was heute als Schönheitsideal propagiert wird, wird überlagert von vielen persönlichen Einstellungen.«

Gruppe B 1: Zu dieser Gruppe gehören die Frauen, die angeben, ihr Traumgewicht nicht zu haben, deren tatsächliches Gewicht aber unter dem Broca-Idealgewicht liegt oder ihm entspricht.

»Als jüngeres Mädchen, so zwischen 17 und 21, habe ich unter dem Schlankheitsideal gelitten – mein damaliger Freund hatte immer ein Mannequin-Bild als Vorstellung seiner Idealfrau im Kopf. Heute bin ich sowieso schlanker, könnte aber wohl auch zu runderen Formen stehen. Für mich gibt es schon lange keine solchen Ideale mehr. Seither ist mir auch gleich, welche Ideale für die Allgemeinheit gelten.«

»Mir macht weniger die Umwelt, als ich mir selbst zu schaffen. Ich habe ein Ideal und möchte es verwirklichen. Jeder sollte die Figur haben, mit der er sich am wohlsten fühlt. Ich kenne einige Frauen, die vollschlank sind, sich dabei aber sehr wohl fühlen. Stellenweise gibt es schon verschiedene Ideale. Ich weiß von vielen Männern, die einen fülligen Körper bevorzugen. Jeder Mensch sollte sein eigenes Schönheitsideal verwirklichen und so auch von der Gesellschaft akzeptiert werden.«

»Ich leide darunter, weil meine Klassenkameradinnen alle schlanker sind als ich selbst. Trotzdem sehe ich das Ganze ein bißchen anders, weil man auch den Charakter berücksichtigen muß. Ich bin aber schon dafür, daß das Schönheitsideal schlank

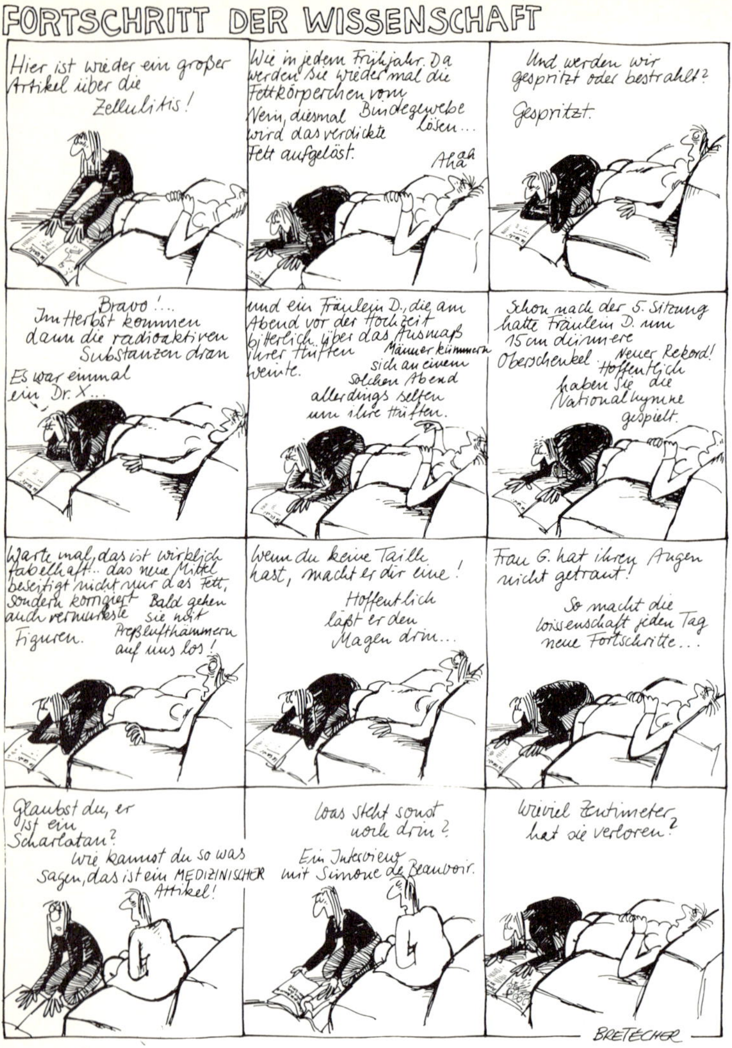

Selbst die emanzipierte Frau ...

bleibt, weil zum Beispiel alleinstehende Leute dann nicht mehr auf ihre Figur achten würden. Vor allem sind dann auch die Lebenserwartungen nicht mehr so hoch.«

»Ein Schlankheitsideal wird meist mit den Augen beurteilt und mit Augen kann schnell, spontan und vor allem ehrlich geurteilt werden. Ich finde auch nur die Leute schön, die eine gute Figur haben, das heißt: gute Proportionen zueinander und ein schönes Gesicht. Wenn es verschiedene Schlankheitsideale gäbe, könnte man überhaupt nicht mehr beurteilen, wer jetzt wirklich schön ist.«

Gruppe B 2: Zu dieser Gruppe gehören die Frauen, die angeben, ihr Traumgewicht nicht zu haben, und deren tatsächliches Gewicht über dem Broca-Idealgewicht liegt, mit Tendenz zum Idealgewicht.

»Vom schlanken Schönheitsideal halte ich gar nichts, das heißt, ich finde weder das ›schlanke‹ noch das ›üppige‹ Schönheitsideal als ausschließliches Ideal gut. Persönlich habe ich unter diesem Ideal noch nicht gelitten, aber ich empfinde es als außergewöhnlich störend, daß das Thema in den verschiedenen Zusammenhängen soviel Raum einnimmt.«

»Ich habe nie gelitten, aber manchmal gewünscht, etwas weniger schwellend zu sein, wenn ich einen neuen Bikini anprobiere oder am Swimming-Pool eines Hotels. Aber insgesamt fühle ich mich sehr wohl, weil ich einen Partner habe, der dünne, sehr schlanke Frauen als ›Streichhölzer‹ bezeichnet und meine Figur gut findet.«

»Daß nur schlanke Frauen als schön gelten, halte ich für ein Gerücht. Das ist, wie so vieles im Leben relativ. Ich kenne vollschlanke, gepflegte Frauen, die ich durchaus nicht häßlich finde. Hier sollte doch jeder seine persönliche Note finden. Es ist nur so, daß ich mich nicht schön finde, wenn ich Fett ansetze, so daß die ›Schwimmringe‹ deutlich sichtbar werden. Dagegen kämpfe ich an, wie schon erwähnt, mit der ›Brigitte‹-Diät und mit Gymnastik. Ich muß sagen, bis jetzt erfolgreich.«

»Ich selber habe unter diesem Ideal noch nicht gelitten, aber eine gute Bekannte von mir. Selbst ihr Mann machte ab und zu Bemerkungen über ihr Gewicht. Es dauerte einige Zeit, bis sie sich dazu überwunden hat, abzunehmen. Jetzt ist sie wieder schlank wie vor der Ehe. Seit dort ist alles wieder in Ordnung. Ich persönlich würde in so einer Situation auch abnehmen, aber sonst ist es heute vielleicht etwas übertrieben mit den schlanken Frauen. Es gibt auch schöne dicke Frauen.«

»Vielleicht finde ich schlanke Frauen so ideal, weil ich nicht so schlank bin. Schlank sieht man jünger aus. Ich glaube, daß jeder Mensch sein eigenes Schönheitsideal hat.«

»Im Grunde bin ich mit meiner Figur ganz zufrieden. Ich finde es aber trotzdem nicht gut, wenn alle Frauen meinen, sie müßten unbedingt schlank sein. Dabei verdirbt man sich die Lust am Leben. Ein gemütliches Essen mit netten Leuten macht keinen Spaß, wenn ich (oder die anderen) immer auf Kalorien und die Menge des Essens achten. Ich stelle aber oft fest, daß ich mich selbst nicht mag, wenn ich zu dick bin, und das merke ich daran, wenn alle Hosen und Röcke zu eng werden. Ich wünsche mir dabei allerdings, daß ich das für mich selber entscheiden kann und mich dabei nicht von anderen bestimmen lasse. Und wahrscheinlich lasse ich mich dabei von geltenden Schönheitsidealen leiten.«

Gruppe B 3: Zu dieser Gruppe gehören die Frauen, die angeben, ihr Traumgewicht nicht zu haben, und deren tatsächliches Gewicht über dem Broca-Idealgewicht liegt, mit Tendenz zum Normalgewicht.

»Mein Gewicht macht mir eigentlich erst ab 63 Kilogramm ernsthaft Probleme, das heißt, insbesondere beim Kaufen von Bekleidung, speziell Hosen und jetzt im Sommer Bikini. Meines Erachtens dürfte dabei ruhig berücksichtigt werden, daß auch Frauen mit Schenkeln und Po beabsichtigen, flott gekleidet zu sein. In diesem Moment stört es mich, daß speziell die sogenannten Brettfiguren bevorzugt werden. Die Weiblichkeit sollte wieder etwas mehr unterstrichen werden – Gesicht und Ausstrahlung spricht oft mehr für einen Menschen, als die Pfunde.«

»Ich finde mich auch etwas mollig noch schön. Natürlich muß die Muskulatur stramm sein und das Äußere der Frau muß gepflegt sein.«

»Ich fühle mich so wohl, wie ich bin. Aber viele Frauen leiden darunter, zu ›dick‹ zu sein, jeder sollte mit seiner Figur zufrieden sein, es sollte kein ›Ideal‹ geben. Ich finde, dies ist nur eine von der Industrie gemolkene Kuh, die mit immer neuen Mitteln versucht, noch mehr zu verdienen.«

»Ich bin mit diesem angeblichen Schönheitsideal ›Schlankheit‹ nicht ganz einverstanden. Manchmal grenzt das Getue um die Schlanken fast an eine Diskriminierung des Rests der Damenwelt (siehe besonders Werbung). Gelitten habe ich, nun ja, doch schon mehr oder weniger unter diesem Ideal. Es waren zwar keine lebensentscheidenden Gründe, aber dennoch: In Lebensphasen, in denen mein seelisches Gleichgewicht nicht stimmte, hat es mich schon manches Mal geärgert, daß meine Konfektionsgröße immer um ein paar Zähler höher war, als die meiner Geschlechtsgenossinnen. Ich stehe diesbezüglich einfach zu mir selbst. Am meisten ärgert mich meine Figur im Sommer, da traue ich mir dann, zumindest in unseren geographischen Breiten, das Tragen eines Bikinis nicht zu oder nur mit gemischten Gefühlen. An Fremden ›stört‹ mich deren Schlankheit nicht, denen bin ich nicht neidisch, nur den Frauen meines näheren und weiteren Bekanntenkreises. Dieses Ideal sollte ganz verschwinden. Jeder sollte sein dürfen, wie er ist. Mir ist es langsam leid, bei jedem Bissen, den ich zum Mund führe, dran denken zu müssen, daß ich morgen wieder ein Kilogramm mehr auf der Waage habe.«

Gruppe B 4: Zu dieser Gruppe gehören Frauen, die angeben, ihr Traumgewicht nicht zu haben, und deren tatsächliches Gewicht über dem Broca-Normalgewicht liegt.

»Das Schlankheitsideal ist von der Werbung eingegeben. Wichtig finde ich das persönliche Wohlbefinden und Leistungsfähigkeit. Lieber etwas ›dicker‹ als krank! Mäßig, gleichmäßig leben finde ich sehr wichtig. Warum sollen wir uns uniformieren lassen? Jeder hat durch Erbmasse und Veranlagung einen anderen Grundstein für seinen Körperbau mitbekommen. Darum kann nie jeder gleich sein, und deshalb wäre es gut, wenn es mehr Schönheitsideale gäbe.«

»Es ist etwas übertrieben mit dem heutigen Schönheitsidol. Eine Frau mit guten Eigenschaften, auch wenn sie etwas dicker ist, ist mir lieber als eine schlanke Frau, denn die Figur allein macht noch keinen Menschen. Ich selbst habe noch nie unter diesem Ideal gelitten.«

»Glücklicherweise sind, wie man so schön sagt, die Geschmäkker verschieden. Ich persönlich halte eine schlanke Frau nicht für unbedingt schön. Auf der anderen Seite bin ich aber überzeugt, daß zu viele Pfunde eher dem Schönheitsideal entsprechen als zu wenig. Natürlich habe ich auch schon gelitten, zuletzt beim Kleiderkauf. Und sicher habe ich auch schon im letzten Fernsehspiel die schlanke Hauptdarstellerin beneidet, zumal ich bis 18 gertenschlank war. Aber ich sehe nicht ein, nur wegen einer guten Figur auf all die leckeren Sachen zu verzichten. Also bin ich bereit, meine selbstgewählten Pfunde zu tragen. Nach etlichen Versuchen, mit Diäten schlank zu werden, habe ich aufgegeben. Es ist mir gelungen, jeweils etliche Kilos abzunehmen. Aber sobald ich wieder normal esse, nehme ich rapide zu. Es ist mir gelungen, im Endeffekt nach jeder Schlankheitskur etliche Pfunde zuzunehmen. Was ich als Schönheitsideal anerkenne, bestimme ich selbst und lasse es mir nicht vorschreiben.«

»Bis heute leide ich unter dem gesellschaftlichen Druck, der durch Zeitschriften, Mode und so weiter gemacht wird, und schon den Kindern wird das Schlankheitsideal total aufgeprägt. Meine alten Komplexe tauchen dann wieder auf, wenn ich mir zum Beispiel Kleider kaufen will. Die Verkäuferin schaut mich abschätzend an und fragt von oben herab: ›Welche Größe haben Sie denn? Wir führen leider nur bis Größe 42!‹ Oder es gibt nur altmodische Modelle und so weiter. Nur in wenigen Geschäften gibt es Modisches extra für Dickere.«

»Blöd ist, daß ich das selber so verinnerlicht habe mit dem Schlanksein. Ich finde das wirklich ästhetischer als so einen schwabbligen Körper, wie ich ihn habe. Mein Ideal ist also vielleicht nicht so sehr schlank, als vielmehr zäh oder so. Am liebsten möchte ich, daß es überhaupt kein Ideal gibt.«

(Hinweis: Gerade aus dieser Gruppe haben sich mindestens zehn Versuchspersonen geweigert, den Fragebogen auszufüllen, weil er ihnen zu intim erschien.)

Gruppe B 5: Zu dieser Gruppe gehören die Frauen, die angeben, ihr Traumgewicht nicht zu haben, und sich zu dünn fühlen.

»Unter dem Schlankheitsideal habe ich nie leiden müssen. Daß heute Schlankheit als Ideal betrachtet wird, hängt nach meiner Ansicht damit zusammen, daß – wie auf vielen anderen Gebieten – die amerikanische Anschauung übernommen wurde: schlank = sportlich = gesund = jung, eine Bewertung, die meiner Meinung nach an Äußerlichkeiten hängenbleibt. Auf der Strecke bleibt die ›innere Schönheit‹, die man auch mit Harmonie von Körper und Seele bezeichnen könnte. Es wäre gut, wenn sich der einzelne vom Diktat der Mode befreien würde, denn dann würden Exzesse wie gesundheitsgefährdende Kuren leicht zu vermeiden sein. Die Bereitschaft, sich Diktaten (der Mode) zu unterwerfen, wird aber nur durch Aufwertung des Individualismus zu erreichen sein.«

»Die Frauen bilden sich meist nur ein, daß sie schlank sein müssen, um schön und begehrenswert zu sein. In Wirklichkeit gibt es viele Männer, die lieber dickere Frauen mögen. Man kann also eigentlich kein Schlankheitsideal festlegen, weil die Geschmäcker zu verschieden sind. Außerdem glaube ich, daß sich gerade durch das ›schlanke‹ Schönheitsideal viele Frauen häßlich finden und immer unzufriedener werden, was sich wiederum ungünstig auf die Partnerschaft und Umwelt auswirkt, was doch gar nicht nötig wäre.«

»Ich habe mir darüber noch keine Gedanken gemacht, da ich selbst sehr schlank bin. Gelitten habe ich mehr darunter, daß ich so groß und schlank bin und nicht zunehme. Trotzdem fände ich es besser, wenn nicht so viel Wert darauf gelegt würde.«

»Bisher habe ich noch nie unter diesem Ideal gelitten. Durch Werbung und Medien wird suggeriert, daß ›Schlankheit‹ das

Wichtigste ist. Da man die Menschen oft nach dem ersten Eindruck beurteilt, macht es doch schon sehr viel aus, ob man schlank ist oder nicht. Ich halte es für wichtig, daß man sich selber akzeptiert, und ich denke, daß es dann auch nebensächlich ist, ob es eines oder mehrere Schönheitsideale gibt.«

Gruppe C 1: Die Frauen dieser Gruppe gaben an, ihr Traumgewicht zur Zeit oder manchmal zu haben; ihr Gewicht entspricht dem Broca-Idealgewicht oder liegt darunter.

»Es sollte jeder das ›Recht‹ haben, so schlank oder dick zu sein, wie er will, ohne benachteiligt zu werden. Dicke Frauen haben oft Schwierigkeiten, modische Kleidung zu bekommen. Ich persönlich habe noch nie unter diesem Ideal gelitten, da es mir leicht fällt, mein Gewicht in etwa zu halten, oder schnell wiederzubekommen. Wenn ich zu viel Gewicht habe, bin ich nicht mehr so aktiv (in Sport und Beruf). Es wäre gut, wenn jeder so sein könnte, wie er will, ohne auf ein Ideal zu achten. Die Menschen wären viel ausgeglichener, wenn sie nicht ständig auf ihr Gewicht achten müßten.«

»Bisher habe ich noch nicht unter dem Schlankheitsideal gelitten. Obwohl ich selber eine schlanke Figur anstrebe, finde ich es für manche Frauen sehr diskriminierend, nur die schlanke Figur für schön zu halten. Es gibt nun mal Menschen, die die Veranlagung zum Dicksein haben und deshalb täglich um ihr Gewicht kämpfen müßten. Ich bin überzeugt, daß einige Frauen, die heute mit ihrem Gewicht zu kämpfen haben, sehr entlastet würden, wenn es mehr Toleranz gäbe.«

»Ich habe nicht unter einem ›Ideal‹ gelitten, sondern ich konnte mich selber einfach nicht leiden, wenn ich über einer gewissen Gewichtsgrenze war. Sicherlich waren meine Normen auch von einem ›Ideal‹ mitgeprägt, aber es kam auch ein ausgesprochen körperliches Unbehagen dazu, zum Beispiel nicht mehr so beweglich zu sein. Außerdem verteilen sich meine Gewichtspolster so, daß ich das Gefühl hatte, daß meine Proportionen überhaupt nicht stimmen. Zu dem kamen noch Hänseleien von Altersgenossen (Pummelinchen und so weiter), unter denen ich sehr gelitten habe. Schlimm finde ich, daß man/frau diese Norm so verinnerlicht.«

Gruppe C 2: Die Frauen dieser Gruppe gaben an, ihr Traumgewicht zur Zeit oder manchmal zu haben; ihr Gewicht liegt über dem Broca-Normalgewicht.

»Ich finde es blöd mit dem Schlankheitsideal. Es wäre gut, wenn es viele verschiedene Schönheitsideale geben würde, damit man alles essen kann, worauf man Lust hat.«

4. Die Ergebnisse der Fragebogenaktion im Überblick

1. Die Mehrzahl der befragten Frauen hat eine Vorstellung von ihrem »Traumgewicht« verinnerlicht, die dem Broca-Idealgewicht, also dem aktuellen Schlankheitsideal, etwa entspricht.

2. Um ein bestimmtes Gewicht zu halten, beherrscht sich die Mehrheit der Befragten beim Essen, wenn auch nicht ständig, so doch zumindest zeitweise.

3. Rund drei Viertel der von uns befragten Frauen haben mindestens einmal in ihrem Leben versucht abzunehmen, die Mehrzahl sogar mehr als fünfmal. Die Anregung zum Abnehmen stammt meist aus Selbstkritik an den eigenen Formen.

4. Die meisten Frauen wollten nicht in einer Zeit leben, in der »Üppigkeit« als Schönheitsideal favorisiert wurde.

5. Die Mehrzahl leidet nicht unter dem aktuellen Schlankheitsideal, viele stören sich jedoch an einzelnen Auswüchsen und stehen dem Ideal deshalb kritisch gegenüber.

6. Die Mehrheit wünscht sich, daß die Toleranz gegenüber üppigen Körperformen wieder steigt. Das aktuelle Schlankheitsideal wird als übertrieben empfunden.

Insgesamt hatten wir den Eindruck, daß sich viele der befragten Frauen kritisch mit dem Thema »Zwang zur Schlankheit« auseinandersetzen. Aber eines war auffällig: Fast alle waren bereit, tolerant gegenüber Üppigen und Molligen zu sein – aber fast niemand wollte selbst zu dieser Gruppe gehören.

Einige wenige Frauen haben sich bewußt vom Schlankheitsideal distanziert: Diejenigen, die jahrelang erfolglos versucht haben, ihm gerecht zu werden. Sie nehmen eine besonders ablehnende Haltung gegenüber den gesellschaftlichen Zwängen ein.

Es bleibt abzuwarten, wie lange es dauern wird, bis die Bereitschaft zur Toleranz sich darin widerspiegelt, daß auch der eigene Körper nicht mehr ideal schlank sein muß – zumindest dann nicht, wenn die schlanke Linie nur mit Mühe gehalten werden kann.

Teil B Nur wer die Hintergründe kennt, kann sich zur Wehr setzen

»›Weiblichkeit‹, schreibt Susan Brownmiller, müsse wieder gezüchtet werden, ›als die gestaltete und geformte Vervollkommnung des weiblichen Rohmaterials.‹ Kaum vom Miederzwang befreit, wird den Frauen die neueste Parole zugemutet. Neue Schnürfurchen nicht für die Taille, aber fürs Denken« (Löffler 1984, S. 58). Das sicherste Rezept gegen Schnürfurchen fürs Denken ist: selber denken. Genau das soll hier angeregt werden: das Nachdenken. In Teil B werden gesellschaftliche Hintergründe diskutiert und unbewußt und unkontrolliert ablaufende Prozesse aufgedeckt.

Nur wer Zusammenhänge erkennt, kann Ansatzpunkte für Veränderungen finden – hier speziell für die eigene Einstellung zum aktuellen Schlankheitsideal.

Wir haben Teil B so aufgebaut, daß sich theoretische Grundlagen und Forschungsergebnisse aus Psychologie, Soziologie, Kunst, Geschichte, sowie Erfahrungen aus dem Alltag ergänzen. Da der Themenkreis sehr weit gespannt ist, kommt vielleicht einiges zu kurz.

Was erwartet Sie in Teil B?

In Kapitel 5 wird diskutiert, wie das Aussehen eines Menschen seine Wirkung auf andere beeinflußt. Ist es überhaupt wichtig, wie wir aussehen? Wenn ja, welchen Stellenwert besitzt dann »das Äußere«? Und was hat das mit den »Dicken« in der Gesellschaft zu tun?

In Kapitel 6 geht es dann um »schöne Frauen und erfolgreiche Männer«. Nach welchen Gesichtspunkten werden Frauen, nach welchen Männer beurteilt? Am Beispiel der Frau in der Werbung werden gesellschaftliche Hintergründe beleuchtet. Zugleich wird daran deutlich, welchen Einfluß Massenmedien auf die allgemeine Meinungsbildung haben.

In Kapitel 7 wird überlegt, was Schönheit sein kann und was Schönheit mit Erotik zu tun hat.

Kapitel 8 greift das Thema »Mode« auf. Weshalb verhalten sich Menschen überhaupt modisch? Wie breitet sich Mode aus? Was hat das Körperideal mit Mode zu tun?

Kapitel 9 führt durch die Jahrhunderte. Wie hat sich das Körperideal im Wandel der Zeit bis in die Gegenwart hinein verändert?

Kapitel 10 faßt die Teile A und B zusammen und gibt konkrete Tips für diejenigen, die einen Weg suchen, mit sich und ihrem Körper anders als bisher umzugehen.

»Prinzessin Helene lächelte; sie erhob sich mit dem gleichen unveränderlichen Lächeln der vollkommen schönen Frau, mit dem sie auch das Zimmer betreten hatte. In ihrer weißen, mit Efeu und Moos bestickten Ballrobe leicht rauschend, mit ihren blendend weißen Schultern, im Glanz ihrer Haare und Brillanten schritt sie zwischen den auseinandertretenden Herren hindurch und ging, ohne jemand besonders anzusehen, indessen doch allen zulächelnd und gleichsam einem jeden in liebenswürdiger Weise das Recht zu gewähren, sich an der Schönheit ihrer Gestalt, an den üppigen Schultern, an dem der damaligen Mode entsprechend sehr dekolletierten Busen und Rücken zu freuen und so gleichsam den Glanz des Balles in diese Räume tragend, auf Anna Pawlowa zu. [...] ›Was für eine schöne Frau!‹ sagte jeder, der sie sah« (Tolstoi 1982, S. 14f.).

»Ihr Erfolg als schöne und elegante Frau setzte Pierre nicht in Erstaunen [...], aber etwas anderes überraschte ihn, und das war, daß es seine Frau fertiggebracht hatte, sich im Lauf dieser zwei Jahre in den Ruf einer charmanten, ebenso geistreichen wie schönen Frau zu bringen [...] Pierre, der wohl wußte, daß sie sehr dumm war, nahm mit einem merkwürdigen Gefühl, gemischt zwischen Staunen und Angst, an jenen Soireen Helenes teil, auf denen von Politik, Literatur und Philosophie geredet wurde [...]. Jedenfalls kam dieser Betrug nicht an den Tag und der Ruf einer femme charmante et spirituelle stand für Helene so unerschütterlich fest, daß sie die größten Banalitäten und Dummheiten aussprechen durfte und trotzdem alle Welt von ihren Worten entzückt war und darin nach einem tieferen Sinn suchte, den sie selber am wenigsten darin vermutet hätte« (Tolstoi 1982, S. 525f.).

Tolstoi schildert in der Person der Prinzessin Helene einen Extremfall: ihre außergewöhnliche Schönheit blendet die Bewunderer im wahrsten Sinn des Wortes. Nur ihr Ehemann kennt sie und weiß, wie ungebildet und berechnend sie in Wirklichkeit ist. Alle anderen lassen sich täuschen. Sie schließen von der äußeren Erscheinung auf den Charakter der Schönen. Dabei sind sie sich ihres Urteils so sicher, daß Helene die größten Dummheiten von sich geben kann, ohne die gute Meinung ihrer Bewunderer ins Wanken zu bringen. Gibt es das nur im Roman?

Viele Menschen wehren sich gegen die Vorstellung, daß ihr Urteil über andere nur von »Äußerlichkeiten« abhängig sei. Und sie verwahren sich dagegen, selber nur nach ihrem Äußeren beurteilt zu werden: Schließlich zähle das Innere eines Menschen, sein Charakter, seine Persönlichkeit und nicht sein Aussehen! Doch selbst im Alltagsverständnis gehen die Meinungen auseinander. Ein Beispiel: Wir hatten in unserem Fragebogen »Frauen und Körperideale« die Frage gestellt »Fänden Sie es gut, wenn es nicht nur ein ›schlankes Schönheitsideal‹, sondern viele verschiedene Schönheitsideale gäbe?« Die Antworten waren sehr interessant. Gerade diese Frage löste Nachdenken über den Stellenwert von Äußerlichkeiten aus. Einige der befragten Frauen hielten die Frage für sinnlos, weil ohnehin niemand nach seinem Aussehen beurteilt werde. Wozu dann also ein verändertes oder erweitertes Schönheitsideal? Andere meinten, daß viele Frauen wesentlich selbstbewußter und freier leben könnten, wenn nicht soviel Wert auf Äußerlichkeiten gelegt werden würde. Besonders das heutige Schlankheitsideal treibe viele Frauen in eine Abhängigkeit von Diätplänen und Waage. Es sei deshalb wünschenswert, daß mehr Toleranz geübt werde, was die verschiedenen Körperformen angehe.

Aber welchen Stellenwert hat das Aussehen eines Menschen nun wirklich? Wie stark lassen wir uns bei der Beurteilung eines anderen vom Augenschein leiten? Sozialpsychologen versuchen auf diese Fragen Antworten zu finden. Die Forschung im Bereich »zwischenmenschliche Attraktion« liefert Anhaltspunkte, welche Faktoren eine Rolle für Sympathie und Antipathie, Zuneigung und Abneigung spielen. Bevor einige der phantasievollen Experimente vorgestellt werden, zunächst ein Überblick.

Das Aussehen eines Menschen zählt besonders stark in der Anfangsphase einer Beziehung. Das klingt trivial, ist es aber nicht, denn in der Anfangsphase einer zwischenmenschlichen Beziehung bauen sich die Beteiligten ein Bild voneinander auf, das der Realität keineswegs entsprechen muß. Sie haben nur wenige Anhaltspunkte, nur wenig gesichertes Wissen, aus dem sie ihr Urteil über den anderen ableiten können. Dennoch spüren sie Sympathie oder Antipathie, haben den Wunsch, den anderen näher kennenzulernen oder sind desinteressiert. Das äußere Erscheinungsbild fällt vor allem schwer ins Gewicht, wenn es um die erste Entscheidung über Zu- oder Abwendung geht. Und hier ist es vor allem die Attraktivität, die ausschlaggebend wirkt.

Aber kann man überhaupt bestimmen, was Attraktivität ist? Hat nicht jeder ganz individuelle Vorstellungen und Ideale im Kopf? Über Geschmack läßt sich bekanntlich nicht streiten. Hier bietet die sozialpsychologische Forschung eine klare Antwort. In verschiedenen Experimenten hat sich gezeigt, daß unabhängige Beurteiler sich ziemlich einig darüber waren, welche Personen niedrige, mittlere oder hohe Attraktivität besitzen. Ob es nun um die Benotung von Porträt-Photographien ging oder ob die Beurteiler die Personen tatsächlich vor sich hatten – die Ergebnisse fielen ähnlich aus. Der Grund: Der individuelle Geschmack von Angehörigen eines Kulturkreises ist stark geprägt von den Idealen, die in einer Kultur herrschen.

Ob jemand äußerlich attraktiv ist, darüber herrscht also weitgehend Einigkeit. Wie positiv sich »gutes Aussehen« auswirken kann, illustrieren folgende Beispiele.

Die Anziehung zwischen Mann und Frau ist stark abhängig von der physischen Attraktivität. In Auswahlsituationen wird der attraktivere Partner deutlich bevorzugt. Je attraktiver ein Partner ist, desto sympathischer findet man ihn (Byrne u. a. 1970).

Ein Beispiel für ein Experiment: Amerikanische Sozialpsychologen luden Studenten und Studentinnen, die neu an die Universität gekommen waren, zu einem Tanzabend ein. Wer die Einladung annahm, mußte sich zunächst an einem Intelligenz- und Persönlichkeitstest beteiligen. Die Ergebnisse wurden angeblich dazu verwendet, um per Computer »passende« Paare zusammenzustellen. Die Gäste waren davon überzeugt, den für sie optimalen Partner zugeteilt bekommen zu haben. In Wirklichkeit waren die Paare rein zufällig gebildet worden. Während des Tanzabends waren heimlich vier Mitarbeiter des Versuchsleiters anwesend, die unauffällig die äußere Attraktivität der Ballbesucher einschätzten. Diese mußten während einer Tanzpause einen Fragebogen ausfüllen, in dem sie unter anderem Auskunft darüber geben sollten, ob und wie ihnen ihre Partnerin/ihr Partner gefiel und ob sie ihn auch weiterhin treffen wollten. Das Ergebnis: Weder Persönlichkeitsfaktoren noch Intelligenz hatten eine Auswirkung auf den Wunsch, den jeweiligen Partner wiederzusehen. Allein ausschlaggebend war die physische Attraktivität. Je besser jemand aussah, um so mehr wurde er gemocht. Es gab allerdings einen Geschlechtsunterschied: Männer legten größeren Wert auf das Aussehen ihrer Partnerin als Frauen auf das ihres Partners (Stroebe, Insko u. a. 1971).

Wer attraktiv aussieht, kann sich anscheinend mehr zuschulden kommen lassen. Gut aussehende Erwachsene und hübsche Kinder werden nachsichtiger beurteilt und milder bestraft, wenn sie sich das Mißfallen ihrer Umgebung zugezogen haben oder straffällig geworden sind. Interessant ist, daß die Strafe auch strenger ausfallen kann, wenn erkannt wird, daß die Attraktivität bewußt eingesetzt wurde, um Vorteile zu erlangen. So haben gutaussehende Heiratsschwindler möglicherweise mit einer härteren Bestrafung zu rechnen als weniger gut aussehende (Dion 1972; Sigall, Ostrove 1975).

Erinnern Sie sich an die schöne Prinzessin aus Tolstois ›Krieg und Frieden‹? Ein Sozialpsychologe hätte seine Freude an ihrer Charakterisierung gehabt, denn sie paßt zu seinen Forschungsergebnissen. Verschiedene Experimente zeigten, daß es eine starke Tendenz gibt, schöne Menschen schmeichelhaft zu beurteilen. So werden attraktiven (manchmal auch »durchschnittlich«) aussehenden Personen eher günstige Eigenschaften zugeschrieben; man hält sie für interessant, unabhängig, warm und ehrlich, traut ihnen berufliche Erfolge, Lebensglück und größere Kompetenz in der Ehe zu. Unattraktive Personen kommen dagegen sehr schlecht weg. Für sie bleiben nur die gegenteiligen Eigenschaften übrig: uninteressant, kalt, hinterlistig, erfolgslos und unglücklich (Bar-Tal, Saxe 1976; Dermer, Thiel 1975).

Auch in diesen Experimenten zeigte sich ein Geschlechtsunterschied. Wieder ließen sich Männer stärker vom Äußeren beeindrucken als Frauen. Dazu später mehr!

Gut Aussehende können also konkrete Vorteile haben. Zu ihren Gunsten wirkt sich auch oft ein Effekt aus, den Sozialpsychologen »selbsterfüllende Prophezeiung« genannt haben. Auf Seite 86 wird dieser Begriff mit Beispielen erläutert. Für Attraktive birgt so ein Prozeß natürlich keine Nachteile: Wer von vorneherein für sympathisch gehalten wird, hat es leicht, seine guten Seiten zu zeigen. Weniger Begünstigte müssen gegen Vorurteile ankämpfen und können sie oft nicht widerlegen. Die negativen Auswirkungen solch unbewußt ablaufender Mechanismen können nur dadurch entschärft werden, daß eigene, möglicherweise vorschnelle, Urteile eingehend überprüft werden.

Auch für die Wirklichkeit außerhalb des Experiments ist festzuhalten, daß der Beginn einer zwischenmenschlichen Beziehung vor allem von ersten Eindrücken abhängt – und einen der allerersten Eindrücke hinterläßt nun einmal das Aussehen. Aber wie geht es weiter? Ob eine Bekanntschaft zur Freundschaft oder Partnerschaft wird, entscheidet sich zweifellos nach zusätzlichen Merkmalen. So ist sehr wichtig, ob sich die Beteiligten einigermaßen ähnlich sind, zum Beispiel was Persönlichkeit, Wertvorstellungen und soziale Position angeht. Wertvorstellungen und soziale Stellung scheinen zudem entscheidender zu sein als die Persönlichkeit. Außerdem – und das ist wirklich trivial – kommt es auf den Umgang miteinander an. Auf Dauer wird man sich nur um den bemühen, der positiv auf den anderen reagiert und ihm das Gefühl vermittelt, anerkannt zu sein. Ebenfalls selbstverständlich ist, daß sich im Lauf der Zeit vieles verändert. Bewußt und unbewußt wird deshalb ständig überprüft, ob es sich lohnt, eine bestimmte Beziehung aufrechtzuerhalten. Das Aussehen tritt zunehmend in den Hintergrund, wenn die ersten Hürden genommen sind. In Mann-

Selbsterfüllende Prophezeiung

Dieser Begriff wurde 1957 von dem amerikanischen Sozialwissenschaftler Robert King Merton geprägt. Eine selbsterfüllende Prophezeiung beginnt damit, daß jemand eine Situation, in der er sich befindet, falsch einschätzt. Er reagiert logischerweise so, wie er es aufgrund seiner Einschätzung für richtig hält. Die Art und Weise, wie er handelt, trägt dazu bei, daß genau das Ergebnis eintritt, das er von Anfang an erwartet respektive befürchtet hat. Die Folge ist: Er fühlt sich in seiner Meinung bestätigt. Das tatsächlich eingetretene Ereignis wird als Beweis dafür angesehen, daß die Einschätzung der Situation von Anfang an richtig war.

Selbsterfüllende Prophezeiungen gibt es in jedem Lebensbereich. Einige Beispiele führen wir hier an.

Eine Ehefrau leidet unter der Angst, von ihrem Mann verlassen zu werden. Sie glaubt seinen gegenteiligen Versicherungen nicht und fordert immer mehr Beweise für Liebe und Treue von ihm. Nach einiger Zeit geht ihr Drängen dem Ehegatten auf die Nerven. Er wird unwirsch. Sie interpretiert dies als Hinweis auf die Berechtigung ihrer Ängste und reagiert noch fordernder. Dieses Spiel kann sich so lange fortsetzen, bis der Mann sie tatsächlich verläßt. Die Frau fühlt sich in ihrer Meinung bestätigt: Sie hat es von Anfang an gewußt.

Bankkunden befürchten einen Bankzusammenbruch, sie heben deshalb gleichzeitig ihr Geld ab und verursachen damit erst den Zusammenbruch der Bank.

Ein Prüfling befürchtet durchzufallen. Seine Angst wird so groß, daß er keinen klaren Gedanken mehr fassen kann. Er fällt tatsächlich durch.

Ein Arbeitgeber ist überzeugt, daß »Dicke« faul und träge sind. Er stellt dennoch einen ein und überträgt ihm ausschließlich anspruchslose Aufgaben. Seine Meinung wird bestätigt: Der »Dicke« leistet tatsächlich nicht viel.

Frau-Beziehungen sind die Zusammenhänge komplizierter, aber dazu später mehr.

Es gibt auch Untersuchungen, die zeigen, daß Attraktive nicht nur Vorteile haben. Wir nennen zwei Beispiele.

Außergewöhnlich »schöne« Menschen leiden oft unter der Unsicherheit, ob sie nur wegen ihres Aussehens bevorzugt werden. Wer möchte schon nur wegen seines Äußeren anerkannt und beliebt sein oder geliebt werden? Die Schönheit verschwindet ohnehin mit dem Älterwerden. So hat ein amerikanisches Forscherteam erkannt, daß sich Frauen, die während ihrer College-Zeit sehr attraktiv waren, als Vierzigjährige im Vergleich zu ihren Altersgenossinnen als weniger glücklich und zufrieden einschätzten (Stroebe, Insko u.a. 1971).

Aufsehenerregend schöne Frauen haben oft größere Schwierigkeiten, einen Partner zu finden, als durchschnittlich aussehende. Die meisten Männer trauen sich nicht, Kontakt zu einer »Schönheit« aufzunehmen. Erstens setzen sie voraus, daß eine so attraktive Frau schwer zu erobern sei, weil sie genug Auswahl habe und versuchen deshalb ihr Glück erst gar nicht. Zweitens fühlen sie sich einer potentiellen Konkurrenz um die Gunst ihrer Partnerin nicht gewachsen.

Fassen wir zusammen: Das Aussehen ist dafür, wie ein Mensch von anderen beurteilt wird, nicht allein entscheidend, aber es ist wichtig. Es ist wichtiger, als man sich wünscht, wenn man zu denen gehört, die hoffen, daß nur die Persönlichkeit zählt. Attraktive Menschen können Vorteile gegenüber unattraktiven haben. Natürlich zählen beim Aufbau einer Beziehung auch die »inneren Werte«. Aber zu Beginn einer Beziehung sind die Attraktiven eindeutig im Wettbewerbsvorteil. Das wird noch deutlicher, wenn man sich die möglichen Auswirkungen »selbsterfüllender Prophezeiungen« vor Augen führt. So kann es einem Menschen, der von seinem Äußeren her nicht bevorzugt ist, schwer gemacht werden, seine »wahren« Werte zu zeigen.

Die Schlußfolgerungen für den Alltag sind nicht einfach. Wir meinen: Viele Menschen ahnen instinktiv, daß das Äußere sehr wichtig ist und streben deshalb gesellschaftlich anerkannten Idealen nach. Für die meisten stellt dies auch keine Belastung dar. Es gibt aber zumindest zwei Gruppen, denen die Bedeutung des Aussehens zum Nachteil gereicht. Der einen Gruppe wird durch Diskriminierung von außen her Schaden zugefügt. Die zweite Gruppe hat begriffen, daß das Äußere viel zählt und hat daraus die Schlußfolgerung gezogen: »Schönheit ist alles.« Die erste Gruppe kann durch Aufklärung ihrer Umgebung unterstützt werden, die zweite sollte dazu angeregt werden, ihre Einstellung zu überdenken.

Zunächst zu denen, die unter der Fehleinschätzung ihrer Umwelt zu leiden haben. Zu ihnen gehören die Übergewichtigen – nicht die, die nur ein paar Pfunde über Idealgewicht auf den Rippen haben, sondern die richtig »Dicken«. Ab wieviel Übergewicht jemand zu dieser Gruppe gehört, ändert sich je nach Mode und Körperideal. Wer vor ein paar Jahren noch nicht als dick gegolten hätte, kann heute bereits von seiner Umgebung so eingestuft werden. Je mehr sich das Schlankheitsideal in Richtung Idealgewicht bewegt, desto strenger werden die Kriterien dafür, wer als »dick« anzusehen ist. Oft werden heute Leute, die knapp über oder bei Normalgewicht liegen, für »dick« gehalten, vor allem dann, wenn sie ungünstig proportioniert sind.

Auch aus der Gruppenpsychologie läßt sich einer der Gesichtspunkte ableiten, weshalb das Aussehen wichtig ist. Ob man sich dessen bewußt ist oder nicht: man gehört immer gesellschaftlichen Gruppen an: seiner Berufsgruppe, der Gruppe der Hausfrauen, der Gruppe derer, die einer bestimmten Lebenseinstellung anhängen, einer gesellschaftlichen Schicht und so weiter.

Jede Gruppe unterscheidet sich von der anderen auch durch äußerliche Merkmale. Ganz deutlich wird das am Beispiel der Uniformierung verschiedener Berufsstände: Ärzte, Feuerwehrleute, Soldaten, Polizisten sind durch ihre Kleidung auf den ersten Blick identifizierbar.

Aber es gibt auch weniger auffällige Arten der Uniformierung. Eine davon ist die Kleidermode – jeder weiß, daß man zwar die scheinbare Freiheit hat, sich nach seinem persönlichen Geschmack zu kleiden. Aber wer nicht abgeschmackt oder lächerlich wirken will, muß sich dem anpassen, was in seiner jeweiligen Bezugsgruppe gerade gerne gesehen wird, sonst läuft er Gefahr, abgelehnt zu werden. Wer Miniröcke trägt, wenn die Mode knielang vorschreibt, erregt Mißfallen. Wer als Chefsekretärin eines großen Unternehmens in indischem Wikkelrock mit Knitterbluse auftritt, stößt auf genausoviel Befremden wie jemand, die im »kleinen Schwarzen« zur Demo erscheint.

Aber nicht nur die Kleidung läßt Gruppenzugehörigkeit erkennen, der ganze Körper wird miteinbezogen. Erstes Beispiel ist die Hautfarbe: Am blütenweißen Teint war bis nach der Jahrhundertwende die Dame von Stand zu erkennen. Gebräunte Haut galt als unfein – sie erinnerte zu sehr an Bäuerinnen, die auf Arbeit im Freien angewiesen waren. Das Blatt wendete sich langsam, als immer mehr Frauen in Fabriken und Büros arbeiteten und notgedrungen »erblaßten«. Die, die Zeit und Geld hatten, entdeckten Sport und Sonnenbaden. Heute gilt brauner Teint als chic – zeugt er doch von Sportlichkeit und davon, daß man sich Sonne leisten kann.

Ein weiteres Beispiel ist die Körperform: In Zeiten der Massenverelendung wurde und wird Wohlhabenheit durch einen üppigen Körper demonstriert. Vor der Jahrhundertwende war Beleibtheit ein Kennzeichen des gutsituierten Bürgers – der Ausdruck »sattes Bürgertum« war nicht aus der Luft gegriffen. Damals galt nicht der Schlanke, sondern der Wohlbeleibte als ästhetisch, Schönheitsideal war die üppige Frau, der stattlich-beleibte Mann. Eine Parallele finden wir heute noch in Ländern, in denen Hunger herrscht. Wer dick ist, trägt damit gleichzeitig seinen materiellen Wohlstand zur Schau und verschafft sich Achtung auf den ersten Blick. Der Psychologe Franz Kiener drückte das so aus: »Es ist interessant, wie ein lustbetontes Erlebnis [das Essen; Anm. d. Verf.] sich in einem sinn-nahen Leitbild verkörpert und ästhetisiert, wie also die Lust am guten und reichlichen Essen den Wohlbeleibten in der Vorstellung aufstehen läßt, der dann auch ästhetisch Gefallen erregt, zumal er noch als Ausdruck des Überflusses und Luxus erscheint« (Kiener 1956, S. 58). In den letzten Jahren konnte man in der Bundesrepublik den gegenteiligen Zusammenhang finden – je höher das Bildungsniveau, desto weniger Übergewicht und umgekehrt. Seit ungefähr 1984 haben sich alle Schichten, dem schlanken Schönheitsideal angepaßt.

Wie stark sich der Druck zur Anpassung an eine Gruppe auswirken kann, zeigt ein Experiment von Solomon Asch (siehe Seite 90).

Wie kommt die Diskriminierung von außen zustande und wie wirkt sie sich aus?

1. Der »Dicke« entspricht den Normen und Vorstellungen seiner Umgebung nicht und läuft deshalb Gefahr, abgelehnt zu werden. Weshalb diese Gefahr besteht, erläutert ein Exkurs in die Psychologie der Gruppe. Lesen Sie dazu die Abschnitte »Psychologie der Gruppe« (Seite 88) und »Ein klassisches Experiment zur sozialen Konformität von Solomon Asch« (Seite 90).

Für die »Dicken« kann das folgendes bedeuten: Einmal fehlt dem Übergewichtigen die positive Rückmeldung der Gruppe, die ihm zeigt, »daß alles mit ihm in Ordnung ist«. Dadurch ist er gezwungen, sein Leben ständig in Frage zu stellen (wenn er nicht mit einem großen Maß an Selbstbewußtsein gesegnet ist).

Es wird ihm schwerfallen, ein positives Selbstbild zu entwickeln und beizubehalten.

Zum anderen muß er viel mehr investieren, um akzeptiert zu werden, als ein »Normaler« – er begegnet Vorurteilen, darf sich weniger Schwächen erlauben, muß mehr Rücksichten auf die anderen nehmen, stärker um die Anerkennung seiner Mitmenschen kämpfen.

Die Ablehnung, auf die er stößt und der gleichzeitige Kampf darum, dennoch akzeptiert zu werden, tragen verständlicherweise zur Entwicklung emotionaler Störungen bei. Wer sozusagen immer im Rampenlicht und gleichzeitig unter Leistungsdruck steht, wird sich letztendlich zurückziehen. Und genau dies tun nach ihren eigenen Aussagen heute viele Übergewichtige. Es sei nochmals daran erinnert: Emotionale Probleme, psychische Störungen sind nur in den seltensten Fällen die Ursache des Übergewichts – meistens ist es genau umgekehrt: Die Diskriminierung, die ein Übergewichtiger erlebt, die Vorurteile, gegen die er ständig anzukämpfen hat, sind der *Grund* für seine emotionalen Probleme. Besonders deutlich wird dies bei Jugendlichen, die übergewichtig sind. Jugendliche haben von vornherein noch kein so stabiles und überdauerndes Selbstbild wie Erwachsene und sind deshalb beein-

Ein klassisches Experiment zur sozialen
Konformität von Solomon Asch

Die zu untersuchende Person saß bei Aschs Standard-Anordnung (Asch 1956) mit einer Anzahl vermeintlicher Versuchspersonen – die aber in Wirklichkeit Verbündete des Versuchsleiters waren – an einem Tisch.

Die Gruppe bekam die Aufgabe, aus drei Linien diejenige herauszufinden, die einer vorgegebenen Vergleichslinie entspricht. Diese Aufgabe war leicht lösbar, da die Versuchsanordnung einen Irrtum fast ausschloß. Die Gruppenmitglieder mußten nacheinander ihre Meinung laut äußern; die echte Versuchsperson saß immer an vorletzter Stelle. Die Verbündeten des Versuchsleiters waren angewiesen, von Zeit zu Zeit eine eindeutige und übereinstimmende Fehlbeurteilung abzugeben.

Die Frage war, ob die echte Versuchsperson dennoch eher ihrer eigenen Wahrnehmung trauen oder sich dem Gruppendruck beugen würde.

Das Ergebnis war: Obwohl die richtige Antwort nicht zu übersehen war, schlossen sich 32 Prozent der echten Versuchspersonen immer dem Gruppenurteil an, 74 Prozent gaben mindestens einmal ein Fehlurteil ab.

druckbarer, was das Urteil anderer über sie angeht (Pudel 1978, S. 116ff.).

2. Eine weitere Folge der falschen Meinungen über »Dicke«: Die Übergewichtigen sind den Gefahren der »selbsterfüllenden Prophezeiung« im hohen Maße ausgesetzt. Weshalb? Sie stellen eine gesellschaftliche Gruppe dar, mit der sehr negative Vorurteile verknüpft sind. Zur Erinnerung: Übergewichtige gelten seit einiger Zeit nicht mehr als aufgeschlossen und fröhlich, sondern als willensschwach, in jeder Beziehung schwerfällig, bequem, faul und emotional gestört. Selbst schätzen sich mittlerweile auch viele als in diesem Sinne beeinträchtigt ein. Möglicherweise ist dies das Ergebnis »selbsterfüllender Prophezeiungen«. Greifen wir als Beispiel das Vorurteil »Schwerfälligkeit« heraus. Nehmen wir an, ein »dickes Kind« beteiligt sich auf einer Kindergesellschaft an einem Geschicklichkeitsspiel. Die anderen Kinder trauen ihm von vorneherein nichts zu und lassen das auch merken – niemand will es in seiner Gruppe haben. Das ausgestoßene Kind wird nervös, will seine Sache besonders gut machen, seine Hände beginnen zu zittern: Es »versagt«. Die anderen haben nichts anderes erwartet und fühlen sich in ihrer Meinung bestätigt. So beginnt ein Kreislauf von Spott, Mißachtung und erneuten Versuchen, bis das dicke

Kind sich nicht mehr anders zu helfen weiß, als an solchen Spielen überhaupt nicht mehr teilzunehmen. Da Geschicklichkeit aber Übungssache ist, wird das Kind tatsächlich schwerfällig und »paßt« somit noch besser zu den Erwartungen seiner Umwelt.

Wer so durchschaut, wie ungerechtfertigt die Vorurteile sind, die den »Dicken« entgegengebracht werden, wer sich bewußt macht, wie sehr »Dicke« unter Diskriminierung leiden – der wird hoffentlich nicht länger seine Meinung über die angeblich schwerfälligen, psychisch gestörten, faulen »Dicken« aufrechterhalten.

Wir erinnern uns daran, daß vermeintliche Fakten schon in anderer Hinsicht mit der Wahrheit nicht übereinstimmten!

a) Nicht jeder Übergewichtige ißt unmäßig viel. Die Stoffwechselvorgänge, die zu Gewichtsab- oder -zunahme führen, sind noch nicht hinreichend geklärt. Sie führen offensichtlich bei verschiedenen Menschen zu unterschiedlichen Ergebnissen.

b) Viele Übergewichtige könnten Opfer eines Diätkreislaufs geworden sein. Wer ein Gewicht anstrebt, das nicht zu seinem Körper paßt, sondern zum aktuellen Schlankheitsideal, hungert sich aus. Die Selbstbeherrschung wird von einem natürlichen Lebenserhaltungstrieb ausgeschaltet. Die Folge ist: Das Ausgangsgewicht wird wieder erreicht oder sogar überschritten.

c) Es gibt Übergewichtige, die aus Kummer oder sonstigen psychischen Schwierigkeiten zu viel essen. Diese Gruppe ist allerdings recht klein. Im Durchschnitt sind Übergewichtige so »normal« wie ihre Mitmenschen.

Die oben genannte zweite Gruppe, die unter dem aktuellen Schlankheitsideal leidet, sich aber danach ausrichtet, setzt sich vor allem aus Frauen zusammen. Sie sind einerseits Opfer gesellschaftlich bevorzugter Ideale und Opfer der heutigen Rollenverteilung zwischen Mann und Frau (siehe auch das folgende Kapitel »Schöne Frauen – erfolgreiche Männer«), andererseits jedoch auch Täterinnen.

Die Anpassung an ein übertriebenes Schlankheitsideal wird von vielen Seiten gefordert und gefördert, so daß es ausgesprochen schwer ist, sich solchen Ansprüchen zu widersetzen. Aber wer es anstrebt, vom Symptom »Schlanksein wollen um jeden Preis« loszukommen, hat reelle Chancen, dieses Ziel zu erreichen. Notwendig ist dazu eine bewußte Auseinandersetzung mit gesellschaftlichen Hintergründen. Durchschauen von unbewußt ablaufenden Mechanismen leitet den ersten Schritt zu Veränderungen ein! Nur wer weiß, was läuft, kann Widerstand leisten! Die folgenden Kapitel versuchen Zusammenhänge deutlich zu machen und damit Anhaltspunkte für Veränderungen von Einstellungen zu geben.

Kapitel 6 Schöne Frauen – erfolgreiche Männer

1. Frauen und Männer in der Gesellschaft

Warum legen Frauen mehr Wert darauf, sich schön zu machen, als Männer? Warum sind sie bereit, viel Zeit und Geld zu investieren, unter Umständen sogar ihre Gesundheit zu gefährden, um, der jeweiligen Mode entsprechend, attraktiv zu wirken? Sie tun es ganz bestimmt nicht deshalb, weil die weibliche Natur sie dazu drängen würde, wie jahrhundertelang behauptet wurde. Nein: Frauen machen sich nicht grundlos schön, denn in unserer westlichen Kultur werden sie weitaus stärker nach ihrem Aussehen beurteilt als Männer. Die attraktive Frau hat Vorteile – ihre Leistungen werden nachsichtiger beurteilt, sie ist begehrter, man schreibt gutaussehenden Menschen bessere Charaktereigenschaften zu. Daß diese Tendenzen existieren, bestätigen Ergebnisse sozialpsychologischer Forschung. Wie sie zu bewerten sind, wird zusammen mit einigen Beispielen aus diesem Teilgebiet der Psychologie diskutiert.

Zunächst betrachten wir den Vorteil, den attraktive Frauen genießen, bei schlechen Leistungen nachsichtiger behandelt zu werden.

Landy und Sigall veröffentlichten 1974 Ablauf und Ergebnisse eines sehr interessanten Experiments. Sie ließen eine Reihe von Aufsätzen zu verschiedenen Themen von unabhängigen Beurteilern benoten. Die Beurteiler wurden darüber informiert, daß die Aufsätze von bestimmten Personen stammten, die sie nicht persönlich, sondern nur vom Aussehen her kannten. Nun hatten die vermeintlichen Autoren den Aufsatz tatsächlich gar nicht geschrieben; die Aufsätze waren schon zuvor allein nach ihrer Qualität bewertet worden. Die »Autoren« waren nach ihrer Attraktivität verschiedenen Gruppen zugewiesen worden. Schlechte und gute Aufsätze, attraktive und unattraktive »Autoren« wurden nach Zufall kombiniert.

Als Ergebnis zeigte sich: Schlechte Aufsatzleistungen, die einer attraktiven Autorin zugeschrieben wurden, wurden besser bewertet, als die von vermeintlich unattraktiven Autorinnen. Dieser deutliche Effekt wurde zwar bei guten Aufsatzleistungen nicht festgestellt, allerdings doch die Tendenz, den Aufsatz etwas schlechter zu benoten, falls die angebliche Autorin der Vorgabe nach unattraktiv war.

Die Aufsätze angeblich männlicher Autoren wurden von den unabhängigen Beurteilern rein nach ihrer Qualität bewertet – die Attraktivität des Autors hatte nicht den geringsten Einfluß auf das Urteil.

Es ist nicht schwierig, dieses Ergebnis zu erklären. In unserer Kultur ist die Männerrolle »ohne Ansehen der Person« mit Leistungserwartungen verknüpft. Von Männern wird erwartet, daß sie erfolgreich sind und Karriere machen – von Frauen nicht. Trotz der Bemühungen vieler Frauen um Emanzipation von den althergebrachten Rollenvorstellungen sind auch heute noch Frauen eher auf eine passive Lebenshaltung festgelegt, zumindest was ihr Auftreten in Beruf und Öffentlichkeit angeht. Ihre Aktivitäten liegen nach wie vor hauptsächlich im Privatbereich. Selbst wenn sie berufstätig sind, oder gar doppelt belastet durch Beruf und Haushalt, nehmen sie in den meisten Fällen untergeordnete Positionen ein. Solange die berufliche Gleichstellung der Frau nicht Wirklichkeit geworden ist, wird wohl die Tendenz bestehen bleiben, auch im Leistungsbereich ein zusätzliches Bewertungskriterium mit heranzuziehen – wie beispielsweise die Attraktivität –, das mit Leistung nichts zu tun hat, sondern auf traditionellen Rollenzuschreibungen beruht.

Ähnlich verhält es sich, wie folgende Beispiele (die an Kapitel 5 anknüpfen) zeigen, mit dem Vorteil attraktiver Menschen, denen man einen guten Charakter zuschreibt.

Wird die Persönlicheit von Menschen nach dem bloßen Augenschein beurteilt, so zeigt sich, daß attraktive Menschen im Vorteil sind. Zur Erinnerung: Sie gelten als interessant, unabhängig, warmherzig und ehrlich; man traut ihnen berufliche Erfolge zu sowie Lebensglück und gute Beziehungen zum Partner. Interessant sind hier jedoch die Geschlechtsunterschiede: Im Gegensatz zu Männern haben Frauen die Tendenz, attraktive Personen beiden Geschlechts kritischer zu beurteilen. Sie vermuten bei ihnen auch weniger lobenswerte Eigenschaften wie Eitelkeit, Egoismus, materialistische Orientierung, Berechnung; zum anderen unterstellen sie ihnen einen größeren Hang zu Ehebruch und Scheidungen.

Und ganz wichtig ist folgendes: Frauen unterscheiden sich in ihren Beurteilungen nicht nur von Männern, sie unterscheiden sich auch untereinander – je nach ihrer eigenen Attraktivität. Unattraktive Beurteilerinnen schreiben durchschnittlich aussehenden Personen tendenziell die besseren Eigenschaften zu, vor allem jedoch mehr Verständnis und Geschick im Umgang mit Kindern (Dermer und Thiel 1975).

Diese Untersuchung, auf die wir uns hier beziehen, zeigte, daß

Männer attraktiven Personen gegenüber generell positiver eingestellt zu sein scheinen als Frauen. Urteilen Männer naiver, sind sie stärker von Äußerlichkeiten beeindruckbar?

Man könnte diesen Geschlechterunterschied folgendermaßen erklären: Da Frauen mehr nach Aussehen als nach ihrer Leistung beurteilt werden, liegt nahe, daß sie mit den Auswirkungen eigener Attraktivität oder Unattraktivität vertraut sind. Besonders die unattraktiveren unter den Frauen dürften immer wieder erlebt haben, wie ihnen besser aussehende Frauen vorgezogen wurden. In der Abwertungstendenz unattraktiver Frauen gegenüber attraktiven Personen drückt sich vielleicht die Bitterkeit über eigenes Zurückgewiesenwerden und Benachteiligung aus. Unattraktivere Frauen wissen, wie ungerecht die Beurteilung nach Augenschein sein kann. Sie sind sensibler gegenüber der Wirkung von Äußerlichkeiten und urteilen kritischer, weil sie diese Regeln durchschauen.

Eine weiteres Forschungsvorhaben (Stroebe 1981) brachte ähnliche Ergebnisse wie das eben Zitierte. Männer scheinen sich tatsächlich stärker an Äußerlichkeiten zu orientieren als Frauen: Männer bevorzugen in Auswahlsituationen, zum Beispiel wenn es um Freundin, Arbeitspartnerin oder zukünftige Ehefrau geht, eher die besser aussehende Frau. Frauen hingegen achten bei der »Auswahl« von Männern kaum auf die äußere Attraktivität.

Eigentlich spiegelt dieses Forschungsergebnis nur eine Alltagserfahrung wider. Das heißt nun nicht, daß Frauen das Aussehen von Männern absolut gleichgültig wäre. Aber: Männer und Frauen setzen unterschiedliche Schwerpunkte bei ihren »Beurteilungskriterien«.

Weitere Untersuchungen haben sich mit dem Thema »Die Frau als Statussymbol« beschäftigt. Nimmt man die Ergebnisse einiger Experimente amerikanischer Sozialpsychologen (zum Beispiel Bar-Tal, Saxe 1976; Sigall, Landy 1974) ernst, dann kann man allen Männern den guten Rat erteilen, sich möglichst attraktive Partnerinnen zu suchen. Denn ein durchschnittlich attraktiver oder sogar unattraktiver Mann wird positiver beurteilt und eingeschätzt, wenn er eine sehr attraktive Frau oder Freundin hat. Ist seine Begleiterin weniger vorzeigbar, sinkt sein Ansehen rapide.

Unattraktiven Frauen nutzt es hingegen überhaupt nichts, wenn sie einen attraktiven Begleiter haben: Sie werden weiterhin gleich negativ beurteilt. Ihr Ansehen ist allerdings auch durch einen unattraktiven Begleiter nicht mehr zu verschlechtern ...

Dieses Ergebnis ist eigentlich nicht überraschend. In unserer Kultur wird es einem Mann allemal als persönliches Verdienst und

Erfolg angerechnet, wenn er eine hübsche Frau neben sich hat. Klug muß sie nicht sein, aber schön!

Die Geschlechterrolle der Frau legt es ihr ebenfalls nahe, sich einen Partner zu erobern. Alleinstehende Frauen haben ein schlechteres Ansehen als Männer ohne Partnerin. Das gute Aussehen eines Mannes spielt allerdings eine untergeordnete Rolle für das Ansehen der Partnerin. Der Sozialstatus einer (Ehe-)Frau wird auch heute noch – nicht nur nach ihren Leistungen bestimmt, sondern vor allem nach denen ihres Partners – es sei denn, sie hat selbst eine glänzende Karriere gemacht. Der Sozialstatus des Mannes hingegen, sein Ansehen in der Gesellschaft, ist ausschließlich in seiner eigenen Leistung begründet. Hat er zufällig auch eine erfolgreiche Partnerin, strahlt nichts von deren Ruhm auf ihn ab. Die gesellschaftlichen Rahmenbedingungen bieten Frauen allerdings eine Chance, die, je nach persönlichem Empfinden, als Vorteil oder äußerst zweifelhaft angesehen werden kann: Nur Frauen können allein aufgrund äußerer Attraktivität sozial aufsteigen – nämlich durch Heirat.

Wie viele Romane und Romanzen sind nach diesem Muster gestrickt! Die Realität deckt sich damit zwar sehr selten, aber solche Fügungen gibt es: Die Krankenschwester, die von »ihrem« Arzt geheiratet wird, die Sekretärin, die ihren Chef bezaubert oder die Olympiahostess, die Königin von Schweden wird. Dies ist ein Nährboden für die Träume mancher Frauen, auf dem die Blüten einer, meist von Männern gemachten, Sparte der Presse gedeihen. Aber kein Mann wird sich bei seinen Karriereüberlegungen von einer möglicherweise vorteilhaften Eheschließung leiten lassen – Mitgiftjäger ausgeschlossen!

Soweit die Forschungsergebnisse aus der Sozialpsychologie und deren Schlußfolgerungen. Natürlich ist die Realität komplizierter. Der Grund liegt darin, daß die Forschungsergebnisse immer nur einen Ausschnitt der Wirklichkeit erfassen können. Alle Experimente waren von vorneherein so angelegt, daß nur äußere Attraktivität und keine Persönlichkeitsfaktoren zur Geltung kommen konnten. Die Ergebnisse sind dennoch wertvoll, weil sie Tendenzen widerspiegeln, die in unserer Gesellschaft zweifelsohne existieren – was nicht heißt, daß sie unveränderbar wären. Tatsächlich ist die Wirkung zwischenmenschlicher Anziehung auch vielschichtiger. Weitere sozialpsychologische Forschungsergebnisse liefern Anhaltspunkte dafür.

In der Realität scheint bei der Partnerwahl die eigene Attraktivität als eine Art »Filter« zu wirken. In der Regel ist es so, daß Ehepaare beziehungsweise Paare, die in einer dauerhaften Beziehung leben, sich in ihrer Attraktivität stark ähneln. Wie läßt sich das erklären? Je attraktiver eine Person ist, desto höhere Ansprüche hat sie an die Attraktivität des Partners. Durch Erfahrungen mit und Erfolge beim anderen Geschlecht lernt jeder, in welche »Attraktivitätsklasse« er sich einzuordnen hat. Er schränkt dann unbewußt seine Auswahl auf die potentiellen Partner ein, bei denen er Chancen hat: Das sind die ähnlich attraktiven. Aber auch hier existiert ein Geschlechterunterschied: Beruflich sehr erfolgreiche Männer stellen eine Ausnahme von dieser Regel dar. Sie haben, selbst wenn sie unansehnlich sind, die Möglichkeit, eine sehr attraktive Partnerin zu gewinnen.

Wenn man hier konkrete Veränderungen anstreben will, ist es notwendig, sich Zusammenhänge klarzumachen und unbewußt ablaufende Prozesse ins Bewußtsein zu rufen; dazu mehr in Kapitel 10. Angesichts dieser Geschlechterunterschiede sollte frau sich empören und sich gegen Althergebrachtes mit Konsequenz auflehnen. Ein besonders aussagekräftiger Beleg für die Notwendigkeit eines solchen Engagements ist das Erscheinungsbild der Frau in der Werbung.

2. Die Frau in der Werbung

»Es entspricht dem innersten Wesen jeder Propaganda, daß sie zur bildlichen Wiedergabe stets das Sujet wählt, welches einmal die Aufmerksamkeit des Beschauers fesselt und dann unbewußt ein gewisses Wohlgefallen auslöst. Wenn daher in steigendem Maße von einschlägigen Geschäften und Firmen der menschliche Körper, vor allem der weibliche, als Blickfang verwendet wird, dann entspricht das den eben erwähnten Grundsätzen« (Freytag, 1909).

Daß sich Produkte jeder Art besser verkaufen lassen, wenn für sie mit attraktiven Damen geworben wird, ist, wie dieses Zitat von 1909 belegt, schon lange bekannt. Eigentlich würde diese Feststellung für unser Thema bereits genügen, denn hier bestätigt der Augenschein die Behauptung, daß das Aussehen von Frauen in unserer Gesellschaft einen höheren Stellenwert einnimmt als das von Männern.

Es lohnt sich jedoch, einige Hintergründe zu beleuchten (vgl. Köhler, Barche 1985; Denscher 1984; Hoffmann 1981). Werbung spielt in unserem Leben eine weitaus wichtigere Rolle, als uns bewußt ist. Sie regt uns zum Kauf von Produkten an, denen künstlich ein bestimmtes Image verliehen wird. Sie trägt zur Ausbreitung von Moden bei und ist gleichzeitig ein Spiegel der Verhältnisse, die in einer Gesellschaft herrschen. Um sich ihr zu entziehen, müßte man auf Radio, Fernsehen, Zeitschriften verzichten und auf der Straße geflissentlich den Blick von Werbeplakaten abwenden. Aber oft genügt schon ein kurzes Hinschauen, und die Werbebotschaft »kommt an«. Werbefachleute verstehen ihr Metier. Sie verpacken ihr Verkaufsanliegen in so raffinierter Form, daß ein Blick ausreichen kann, sich ein Produkt einzuprägen. Nicht umsonst werden riesige Summen in Werbemaßnahmen investiert. Mit der Rolle der Frau in der Werbung hat sich in den letzten Jahren besonders die Frauenbewegung kritisch auseinandergesetzt. Das Hauptargument der Feministinnen ist, daß die Frau in der Werbung durch bestimmte Darstellungsweisen zum bloßen »Sexualobjekt« herabgewürdigt wird. Da erscheinen nackte oder anzüglich aufgemachte Frauen meist völlig unmotiviert in Kombination mit Konsumartikeln und Gebrauchsgegenständen wie Autos, Videogeräten, Bohrmaschinen, Deodorants oder Seifen. Sinn und Zweck sind klar: Blickfang und unbewußte Verknüpfung des angepriesenen Produkts mit angenehmen Reizen. Die Gefahr solcher Werbemaschen liegt darin, daß der Betrachter dazu verführt werden soll, Frauen mit Produkten und Konsumartikeln gleichzusetzen. Die Folge ist die Verfestigung des Rollenverhaltens der »Benutzung« der Frau durch den Mann, eine Benutzung in doppeltem Sinn: Einerseits als sexueller »Wegwerfartikel« und andererseits als »Statussymbol« – das Ansehen eines Mannes wird durch eine attraktive Begleiterin aufpoliert. Nur der erfolgreiche Mann kann sich ein solches Statussymbol leisten. Werbung vermittelt dem Erfolglosen immerhin das Gefühl, mit dem reizvoll angepriesenen Produkt gleichzeitig einen Abglanz des zum Kauf verlockenden Luxusgeschöpfes erworben zu haben.

In ihrem 1981 erschienenen Buch ›Frauenfeindliche Werbung – Sexismus als heimlicher Lehrplan‹ zeigt Christiane Schmerl an vielen Beispielen, wie Werbemacher sich weibliche Reize zunutze machen: Werbebilder und -texte spiegeln das perfekte Rollenverhalten des unterwürfigen, hilflosen und begehrenswerten »Weibchens«, das nur darauf wartet, »vernascht« zu werden. Der Werbefachmann Hartmut Blank kritisiert zur Ehrenrettung seines Berufsstandes Schmerls »Rundschlag gegen Kapitalismus und Chauvinismus«, wie er sich ausdrückt, ausgesprochen heftig, aber auch er muß zugeben: »Es gibt eine Menge Werbung, die ein irrwitziges, verächtliches Frauenbild vermittelt. Die kann man jeden Abend im Fernsehen sehen« (Blank 1981). Natürlich kann man über die feministische Position Schmerls streiten. Aber eines hat ihr Kritiker Blank übersehen: Werbung schwebt nicht im luftleeren Raum. Sie wird nicht außerhalb gesellschaftlicher Gegebenhei-

Die Geschichte der Werbung

»Werbung und Propaganda im weitesten Sinne hat es wohl schon immer gegeben, seit die Menschen denken lernten« (Denscher 1984, S. 97). Reklame im heutigen Sinn wurde jedoch erst im Zeitalter der Massenproduktion notwendig. Zuvor hatten die Handwerker ihre Waren nach dem Bedarf ihrer Kunden gefertigt; die Qualität ihrer Arbeit und die Mundpropaganda sicherten den Absatz ihrer Produkte. Als im Zeitalter der Industrialisierung immer mehr Güter auf den Markt geworfen wurden, bot es sich an, den Kaufwillen durch gezielte »Reclame« anzuregen: »Zudem kamen in den neunziger Jahren des vorhergehenden Jahrhunderts auch völlig andere Produkte auf, wie etwa Fahrräder, photographische Artikel, elektrotechnische Produkte, für die zuerst eine Schicht von Interessenten und Konsumenten geschaffen werden mußte« (Denscher 1984, S. 97).

Die Entwicklungen waren ineinander verzahnt: Technische Neuerungen machten die Massenproduktion möglich und schufen auch die Voraussetzungen für die Massenkommunikation. So wurde zum Beispiel erst durch die Erfindung der Farblithographie der Druck von farbigen Werbeplakaten ermöglicht, die den potentiellen Kunden stärker ansprachen, als etwa einfache Handzettel, und die mit geringerem Aufwand einen weitaus größeren Personenkreis erreichen konnten.

»Der Bereich der ›Reclame‹, wie es früher hieß, wurde zu einem eigenen bedeutenden Wirtschaftszweig: eine eigene Kultur der Werbung, des Inserats, des Plakats, der Propagandaaktionen entstand. Die Anfänge des modernen, farbigen Plakats sind im Frankreich der siebziger Jahre des 19. Jahrhunderts anzusetzen, bis das Plakat um 1890 von so bedeutenden Künstlern wie Cheret, Toulouse-Lautrec, Bonnard zu einem künstlerischen Höhepunkt geführt wurde. Bereits auf diesen Affiches, die vor allem für Luxusartikel, wie Champagner oder Delikatessen, sowie für Varietés und Revuetheater warben, waren Frauen bevorzugte Motive der Graphiker. In Wien ist der Beginn der modernen Plakate und damit der Anfang einer aufwendigeren Firmenwerbung erst in den neunziger Jahren des vorigen Jahrhunderts anzusetzen« (Denscher 1984, S. 97).

ten gemacht. In ihrer vereinfachenden Sprache, ihren bunten Bildern, finden wir einen Spiegel der Gesellschaft, in der wir leben. Soziale und kulturelle Wertvorstellungen bestimmen die Werbegestaltung, denn sonst bestünde keine Chance, die potentiellen Konsumenten anzusprechen. Werbung als Darstellung einer heilen Welt, das ist die eine Seite der Medaille, die andere, die gefährliche, ist: Das Instrument »Werbung«, das eigentlich nur zum Zweck der Verkaufsförderung geschaffen wurde (siehe auch »Die Geschichte der Werbung«, Seite 98), hat sich gleichzeitig als »gesellschaftsgestaltende Kraft« erwiesen. Wir werden durch sie andauernd mit Bildern und Suggestionen überschwemmt. Das prägt sich ein – auch wenn wir es nicht wollen. Nur wer sich bewußt dagegen wehrt, wird sich dem, wenn auch nicht ganz, entziehen können. Die ständig wiederholten Vorbilder, die uns in der Werbung begegnen, können bestimmte Verhaltensweisen prägen und verstärken, wie das Beispiel Rollenverhalten zeigt. Auf Seite 101 finden Sie noch mehr Informationen zur Psychologie der Werbekommunikation.

Wichtig für unser Thema ist: Seit es Werbung im modernen Sinn gibt, ist die Bildwelt der Plakate, Inserate, Schutzmarken und Verpackungen vor allem mit der Darstellung von Frauen gefüllt. Je nach Produkt wird der Frauentyp eingesetzt, der den Umsatz zu steigern verspricht.

Denscher (1984) hat historische Werbeplakate nach ihren offenen und verdeckten Motiven analysiert. Er fand dabei drei »Grundtypen der Frauendarstellung« in der Werbung, wobei Überschneidungen der verschiedenen Typen nicht ausgeschlossen sind – die Sprache der Werbung hat viele Nuancen, so einfach sie auch in ihrer Grundstruktur ist. Daß die Reklamefachleute vor etwa einhundert Jahren ihr Handwerk nicht schlechter verstanden haben als ihre modernen Kollegen, ist erstaunlich, verfügten sie doch über weitaus geringere finanzielle Mittel und konnten auf keine Tradition zurückblicken. Zwei der drei historischen »Grundtypen« finden wir heute noch in exakt gleicher Form.

Typ 1: Die allegorienhafte Frauenfigur

»Positive Werte wie etwa Reinheit, Leuchtkraft, Geschwindigkeit, Sicherheit, Geborgenheit und Wärme wurden als – trivialisierte – weibliche Wunderwesen dargestellt. Hier ist am stärksten die Mythologien- und Allegorienwelt der abendländischen Kultur verarbeitet, die Art dieser Werbung ist dem bildhaften Symbolismus des 19. Jahrhunderts verbunden. Diese Reklameallegorien waren zum Teil bestimmt von idealisierten, überirdischen und unerreichbaren Frauengestalten, zum Teil boten die Bildzitate aus der antiken Mythologie und der romantischen Märchenwelt den Künstlern allerdings auch Gelegenheit, durch die Darstellung unverhüllter Frauenkörper Plakate mit erotischer Ausstrahlung zu gestalten. Dafür typisch ist etwa ein Plakat, das für Sodawasser warb und eine Reihe von nackten Quellnymphen darstellt« (Denscher 1984, S. 98).

Typ 1 ist außer Mode geraten – dafür haben wir auch in ihm ein Beispiel für die Widerspiegelung des Zeitgeschmacks in der Werbung. Interessant ist, daß die allegorienhafte Frauenfigur den »Reclamefachleuten« einen praktischen Ausweg aus einem Dilemma bot: Sie diente als Vorwand, einen völlig nackten Frauenkörper als Blickfang einzusetzen – war doch damals die realistische Darstellung des »nackten Weibes zu Reclamezwecken« völlig undenkbar. Da in der Werbung momentan eine Nostalgiewelle anrollt, kommt Typ 1 vielleicht bald wieder zu Ehren.

Typ 2: Das adrette Hausmütterchen

Obwohl sich heute viele Frauen einen Platz im Berufsleben erobert haben, ist uns dieser Typ seit der Jahrhundertwende fast unverändert erhalten geblieben. Nur eines hat sich verändert – die modischen Attribute. Gestern wie heute taucht die Frau in der Werbung als adrette, pflichtbeseelte Hausfrau auf, die aller Arbeit zum Trotz immer einen tatkräftigen Optimismus ausstrahlt. Nur eine Wolke kann das Lebensglück überschatten: Das Fehlen des richtigen Produktes. Ein Mangel, dem beim nächsten Einkaufsbummel abgeholfen werden kann. Sauber, ordentlich und schick (jedoch beileibe nicht *zu* schick) ist das adrette Hausmütterchen allemal. Ihr ganzer Lohn besteht offenbar im Bewußtsein ordnungsgemäßer Pflichterfüllung, ihre Freuden darin, den besten Kaffee, die leckersten Suppen zu kochen, die weißeste und weichste Wäsche vorzuzeigen und dafür von Ehemann, Kindern und nicht zuletzt der Schwiegermutter gelobt zu werden.

Typ 3: Die erotisch »Lockende«

Sie erfüllt in der Werbung zwei Funktionen. Erstens soll sie die Aufmerksamkeit von Männern auf sich ziehen und das Produkt mit angenehmen Assoziationen verknüpfen. Früher wurde auf diese Weise meist für Dinge geworben, die das Image des Besonderen, des Luxuriösen und Exklusiven erhalten sollten, wie Sportartikel, Autos und Fahrräder, Spirituosen und Rauchwaren.

Zweitens wurden und werden auch Frauen auf diese Weise angesprochen: Die »Lockende« soll zur Identifikation anregen. Auf diese Weise wird die attraktive »Werbefrau« zu einem Vorbild, dem man nacheifern kann, indem man sich ähnlich kleidet, die Kosmetika und Pflegemittel verwendet, die der Schönen aus dem Inserat angeblich zu ihrem Pfirsichteint oder ihrem verführerischen Duft verholfen haben.

Werbefachleute setzen die Wirkung des Frauenkörpers je nach Zielgruppe ganz überlegt ein. Sie sind sich bewußt, daß sie bei der Darstellung von Erotik auf einem schmalen Grat wandern, wenn

Die Psychologie der Werbekommunikation

Werbung will beeinflussen – und sie tut es auch. Die Methoden der Werbefachleute beruhen auf verschiedenen Grundmodellen, die die menschliche Psyche beschreiben und aus denen Konsequenzen für Werbegestaltung und Überprüfung der Wirksamkeit von Werbemaßnahmen abgeleitet werden.

Ein Beispiel unter vielen ist das »Psychoanalytische Modell«. Seine Grundannahme im Kontext der Werbung ist: »Jeder Mensch hat seine Probleme, Konflikte und Schwierigkeiten. Die Aufgabe der Werbung ist es, ihre Werbeziele über die Hilfe bei einer Konfliktlösung zu verwirklichen. Es kommt also in der Werbung darauf an, die jeweils relevanten Konflikte der Zielgruppe aufzudecken, zu erfahren, welche Wiederholungszwänge und Lösungswege besonders häufig in dieser Gruppe vollzogen werden und eine passende Ansprechstrategie zu entwickeln, die aber auch dem Persönlichkeitsbereich, zu dem der Konflikt gehört, angemessen ist« (Hoffmann 1981, S. 102).

Gerade im Rahmen des Psychoanalytischen Modells haben sich die Werbefachleute mit der Rolle der Erotisierung von Produkten auseinandergesetzt: »Die Erotisierung von Produkten hat eine besondere Geschichte. Anfänglich waren sexuelle Motive nur Blickfang. Sie waren wenig geeignet, eine Abhebung von der Konkurrenz und eine Kundenbindung zu leisten. Erst nach dem Zweiten Weltkrieg differenziert sich das Bild. Zunächst sind es noch sachfremde Szenarien, dann aber wird Sexuelles zunehmend als ein Austragungsbereich für andere Motivationen (zum Beispiel Zärtlichkeit, Bestätigung, Dominanz) erkannt und angesprochen [...] Für den Werbegestalter ist es wichtig, daß die möglichen Objekte einer liebend bestätigenden Zuwendung folgende Rangreihe bilden:

1. Sich selbst lieben, wichtig nehmen, für schön, stark, unfehlbar oder ähnliches halten.
2. Beifall des eigenen Geschlechts suchen, vor allem in der Befolgung und im Erfolg der Rollenerwartungen.
3. Bestätigung, Bewunderung, begehrenswert sein für das andere Geschlecht. [...]

In einer durchschnittlichen Betrachtung [kann] gesagt werden, daß es nicht zweckmäßig ist, den Verbraucher so anzusprechen, als würde er sexuelle Stimulierung und Bewunderung nur beim anderen Geschlecht suchen (auch wenn es soziale Normen so vorschreiben)« (Hoffmann 1981, S. 113f.).

So professionell Werbung auch betrieben wird: Sie hat keine unbegrenzte Macht. Manipuliert werden kann nur in einem bestimmten Rahmen. So sind zum Beispiel die in einer umfassenden Gruppenanschauung verankerten Einstellungen bestenfalls in Richtung dieser Weltanschauung veränderbar.

Männer und Frauen gleichermaßen angesprochen werden sollen. In der Praxis bedient man sich heute folgender Lösung: Je ausschließlicher das Produkt für Männer bestimmt ist, um so erotischer darf die werbende Dame wirken – mit der eigentlichen Funktion des angepriesenen Gegenstandes hat sie nichts zu tun. Soll die Ware nicht nur an den Mann, sondern auch an die Frau gebracht werden, dann muß die ästhetische Wirkung stärker betont werden, damit die umworbene Frau sich mit der Modellfrau identifizieren kann. Ein Beispiel: Für eine Duschgel-Werbung suchte der verantwortliche Produktmanager »bewußt Modelle, ›die nur eine minimale erotische Ausstrahlung haben‹« (Kirchmann 1979, S. 279), was nichts anderes besagt, als daß sie flache Brüste und keinen ausgeprägten Po haben durften. Als Begründung gab der Produktmanager an, er habe so »taktieren [müssen], ›weil die Frauen die Fa-Mädchen auf keinen Fall als Sexualkonkurrentinnen empfinden dürfen, denn dann gingen wir selber baden.‹ [...] Andererseits wolle man jedoch ›rüberbringen, wie die Frische von Fa körperlich erlebt wird.‹ Daher müsse man ›den Damen schon das Oberteil ausziehen‹« (Kirchmann 1979, S. 279). Wollte hier jemand einwenden, warum nicht auch ein gutaussehender Jüngling seinen Oberkörper entblößen darf, um zum »körperlichen Erleben« mit Fa einzuladen, lautete die klare Antwort: Attraktive Frauen kommen nicht nur besser an – sie bringen auch Produkte besser an den Mann und an die Frau.

Noch eine Information am Rande: Woher wissen die Werbemacher, was ästhetisch und was erotisch wirkt? Ganz einfach – sie fragen nach, und zwar gründlich, nämlich bei denen, die die Produkte kaufen sollen. Bevor eine Werbekampagne gestartet wird, finden umfangreiche Verbraucherbefragungen statt. Grenzüberschreitungen vom »Ästhetischen zum Erotischen« wollen sorgsam auf die Zielgruppe abgestimmt sein – Erotik gibt's nur für Männer.

Kapitel 7 Schönheit und Erotik

1. Was ist Schönheit?

»Wir finden die Venus von Milo schön, so wie sie ist. Wäre sie aber nach der heutigen Mode gekleidet, so würden wir ihre Figur abscheulich finden, denn unter den Kleidern würde die Taille noch beträchtlich an Breite zunehmen« (Stratz 1898, S. 7). Das sagte der deutsche Arzt Carl Heinrich Stratz im Jahr 1898. Dabei hatte er selber Vorstellungen von »idealer Frauenschönheit«, die nach heutigen Maßstäben eine rundliche Frau beschreiben. Stratz meinte zu wissen, was Schönheit ist. Er wußte es tatsächlich – aber sein Urteil galt nur für seine Zeit.

Die Angehörigen einer Kultur oder einer Epoche haben klare Vorstellungen darüber, was sie als schön empfinden. Es sei hier nochmals an die Ergebnisse der Sozialpsychologie erinnert: Unabhängige Beurteiler sind sich einig darüber, welche Personen attraktiv sind und welche nicht. Fast allen Kulturen gleich ist auch, daß es Merkmale gibt, die als »unschön« gelten: Verkrüppelungen, Narben schwerer Verletzungen, extremer Groß- oder Kleinwuchs. Letztere dienten beschämenderweise der Gesellschaft als Kuriosität, zum Beispiel am Spanischen Hof des 16. und 17. Jahrhunderts, wo jeder, der etwas auf sich hielt, »seinen Zwerg« haben mußte, oder heute noch im Zirkus.

Immer wieder haben sich Menschen die Aufgabe gestellt, das »allgemeine Wesen der Schönheit« zu bestimmen. Ihre Bemühungen blieben fruchtlos. Liest man ihre sehr konkreten Vorstellungen über die »ideale Schönheit«, dann kann man sich eines Lächelns nicht erwehren. Die Aussagen sind so zeitgebunden, so sehr vom Geschmack der jeweiligen Epoche geprägt, daß die Ernsthaftigkeit, mit der die Überlegungen angestellt wurden, den modernen Leser fast mit Rührung erfüllen. Aber sind wir heute wirklich klüger? Meinen nicht auch wir, mit unseren Beurteilungen richtig zu liegen? Was würde ein Leser einige Jahre oder Jahrzehnte später denken, wenn wir eine Liste von Schönheitsmerkmalen aufstellen müßten, wie es der oben zitierte Arzt C. H. Stratz versucht hat? Er gibt sich in seinem 1898 erschienenen Buch ›Die Schönheit des weiblichen Körpers‹ große Mühe, objektiv darzulegen, was weibliche Schönheit ausmacht. Er ist sich durchaus bewußt, wie leicht man bei solchen Denkexperimenten in die Irre gehen kann. Deshalb versucht er sich auf Kriterien zu beschränken, die er als so

»typisch weiblich« empfindet, daß sie seiner Meinung nach die wechselnden Moden überdauern müßten. Nach dem Abschluß seiner allgemeinen Beweisführung stellt er eine lange Liste von »Vorzügen« und »Fehlern« des weiblichen Körpers auf; nachstehend ein Auszug aus seiner Aufzählung (Stratz 1898, S. 168).

Vorzüge	Fehler
weicher Übergang von Wange zum Hals	scharf abgesetzter Hals mit vorspringendem Unterkiefer
runder Hals	eckiger Hals, vorstehender Kehlkopf
vorstehende, gewölbte Hinterbacken	flache, kleine Hinterbacken
runder, dicker Oberschenkel	flacher, magerer Oberschenkel
hochgestellte, runde, pralle Brüste	tief angesetzte, schlaffe Brüste
runde Wade	eckige Wade
weiche Knieumrisse	scharfe Knieumrisse
schlanke Taille (muß deutlich eingebuchtet sein)	Fehlen der Taille
langes, dichtes Haar	kurzes, dünnes Haar

Ein anderer Arzt, Lothar Kreuz, der sich in seinem Buch ›Begegnungen mit Aphrodite‹ Gedanken zur Schönheit macht, geht die Sache überlegter an. Er meint: »Das Wissen um die Wandlungsfähigkeit des ästhetischen Empfindens bestätigt nur jenes alte Erfahrungs- und Lebensgesetz, das uns lehrt: ›Panta rhei‹ [Alles fließt; Anm. d. Verf.]« (Kreuz 1966, S. 31). Kreuz hat sein Buch 70 Jahre später als Stratz geschrieben. Die wissenschaftliche Erkenntnistheorie hat in diesem Zeitraum eine grundlegende Umwälzung erfahren. Vor diesem Hintergrund wurde es offensichtlich, daß alle Definitionsversuche des »Schönen« sich als unzulänglich erweisen müssen. Versuche hatte es viele gegeben, ob nun in philosophischen Ausdrücken oder mit Hilfe mathematischer Berechnungen, wie zum Beispiel dem »Kanon«, der ein Proportionsschema des vollkommen schönen menschlichen Körpers liefert beziehungsweise liefern und finden sollte. Kreuz sucht einen Ausweg aus diesem Dilemma und findet eine ganz allgemeine Lösung: »Die Schönheit ist das, wovon ein Höchstwert an positivem ästhetischen Empfinden ausgelöst wird« (Stratz 1898, S. 34).

Diese Aussage ist so allgemein formuliert, daß jeder für sich selbst entscheiden kann, was bei ihm diesen »Höchstwert an positivem ästhetischen Empfinden« auslöst. Das befriedigt aber Kreuz doch nicht so ganz. Als Bewunderer der klassischen griechischen Kunst scheint es ihm unmöglich, daß die griechische Skulptur nicht bei jedem eine Gefühlsaufwallung hervorrufen könne, ja müsse. Hier dürfte er der eigenen Befangenheit erlegen sein. Für die meisten heutigen Kunstkenner ist es zweifelsohne ein Genuß, die Ausgewogenheit und Ebenmäßigkeit dieser klassischen Idealstatuen zu betrachten. Aber würden diese Statuen zu Frauen aus Fleisch und Blut, dann sänke die Zahl ihrer Bewunderer. Weder die Venus von Milo noch Aphrodite hätten Chancen, zur »Miß World 1987« gekürt zu werden. Was das jeweilige Körperideal einer Epoche angeht, scheint es sinnvoller, Jan Mukařovskýs Ausführungen über die Ästhetik in der Kunst auf das Erscheinungsbild des Menschen zu übertragen. Er meint, daß ein Gegenstand, hier also ein bestimmter Körpertyp, nicht aus sich heraus ästhetisch ist. Dies bedeutet zum Beispiel, daß eine Frau, die vor 100 Jahren eine gefeierte Schönheit war, in die Gegenwart versetzt, Gefahr liefe, von ihrem Arzt eine Abmagerungskur verordnet zu bekommen. Zumindest würde sie am Strand feststellen, besser keinen Bikini zu tragen, sondern einen Badeanzug, der ihre »Pölsterchen« kaschiert. Und schließlich würde sie vielleicht sogar zu einer der »1000-Kalorien-Blitzdiäten« greifen.

Ob jemand als schön oder nicht schön empfunden wird, hängt ganz von den Vorstellungen ab, die sich in der Gesellschaft, in der er lebt, herausgebildet haben: »Eine Erscheinung, die zu einer bestimmten Zeit oder in einem bestimmten Land eine privilegierte Trägerin einer ästhetischen Funktion war, kann zu einer anderen Zeit oder in einem anderen Land für diese Funktion ungeeignet sein. [...] Die Grenzen des ästhetischen Bereichs sind also nicht durch die Realität selbst gegeben und sehr veränderlich« (Mukařovský 1970, S. 13f.). Mit dieser Feststellung trifft Mukařovský den Nagel auf den Kopf. Es gibt keine Schönheit aus sich heraus – entscheidend ist der Geschmack, der von Epoche zu Epoche ganz andere Bewertungskriterien setzen kann.

2. Körper und Erotik

Der Körper, das heißt seine Form, spielt in der Erotik eine große Rolle: Begehrenswert ist, wer ein schönes Gesicht, einen schönen Körper besitzt. Die äußere Erscheinung eines Menschen ist für die

Wirkung auf die Umwelt, zumindest in der Phase des Kennenlernens, wichtiger als die inneren Werte. Und es sind besonders Frauen, die durch ihr Aussehen locken, die sich deshalb viel größerer Mühen unterziehen, um zu »wirken«, die glauben, für ihr Schönsein leiden zu müssen.

Was in einer Kultur und einem bestimmten Zeitabschnitt als erotisch gilt, kann man nur beschreiben. Definitionen, die über alle Zeiten hinweg ihre Gültigkeit behalten, gibt es nicht, genausowenig wie für Schönheit. Dafür lassen sich einige Beispiele nennen, angefangen von der Bedeutung unterschiedlicher Körperteile als »erotische Reizquellen« in verschiedenen Kulturen bis hin zu spezifischen kulturabhängigen erotisierenden Verhaltensweisen. So galt im alten China der kleine Fuß einer Frau als unwiderstehlicher Reiz – die Gunst der Enthüllung des Lilienfußes wurde nur sehr selten gewährt und bedeutete »das Höchste der erotischen Gefühle«. In Europa waren und sind es vor allem Brüste und Po, die den Mann erregen. Was die erotisierenden Verhaltensweisen angeht, so setzten zum Beispiel um die Jahrhundertwende, als es unschicklich war, den Fußknöchel zu zeigen, die Damen sehr bewußt die Kunst des Röcke-Raffens ein.

Erotik und Schönheitsideal hängen miteinander zusammen. Es ist zwar keineswegs notwendig, schön zu sein, um erotisch zu wirken, und wer schön ist, muß noch lange keine erotische Ausstrahlung haben. Aber in der Regel wirken attraktive Menschen in jeder Beziehung anziehender als unattraktive. Will man die Körperideale eines Zeitabschnitts rekonstruieren, lohnt es sich, den jeweiligen erotischen Zeitgeschmack zu betrachten.

Seit es Photographie und Film gibt, stehen uns ausgezeichnete Quellen zur Verfügung, mit deren Hilfe es möglich ist, ein fast lückenloses Bild der erotischen Vorlieben unterschiedlicher Zeitabschnitte zu zeichnen. Als Aktmodelle oder »Sexstars« werden fast ausschließlich attraktive Menschen ausgewählt, die das bevorzugte Ideal ihrer Zeit verkörpern.

3. Akt-Darstellungen

Erotische Aktphotographie existiert seit die photographische Technik ihren Kinderschuhen entwachsen ist – also seit ungefähr 1850. Bei den folgenden Ausführungen stützen wir uns vor allem auf die Darstellungen von Hans Christian Adam, Erwin Haeberle,

Barbara Hartl und Michael Köhler (1985). Erstaunlicherweise haben sich über die Zeit von nun etwa 140 Jahren hinweg einige Parallelen erhalten. So fällt die erotische Aktphotographie nicht unter den Begriff der Pornographie, obwohl die Grenzen fließend sind. Man kann aber festlegen, daß Pornographie da beginnt, wo eindeutig sexuelle Handlungen gezeigt werden. Erotische Aktphotographie entspricht hingegen dem »Vorspiel«. Das beginnt bei koketten oder herausfordernden Blicken, kombiniert mit teilweiser oder völliger Entblößung und endet bei der Enthüllung primärer Geschlechtsteile (Köhler 1985). Die Aufnahme muß auf jeden Fall so arrangiert werden, daß das Aktmodell dem Betrachter auf irgendeine Weise den Eindruck vermittelt, es zu genießen, ihn zu erotisieren und herauszufordern. Und genau hier zeigt sich, wie abhängig die »verführerische Wirkung« vom Zeitgeschmack und kulturellem Hintergrund ist.

a) Die Modelle

Eines ist bis heute gleich geblieben: es gibt viel mehr erotische Aktphotos von Frauen als von Männern. Männer tauchten früher fast nur in pornographischen Darstellungen auf. Erst neuerdings gibt es einen, allerdings noch sehr kleinen Markt für »erotische Männerakte«. Einerseits ist das auf die beginnende Enttabuisierung der Homosexualität zurückzuführen, andererseits darauf, daß sich heute auch Frauen dazu bekennen, beim Anblick erotischer Männer Erregung zu spüren – vor allem jüngere Frauen, die sich kritisch mit Gesellschaftsstrukturen und Rollenzuschreibungen auseinandergesetzt haben.

Innerhalb der heutigen gesellschaftlichen Rahmenbedingungen ist es für Frauen wichtiger, gut auszusehen als für Männer. Dafür gibt es sehr viele Gründe. Als einer wird häufig genannt, daß Frauen auf Schönsein Wert legen, weil es sich für sie lohnt. Männer würden viel stärker auf optische Reize ansprechen als Frauen. Das sei ein angeborener Geschlechterunterschied. Da traditionsgemäß der Mann um die Frau warb und die Frau früher auf den Mann als Versorger angewiesen war, mußte sie Sorge dafür tragen, zukünftige Bewerber um ihre Hand durch ein attraktives Äußeres anzulocken.

Bis vor nicht allzulanger Zeit schien es tatsächlich so, als könnte es bezüglich der Reaktion auf visuelle Reize einen angeborenen Geschlechterunterschied geben. Noch 1953 wurde im berühmten Kinsey-Report festgestellt, daß 72 Prozent der befragten Männer auf bekleidete und unbekleidete Frauen »ansprachen«, das heißt, sich sexuell erregt fühlten. 58 Prozent der befragten Frauen reagierten zwar auf den Anblick von Männern, jedoch nur ganz wenige aus dieser Gruppe mit deutlicher sexueller Erregung. Wurden Aktphotos vorgelegt, zeigten sich die Unterschiede noch deutlicher: 54 Prozent der Männer berichteten sexuelle Erregung beim Anschauen von Aktphotographien, nur 12 Prozent der Frauen reagierten ähnlich (zitiert nach Henriques 1961, S. 385f.).

Die Frage, ob und wie sich weibliches und männliches Sexualempfinden voneinander unterscheiden, ist bis heute ungeklärt. Aber eines ist über die Jahre hinweg deutlich geworden. Menschliche Sexualität ist in der Form, in der sie sich ausdrückt, nicht angeboren, sondern sie wird »gelernt«. Sexualverhalten und -empfinden sind nie unabhängig von der Zeit, in der man lebt. Ein Beispiel mag dies verdeutlichen.

Mit steigendem Selbstbewußtsein von Frauen und dem Wegfall mancher Sexualtabus und viktorianischer Prüderie kristallisierte sich heraus, daß Frauen nicht weniger »gierig« auf Sexualität sind als Männer. Im Gegenteil: Ihre sexuelle Erlebnisfähigkeit ist wahrscheinlich größer und umfassender als die des Mannes. Eine sexuell erlebnisfähige Frau kann prinzipiell unbeschränkt viele Orgasmen erleben, während ein Mann dazu nicht fähig ist. Eine interessante Tatsache ist, daß sich in nichteuropäischen Kulturen dieser Sachverhalt in konkreten Sanktionen Frauen gegenüber auswirkte. Im Islam zum Beispiel galt die Frau als »lusttoll«; ihre Verbannung in den Harem wurde damit begründet, daß sie deshalb nicht in der Lage sei, ihre Ehre und die ihres Gatten durch eheliche Treue zu bewahren und sie wurde in den Harem verbannt. Andere Kulturen verfielen auf das Mittel der Klitorisbeschneidung, um die Lust der Frauen in Zaum zu halten. In Europa hingegen hatte man eine andere Strategie gewählt – man redete sich ein, daß Frauen überhaupt keiner sexuellen Gefühle fähig seien. Die Nachwirkungen dieses vor allem im Viktorianischen Zeitalter aufgekommenen Gedankenguts spuken zweifelsohne noch in vielen Köpfen. Trotz »sexueller Befreiung« in den letzten Jahrzehnten haben wir auch heute noch mit überkommenen Einstellungen zu kämpfen. Erst neuerdings wird Frauen zugestanden, daß auch sie durchaus »männerähnliche« Empfindungen haben können. Frauen sprechen in weit größerem Ausmaß auf erotische und pornographische Aktdarstellungen an, als der Kinsey-Report behauptet. So interviewten Marie Françoise Hans und Gilles Lapouge eine größere Anzahl von Frauen zum Thema Pornographie und Erotik. Die Tendenz war sehr deutlich: je jünger und emanzipierter die Frauen waren, desto offener standen sie zu ihrer Erregbarkeit durch Pornographie. Ältere Frauen fühlten sich zwischen schlechtem Gewissen und Genuß hin- und hergerissen. Nur sehr wenige distanzierten sich völlig von der Möglichkeit, durch Bilder erregt werden zu können. Eines schien den Interviewern besonders auffällig: Sie hatten den Eindruck, daß Frauen insgesamt durch mehr und unterschiedlichere Reize anzusprechen sind als Männer. Bei vielen Frauen sei zum Beispiel ein romantisches Erlebnis, ein Sonnenuntergang, der Anblick einer blühenden Wiese schon ausreichend, um ein gewisses Maß an Erregung aufkommen zu lassen (Hans, Lapouge 1982).

Ein kommerzielles Interesse an der Sexualität der Frau hat das Magazin ›Penthouse‹ bewegt, ein Gutachten in Auftrag zu geben. Einige Zitate aus diesem Gutachten ermutigen die Herausgeber des Blatts zu einer Ausdehnung ihres Marktes auf Frauen: »Die neueren Forschungen bezweifeln zunehmend die alte Lehrmeinung (zum Beispiel bei Kinsey et al. gestützt), daß Frauen wesentlich weniger durch erotische Stimuli erregt werden als Männer [...] Man kann vielmehr davon ausgehen, daß die bei Frauen in sexueller Hinsicht erkennbaren ›tpyischen‹ Hemmungen nicht biologisch, sondern durch rollenspezifische Sozialisation anerzogen sind [...] Frauen kaufen zur Zeit Erotika kaum, weil es ihnen noch peinlich ist. Das kann sich mit fortschreitendem Selbstbewußtsein ändern« (Selg 1982, S. 40ff.).

In den USA werden diese Erkenntnisse bereits tatkräftig vermarktet. Bestimmte amerikanische Nacktmagazine, Bildkalender und Postkarten sprechen gezielt eine weibliche Käuferschicht an. In einigen amerikanischen Städten gibt es inzwischen von Frauen besuchte Clubs, in denen auch Männer ins Rampenlicht treten und für Damen strippen, statt nur zum ewigen Zuschauen verdammt zu sein (Haeberle 1985).

Sollte der Trend anhalten, daß auch Frauen es sich zugestehen, Männer vermehrt nach ihrer physischen Attraktivität zu beurteilen und auf ihre erotischen Reize hin zu »begutachten« – dann ist es durchaus möglich, daß das Äußere eines Mannes den gleichen Stellenwert einnehmen wird wie das der Frau. Es steht zu hoffen, daß dann weder Frauen noch Männer um ihrer Schönheit willen Leiden auf sich nehmen. Und wenn erst die berufliche Leistung der Frau nach gleichen Maßstäben bewertet wird wie die des Mannes – dann haben wir einen großen Schritt in Richtung Gleichberechtigung getan.

b) Die Hüllen fallen

Es gab zwar schon seit Beginn der erotischen Photographie Nacktaufnahmen. Aber der Großteil der erotisierend wirkenden Photos, die bis zu Beginn der zwanziger Jahre auf dem Markt erschienen, werden heute belächelt. Denn was da als höchst »pikant« verkauft wurde, wirkt für den modernen Betrachter alles andere als erotisierend. Die amüsante Biederkeit und Bravheit der Modelle macht diese Photos zur harmlosen Kuriosität. Warum? Die Antwort ist einfach: »Zeitgeschmack« – die strenge Sexualmoral der Bürgerschicht (die zumindest für die Frau galt – die Herren der Schöpfung hatten ihre Privatmoral) legte der Damenwelt das Gebot schamhafter Verhüllung auf. Dekolleté war nur am Abend erlaubt, ansonsten trug frau hochgeschlossene Kleider. Und vor allem: Die anständige Frau zeigte keine Beine. Folgerichtig galt der Anblick eines nackten Beins als unanständig. Männer empfanden es als äußerst erregend, einen Blick auf wohlgeformte Waden werfen zu können. Es klingt vielleicht trivial, aber hier wirkte der »Reiz des Verbotenen«: Körperteile, die heute völlig ohne Tabus betrachtet werden dürfen, lösen keine besondere sexuelle Erregung mehr aus (Richter 1974).

c) Der ideale Körper

Die erotische Aktphotographie ist hervorragend geeignet, um die jeweiligen Körperideale zu rekonstruieren. Und wie sehr sich diese verändert haben, seit die ersten »Aktmodelle« in den Studios auf die Platte gebannt wurden, ist kaum zu glauben.

Bis zum Beginn der zwanziger Jahre sind die Modelle sehr »fraulich«: Wohlgerundete Formen, üppige Brüste und Arme, kleiner Ansatz zum »Bäuchlein«, runde Hüften und im Verhältnis zum heutigen Ideal der Langbeinigkeit kurze Beine, zudem üppige Schenkel und Waden, deren sich die moderne Bikinifrau schämen würde. »Rettungsringe« waren nicht verpönt – im Gegenteil: Sie erhöhten den Reiz des »Vollweibs«. Interessant sind auch Pose und Gesichtsausdruck: von mädchenhaft-verschämt bis kokett oder offen herausfordernd. Ausnehmend attraktiv für die Herrenwelt war der Backfisch, der voll süßer Unschuld den Reiz der zu erobernden Jungfrau verkörperte – eine ganz besondere Herausforderung in einer Zeit, in der die Jungfräulichkeit das höchste Gut der »Tochter aus besserem Hause« war.

Die »wilden Zwanziger« brachten den ersten großen Umschwung im Frauenbild – »Schlanksein« lautete die neue Devise:

Brust, Bauch, Po, alles mußte flach sein. Bloß keine Hüften – Linealprofil von vorne, hinten und im Seitenblick. Straff, geschmeidig, schlangenhaft-kühl hatte der knabenhaft-sinnliche Typ zu sein. Der Prototyp des Vamp schaute den Herrn mit rätselhaft verschleierten Augen an. Kein schmachtendes Gänschen mehr, sondern eine spöttisch kühle Frau, die ihre Liebhaber geheimnisvoll und berechnend zur Weißglut trieb, um sie dann sitzenzulassen. Erste Ansätze der Emanzipation zeigen sich: Nicht mehr der Mann alleine ist der Verführer des unschuldigen Mädchens, nein, jetzt nimmt auch die Frau die Position der Verführerin ein. Doch das hält nicht lange an. Die dreißiger Jahre werden wieder sehr brav. Man kehrt zur althergebrachten Weiblichkeit zurück, und so sehen denn auch die Aktphotos der dreißiger Jahre aus. Der üppige Frauentyp feiert seine Wiederkehr in etwas modernisierter Form. In den USA setzt ein neuer Trend ein, die Modelle werden langbeiniger. Für heutige Verhältnisse wirken sie ausgesprochen bieder, obwohl die berühmten »Pin-up-Girls« manches Männerherz höher schlagen ließen.

Die Nachkriegs- und Wirtschaftswunderzeit wartete mit einem ganz neuen Frauentyp auf: der »Sex-Bombe«. Langbeinig mußte sie sein; geschwungene Hüften, schmale Taille und vor allem ein üppig schwellender Busen waren ihre Markenzeichen. »Sex-Appeal« lautete das Zauberwort, nach dessen Vorhanden- oder Nichtvorhandensein die erotischen Qualitäten einer Frau beurteilt wurden. Was »Sex-Appeal« nun eigentlich ist, weiß niemand so genau – entweder frau hatte ihn oder nicht. Dieses Ideal ist im Grunde ein Kunstprodukt der Glanzzeiten Hollywoods. Dort wurde der Prototyp der Sex-Bombe aus der Taufe gehoben, der dann seinen Siegeszug in den USA und Europa antrat und dem die Frauenwelt nacheiferte. Ein Blick in die Aufnahmestudios Hollywoods genügte, um die harte Arbeit zu begreifen, die Stars und Filmteams leisten mußten, um den scheinbar so natürlich wirkenden Sex-Appeal zu »produzieren« (Wolffram 1958).

Und heute? Die Aktmodelle sind schlanker geworden. Supergroße Busen sind wohl »out«. Formen, Rundungen – ja. Aber nicht zu viel! Und in noch einem anderen Punkt unterscheiden sich die modernen Aktmodelle von denen der dreißiger Jahre und der Nachkriegszeit: Sie scheinen mehr Selbstbewußtsein auszustrahlen – Fortschritt der Emanzipation? (Hartl 1985)

Fassen wir zusammen: Schönheitsideal und erotische Ausstrahlung, besonders die einer Frau auf einen Mann, stehen in engem Zusammenhang. Was als »schön« gilt, gewinnt gleichzeitig erotische Qualitäten. In diesem Sinne antwortete auch die Mehrheit der 4000 befragten Männer, die an einer Untersuchung zum männli-

Die Gefahren der idealisierten Filmwelt

Erfolgreiche Filmstars verkörpern »Ideale«. Zwar entsprechen sie den Publikumswünschen, aber sie tragen gleichzeitig zur Normierung der Wirklichkeit bei: Genau so muß die Traumfrau gebaut sein und auftreten, genau so muß der Traummann aussehen und handeln.

Filme öffnen das Tor zu einer anderen Welt, der Zuschauer läßt sich in diese Welt entführen, gibt sich ihr hin. Alles im Film erscheint logisch und schlüssig, obwohl die Handlungen schneller ablaufen, die spannenden Szenen schneller aufeinander folgen, als im Alltagsleben; ganze Biographien werden auf zwei bis drei Stunden reduziert.

Der Film zeigt dem Zuschauer Traumbilder, die es in der Realität einfach nicht geben kann. Der Regisseur verlangt einen bestimmten Ausdruck vom Schauspieler – gelingt er nicht, so folgen immer neue Aufnahmen, bis der gewünschte Effekt erzielt ist. Der Zuschauer sieht nur noch die unter großem Aufwand erzeugten Effekte und hat den Eindruck, daß es anders gar nicht sein könne, als ihm da vorgespielt wird.

Hinter den Traumbildern des Films steckt Leere und Technik, Trauer, Leidenschaft, Liebe, Freude: alles wird in konzentrierter Form vorgeführt. Dem Zuschauer wird klar, wie klein und unscheinbar demgegenüber sein eigenes Alltagsleben ist. Sein Tag hat 24 Stunden.

Die Traumbilder des Films wirken in die Wirklichkeit hinüber. Mit dem Aussehen bestimmter Schauspieler werden ganz bestimmte Eigenschaften, innere Werte, verbunden, die diese gar nicht haben. Die äußerliche Nachahmung durch Kleidung und Aufmachung läßt jedoch im Zuschauer die Hoffnung entstehen, dem angestrebten Ideal nahezukommen.

Der Film beschränkt die Erlebniswelt auf Sehen und Hören. Alle anderen Sinne werden nicht gebraucht. Das kann fatale Effekte haben. Im schlimmsten Fall wird die Realität »ungenießbar«, weil sich reale Erlebnisse aus wesentlich mehr Komponenten zusammensetzen. Zwei Beispiele:

Landschaften im Film können berauschend wirken. Erwandert sich nun jemand genau diese Landschaft, dann erweitert sich einmal der Filmeindruck auf einen Gesamteindruck, der unter Umständen enttäuschen kann, weil in den Ausschnitten nur das besonders Eindrucksvolle gezeigt wurde. Und zum anderen spürt der Wanderer seinen Körper, der vielleicht von Schweiß trieft oder sich durch Blasen an den Füßen schmerzhaft bemerkbar macht.

Filmfrauen bleiben in den »heißesten« Situationen kühl und adrett, selbst zerzaustes Haar sieht bei ihnen noch gepflegt aus. Da kann die reale Frau nicht mehr konkurrieren: Sie schwitzt, ist wirklich zerzaust, und wenn man sie küßt, erklingen im Hintergrund keine Geigenklänge – Mann muß sich höchstens hinterher das Make-up vom Gesicht wischen.

chen Sexualverhalten teilnahmen. Achtzehn- bis Fünfundsechzigjährigen wurden verschiedene Fragen zu ihren sexuellen Gewohnheiten und Vorlieben gestellt. Eine der Fragen lautete: »Was an einer Frau schreckt Sie ab? Welche Besonderheiten ihres Körpers, ihres Verhaltens oder ihrer Persönlichkeit würde Ihnen das Interesse an ihr nehmen?« Es stellte sich heraus, daß die befragten Männer keine besondere Schönheit von ihrer Sexualpartnerin erwarteten, wobei dies auch nur vernünftig ist – »besondere Schönheiten« sind dünn gesät. Aber mit Nachdruck wird verlangt, daß die Frau auf ihre Erscheinung achtet, sich pflegt und: daß sie nicht dick wird. (Pietropinto, Simenauer 1978) Interessant zu wissen wäre, was Frauen auf solch eine Frage geantwortet hätten, und wie viele männliche »Bauchträger« sich eine schlanke Sexualpartnerin gewünscht hätten.

Erotisieren kann aber auch völlig Häßliches und Abstoßendes (Gorsen 1972) oder »Unmodernes«. Es gibt selbst heute noch genug Männer, die sich von einer wohlgerundeten Frau sexuell stärker angezogen fühlen als von einer idealgewichtigen. Vorlieben sind nicht nur gesellschaftlich-kulturell bestimmt, sie bilden sich aus ganz persönlichen Erfahrungen heraus. Weshalb wird dann heute dennoch ganz offenichtlich die schlanke Frau bevorzugt? Die Erfahrung, daß die schlanke Frau im Vorteil ist, dürfte die Damenwelt jedenfalls dazu bewegen, um dieses Ideal zu kämpfen. Was die Auswahlkriterien der Männer angeht, so muß man unterscheiden, ob es um die Wahl einer Dauerpartnerin oder einer reinen Sexualpartnerin geht. Bei der Entscheidung für eine Dauerpartnerin spielen neben den zwischenmenschlichen Aspekten und neben den erotischen Vorlieben auch »repräsentative« Gesichtspunkte eine Rolle, hebt doch eine attraktive Partnerin das eigene Ansehen! Wie schon erwähnt gibt es durchaus Männer, die sich von üppigen Formen stärker angezogen fühlen als von denen, die das aktuelle Schlankheitsideal vorschreibt. Aber wer mindert schon gerne freiwillig sein Image durch ein unästhetisches weibliches Anhängsel? Ein besonders krasses Beispiel berichten die Autorinnen von ›Wir sind rund – na und?‹ (Schönberger, Höhne 1981). Sie schildern den Fall eines bekannten Münchner Architekten, der zu jedem offiziellen Anlaß in Begleitung einer allen Mannequin-Standards gerecht werdenden Dame erscheint – wobei diese Begleiterinnen ständig wechseln. Aber dann gibt es da noch »die große Liebe« – die Dauerfreundin, die möglichst sorgfältig vor der Öffentlichkeit versteckt wird und sich mit diesem Arrangement zufrieden gibt. Ihr Vorzug, der sie für den Architekten so attraktiv macht, ist gleichzeitig ihr großes Manko, das ihn daran hindert, sie der Öffentlichkeit zu präsentieren: Sie ist zu dick.

Kurz: Ein dem jeweiligen Gesellschaftsideal entsprechendes Erscheinungsbild kann »erotische Wirkungen« fördern – aber es ist keine unbedingt notwendige Bedingung für erotische Anziehung. Ideale prägen den individuellen Geschmack sehr stark mit. Bei Kleidungsfragen scheint es sogar nur die jeweilige Mode zu sein, die uns die äußere Aufmachung geschmacklos oder geschmackvoll erscheinen läßt. Im Punkt »Sexualität« und »Erotik« ist dieser Zusammenhang nicht so einfach – die persönlichen Erfahrungen mit Sexualpartnern bestimmen die Vorlieben stark mit. Diese können aber durchaus von gesellschaftlich bevorzugten Idealen überlagert werden.

Das heißt: Die individuelle Lerngeschichte setzt sich sowohl aus konkreten Erlebnissen mit dem anderen Geschlecht als auch aus mittelbaren Erfahrungen zusammen. Zu letzteren gehören die durch Zeitschriften und Filme vermittelten Wunschvorstellungen von »Traumfrau« und »Traummann« (siehe auch den Abschnitt »Die Gefahren der idealisierten Filmwelt«, Seite 112).

»Von hier aus kann sogleich einem weitverbreiteten Vorurteil gegenüber Stellung bezogen werden, wonach die Mode einzig die äußere Hülle des Menschen in Kleidung, Schmuck und Ornament erfassen soll. Da sie eine allgemeine soziale Institution ist, erfaßt und gestaltet sie den ganzen Menschen. [...] In Wahrheit ist die Mode ein universales kulturelles Gestaltungsprinzip, das nicht nur den Körper des Menschen im Ganzen, sondern auch seine sämtlichen Äußerungsweisen zu ergreifen und umzugestalten vermag« (König 1971, S. 25).

»Mode erfaßt den ganzen Menschen« – wir stimmen dem zu. Jede Epoche hat ihre charakteristischen Ausdrucksformen, und in jeder Epoche grenzen sich alle gesellschaftlichen Gruppen voneinander durch Kleidung, Kunst, Architektur und Körperform ab: In jedem Bereich bilden sich unverwechselbare Merkmale heraus, die jedem Außenstehenden und Gruppenmitglied signalisieren, wo, wann und wie eine Person einzuordnen ist.

»Modisches Verhalten« im weitesten Sinn ist so alt wie die Menschheit. Das Wort »Mode« kam jedoch erst im 17. Jahrhundert auf: Ungefähr ab 1630 begannen in Europa die höheren Stände sich ihrem Land und ihrer Schicht entsprechend und untereinander ähnlich zu kleiden. Dieses Streben nach Gleichförmigkeit in der Kleidung könnte man als »herrschenden Modetrend« bezeichnen. Als Ludwig XIV., der »Sonnenkönig«, 1661 die Regierung übernommen hatte, war die Vorherrschaft des französischen Hofes in allen Fragen der Kleidung, Sitten und Anschauungen gesichert. Von dieser Zeit ab wechselten die Moden auch sehr häufig. Früher hatte es immer längerer Zeiträume bedurft, bis ein Wandel sichtbar wurde. Vor 1630 hatten zwar schon gewisse allgemeingültige Gesetze den Gesamteindruck der Erscheinung bestimmt – so hatte zum Beispiel im 15. Jahrhundert der burgundische, im 16. Jahrhundert der spanische Hof einigen Einfluß –, aber dennoch konnte man bis in die ersten Jahrzehnte des 17. Jahrhunderts hinein nicht von Kleidermode im heutigen Sinn sprechen (Boehn 1976).

»Mode« war bis zur einsetzenden Demokratisierung der westlichen Gesellschaft ausschließlich eine Angelegenheit der oberen Stände. Nur sie hatten Zeit und Geld, um sich ihrem Äußeren ausgiebig widmen zu können. Die unteren Schichten waren vollauf damit beschäftigt, ihr Überleben zu sichern. Für sie zählte nicht Schönheit, die durch luxuriöse Kleidung unterstrichen wurde, sondern Arbeitskraft, Zähigkeit und vor allem Fruchtbarkeit. Wer sich Sorgen um das tägliche Brot machen muß, hat kein Interesse und nicht die mindeste Gelegenheit, Moden und Idealen nachzueifern. Deshalb bildete sich Mode vor dem 19. Jahrhundert nur an den Treffpunkten der Gesellschaft, und das waren die Höfe der Aristokratie. Mit zunehmender Industrialisierung wurden alle Gesellschaftsschichten immer stärker in die Welt der Mode miteinbezogen. Die einsetzende Massenproduktion brauchte und schuf neue Käuferkreise – Bedürfnisse wurden geweckt und konnten durch ausreichende Verdienstmöglichkeiten auch befriedigt werden. Die Aristokratie verlor ihre Vormachtstellung und wurde vom »Geldadel« ersetzt. Nun entwickelten sich Weltstädte wie New York, Paris, London zu »Treffpunkten der Gesellschaft«. Massenmedien erleichterten den Informationsfluß und trugen zur Ausbreitung von immer schneller wechselnden Modeidealen bei (Kiener 1956).

1. Weshalb verhalten sich Menschen modisch?

Es ist schon ein seltsam Ding' mit der Mode – selbst wenn man sich ihr völlig entziehen möchte, schleicht sie sich durch die Hintertüre wieder ein. Denn es gibt in einer Gesellschaft nicht nur eine Mode, sondern viele Modeströmungen, und einer davon wird man sich ganz bestimmt anschließen; auch »Anti-Mode« ist Mode.

Weshalb verhalten sich Menschen überhaupt modisch? Die ›Verständnisvollen Betrachtungen eines Soziologen‹ (König 1971) helfen uns einen Schritt weiter. Eine endgültige Antwort kann es jedoch nicht geben. Modelle wie die von König stellen immer Vereinfachungen dar und gehen von Grundannahmen aus, die zwar plausibel klingen, sich aber nicht »beweisen« lassen.

König setzt an den Anfang seiner Überlegungen eine Behauptung. Mode und ihre Veränderungen gehören für ihn zu den dynamischen Grundgesetzen jeder menschlichen Gesellschaft. Der »Modezwang« liege genauso in der Natur der Dinge – er entstehe aus einem ganz allgemeinen Gesetz der Anpassung (hier sei nochmals an die sozialpsychologischen Experimente zum Gruppendruck erinnert). »Modisches Verhalten« sei auf anthropologische, psychologische und sozial verankerte Grundzüge der menschlichen Natur zurückzuführen.

König nennt zunächst den »Trieb zum Neuen«, den er als eine Wurzel aller Kultur bezeichnet. Er rege die ständige Suche des

Menschen nach Abwechslung und neuen Reizen an. Nun ist das eine sehr allgemeine Aussage. Fakten sind gefragt –, und da liefert uns die »Ökologische Psychologie« einen interessanten Hinweis. Sie bezieht sich zum Teil auf in Experimenten gewonnene Erkenntnisse aus der psychophysiologischen Forschung.* In deren Rahmen hatte man, auf Daten gestützt, ein Gesetz neu formuliert, das schon früher vermutet worden war: Daß der Mensch ein bestimmtes Erregungsniveau braucht, um sich wohlzufühlen. Bei zu geringem Erregungsniveau hat er die Möglichkeit, es durch die aktive Suche nach neuen Reizen anzuheben (Mehrabian 1978). Einfach ausgedrückt: Wer sich langweilt, sucht Abwechslung.

Zum anderen, so führt König weiter aus, sei im Menschen der Wunsch verankert, »dazuzugehören«. Mode schafft bestimmte Merkmale, die die Zugehörigkeit zu einer Gruppe signalisieren. Damit befriedigt sie das menschliche Bedürfnis nach Identifikationsmöglichkeiten.

Mode diente im früheren Ständesystem der Distanzierung und Abhebung von den unteren Gesellschaftsschichten. Kostbare, für untere Stände unerschwingliche Kleidung und Kleidervorschriften, deren Nichteinhaltung strengstens (ab und zu sogar mit dem Tod!) bestraft wurden, sicherten die Distanz. In Schwung gehalten und angetrieben worden seien Modeveränderungen durch Rivalität und Wettbewerb auf horizontaler Ebene, also innerhalb einer Gesellschaftssicht, die ihre Möglichkeiten, sich zu übertrumpfen, bis zum letzten ausreizte.

Heute stellt sich das ganz anders dar: Eine sehr breite Schicht verhält sich »modisch« im engeren Sinn, orientiert sich daran, was gerade als letzter Schrei gilt. Die Oberschicht jedoch – mit Ausnahme von »Stars« und »Jet-Set« – kleidet sich eher betont konservativ-kostspielig. Die Distanzierung von »unteren Schichten« erfolgt also eher durch Nichtbefolgen des schnell wechselnden Modediktats.

Nicht nur die Kleidung, auch die Körperform kann eingesetzt werden, um Standesunterschiede zu demonstrieren. Es wurde schon einmal erwähnt, daß in allgemeinen Hungerzeiten eine gehobene soziale Position durch einen üppigen, wohlgenährten Körper auf den ersten Blick erkennbar ist. Wenn niemand hungern muß, dann könnte sich dieser Zusammenhang umkehren: Die

* Ein Forschungsgebiet, in dessen Rahmen versucht wird, Zusammenhänge zwischen »Körper und Geist« aufzufinden, das heißt, man gestaltet Experimente, in denen sowohl psychisches Erleben erfragt, als auch physiologische Daten wie Puls, Hautleitfähigkeit, Gehirnwellen und vieles mehr abgenommen werden. In der Auswertung versucht man, Gesetzmäßigkeiten zwischen der Ausprägung von Merkmalen auf den verschiedenen Verhaltensebenen zu ermitteln.

Oberschicht spezifiziert sich auf ein »schlankes Körperideal«, das von den unteren Sozialschichten erst mit Verzögerung nachgeahmt wird. Ob diese Vermutung zutrifft, sei dahingestellt. Das aktuelle Schlankheitsideal hat sich tatsächlich von oben nach unten ausgebreitet. Bis vor kurzem wurde in Untersuchungen festgestellt, daß die Verbreitung des Übergewichts mit dem Sozialstatus in Verbindung steht, besonders bei Frauen: Je höher das Bildungsniveau, desto weniger Übergewicht. Die Unterschicht scheint sich neuerdings langsam anzupassen: »In allen Schichten ist das Image des Dicken negativ geworden, sogar die warmherzigen, mütterlichen Frauen der Unterschicht wollen und sollen schlank sein« (Pudel 1985a, S. 36).

2. Wie breitet sich Mode aus?

Auf diese Frage versuchen zwei Modelle eine Antwort zu geben; das erste beschreibt die Zeit vor dem 19. Jahrhundert (siehe Abbildung Seite 119 oben). Schauen wir uns Begriffe und Zusammenhänge dieser Abbildung näher an: »Zeitgeist« ist ein Schlagwort, das nicht in allen Einzelheiten spezifiziert werden kann. »Zeitgeist« soll einfach umfassend die Geisteshaltung jeder Epoche widerspiegeln: Vorlieben, Sitten, Gesetzmäßigkeiten, Gewohnheiten und vieles mehr.

»Zeitgeist« und Mode werden von der »Elite«, hier also der Adelsschicht, beeinflußt. Da es sich um ein Wechselwirkungsmodell handelt, wirken sich die Zusammenhänge auch umgekehrt aus: Die »Elite« wird ihrerseits von »Zeitgeist« und Mode beeinflußt. Das Volk steht im Großen und Ganzen außerhalb des dynamischen Kreises, der die Mode bewegt. Einen schwachen Einfluß gewinnt es nur durch seine Rolle als »Bewunderer« und Gefolgschaft. Im Grunde spielte sich Mode nur im Umfeld des Adels ab, andere Schichten sind fast überhaupt nicht beteiligt. Ab Beginn des 19. Jahrhunderts verändert sich die Situation. Das »Elitemodell« wird in wachsendem Maß durch das Prinzip der »demokratischen Modebewegung« ersetzt. Im 20. Jahrhundert fällt dann schließlich dem breiten Publikum eine entscheidende Rolle zu (siehe Abbildung Seite 119 unten).

Über die Zwischenstation der »bürgerlichen Geldaristokratie« breitete sich modisches beziehungsweise modebewußtes Denken in der ganzen Gesellschaft aus. Ursache war die sich immer rasanter ausbreitende Industrialisierung. Massenproduktion braucht ei-

Die Ausbreitung der Mode vor dem 19. Jahrhundert – Wechselwirkungsmodell

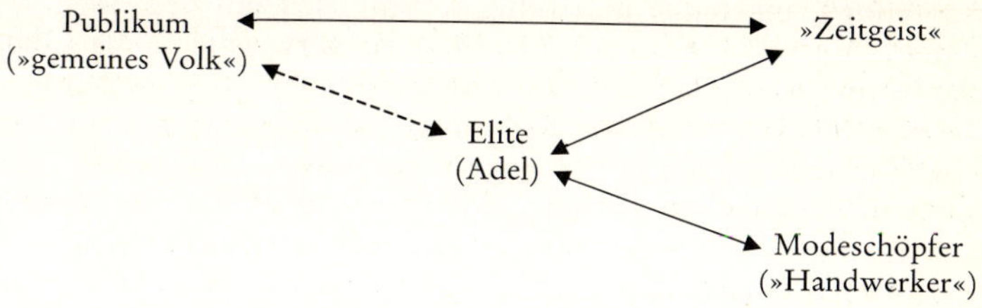

Nach: Franz Kiener: Kleidung, Mode und Mensch. München 1956, Seite 143.

ne breite Verbraucherschicht. Nützliche und völlig sinnlose Güter überschwemmten den Markt.

Zwei Marksteine auf dem Weg zur »demokratischen Modebewegung« war die Möglichkeit, Konfektionskleidung zu produzieren und die Werbewirkung, die die Massenmedien entfalteten. Sie förderten dadurch, daß sie jedem einzelnen die »große weite Welt« ins Haus brachten, eine einheitliche öffentliche Meinungsbildung. Das »Auf-Vorrat-Arbeiten« fertiger Kleidungsstücke wurde zu Anfang des 18. Jahrhunderts zum erstenmal praktiziert, allerdings nicht in großem Umfang. Die Kleidermode war damals für die oberen Schichten noch so aufwendig, daß nie ganze Kleider, sondern nur Teilstücke produziert wurden. In den letzten Jahrzehnten des 19. Jahrhunderts fand der große Umschwung statt. Die

Die Ausbreitung der Mode im 20. Jahrhundert – Wechselwirkungsmodell

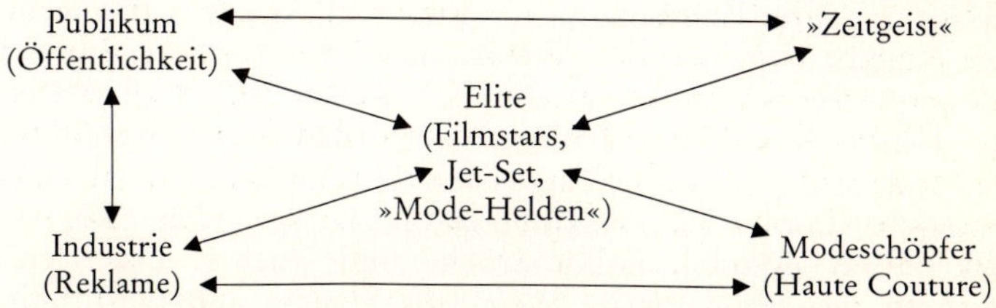

Nach: Franz Kiener: Kleidung, Mode und Mensch. München 1956, Seite 144.

Konfektionsmode breitete sich enorm schnell aus. Die technischen Möglichkeiten beeinflußten die Mode – die Kleidung wurde insgesamt einfacher (das heißt, den Möglichkeiten der maschinellen Herstellung angepaßt) und billiger. Sehr langsam begannen sich Standesunterschiede in der Kleidung zu verwischen. Die Oberschicht distanziert sich zwar auch heute noch, aber im Lauf der sich ausbreitenden Demokratisierung hat sie ihren »modebildenden« Einfluß völlig verloren. Ihre Rolle wird ersetzt durch Film- und Schlagerstars und »Modehelden«. Der Einfluß von Massenmedien trägt zur Verbreitung einheitlicher Ideale bei. Technische Neuentwicklungen hatten es möglich gemacht, ein breites Publikum problemlos zu erreichen.

Entscheidende Umwälzungen in der Drucktechnik machten Zeitschriften und Illustrierte billig und bunt. Der sorgfältig handkolorierte Katalog der Modesalons, der nur denen zugänglich war, die sich die Modellkleider leisten konnten, wurde durch die Riesenauflagen von Modeheften »für jederfrau« ersetzt. Farbig illustrierte Bildberichte erlauben den vermeintlichen Einblick ins Leben des Stars, und machen sie zu nachahmenswerten Vorbildern. Das eigene Erscheinungsbild dem ihren anzugleichen, scheint für viele die Illusion zu nähren, wenigstens ein Zipfelchen des Glücks der »Großen« zu erhaschen, oder befriedigt festzustellen, daß auch sie von Unglück nicht verschont bleiben.

Eine wichtige Rolle hatte lange Zeit die »Traumfabrik Hollywood« gespielt. Etwa ab 1895 wurde das Kino (»der Kinematograph«) zum Anziehungspunkt für jung und alt. Die Funktion des Kinos als Ort der Entspannung und Fluchtweg in eine heile Welt hat seit einiger Zeit das Fernsehen übernommen.

In Deutschland strahlen die Fernsehanstalten seit 1952 regelmäßig Programme aus. Dieser konsumentenfreundlichen Konkurrenz war der Kinofilm auf Dauer nicht gewachsen. In Deutschland sanken die Kinobesucherzahlen in den sechziger Jahren, in den USA schon früher. Die großen Filmkonzerne reagierten auf diese Bedrohung ihrer Existenz mit der Entwicklung neuer Filmtechniken. Cinemascope (der dreidimensionale Film) und Breitleinwand sollten die Fernsehzuschauer vom heimischen Bildschirm weglokken. Filme, die zu Kassenschlagern geworden waren, beeinflußten die Mode sogar unübersehbar – nach ›Doktor Schiwago‹ kam der »russische Look« auf: Pelzmützen, nachempfundene Kosaken-Jacken und -Mäntel, Folkloreröcke und -tücher. Die Medien brachten die »große weite Welt« ins Haus – und beeinflußten gleichzeitig die eigene kleine Alltagswelt (Boehn, Loschek).

3. Zeitgeist und Körperideale

»Ist die schlanke Linie modern, so erscheinen alle Frauen und Mädchen gertenschlank, sie stellen sich jedoch mit der gleichen Überzeugungskraft und Selbstverständlichkeit von einem Tag auf den anderen um, sowie fülligere Gestalten in Mode sind« (König 1971, S. 38).

a) Die »goldenen zwanziger Jahre«

Die Zeit nach dem Ersten Weltkrieg war durch einen Kontrast ohnegleichen geprägt: Auf der einen Seite das Elend der Nachkriegsjahre mit Massenarbeitslosigkeit, Trauer um verlorene oder verkrüppelte Angehörige, Hungersnot, Inflation, Kriegsgewinnlern, sozialen Streiks und politischen Unruhen, auf der anderen Seite ein ungeheurer Fortschrittsglaube und Fortschrittswille, eine entfesselte Gier, die dem Augenblick alles abgewinnen wollte, um erlittene Entbehrungen und Enttäuschungen zu vergessen. Das Leben war neugewonnen, nun sollte es auch in vollen Zügen genossen werden. Für jeden Stand, für jeden Geldbeutel und Geschmack wurden passende Amüsements geboten: Theater, Revue, Kabarett, Film, Tanz, Freizügigkeiten und Nachtbars (Loschek 1978).

Die unbestrittene Metropole der zwanziger Jahre war Berlin, deren Ausstrahlung zum Teil auch die Provinz beeinflußte. Plötzlich sahen die Frauen ganz anders aus. Weibliche Formen, unschuldiger Gänschenblick waren passé. Superschlank mit Bubikopf, kurzem Kleid, langer Zigarettenspitze – auch die bis dahin verpönte Zigarette in Frauenhand war gesellschaftsfähig geworden – trat der neue Frauentyp seinen selbstbewußten Siegeszug an, den auch konservative Kulturkritiker nicht aufhalten konnten (Anonymus, zitiert nach Koch 1970, S. 125):

Deutsche Frauen, deutsche Mädchen
legten ab den deutschen Zopf.
Pfiffen auf die Frauenwürde.
Tragen nun den Bubikopf.
Doch sie wissen nichts von Würde.
Kennen deutsche Sitte nicht.
Dem Symbol des deutschen Weibes
schlagen sie frech ins Gesicht.

Eines hatte der empörte Kritiker begriffen: Die »Garçonne« war mehr als eine Modelaune – sie war ein Symbol der Emanzipation der Frau, des Abschieds von weiblicher Hilflosigkeit. Die ökonomische und soziale Entwicklung in Europa und Amerika während der ersten beiden Jahrzehnte des 20. Jahrhunderts hatte den Weg freigemacht. Ein entscheidender Anstoß war die Situation während und nach dem Ersten Weltkrieg. Äußere Zwänge hatten die Emanzipation der Frau gefördert: Während des Kriegs war Männerarbeit von Frauen übernommen worden, nach dem Krieg mußten Hunderttausende von Kriegerwitwen und alleinstehenden Frauen für sich selber und ihre Kinder sorgen. Teilweise waren sie aber auch nicht mehr bereit, die neugewonnene Selbständigkeit einfach wieder aufzugeben und sich auf Kinder und Küche zu beschränken. 1918 wurde den Frauen in Deutschland das Wahlrecht zugestanden, Mitte der zwanziger Jahre stellten sie 36 Prozent der erwerbstätigen Bevölkerung Deutschlands. Elfeinhalb Millionen Frauen und Mädchen waren damals berufstätig, allerdings meist nicht in führenden Positionen. Da hatte die Emanzipation ihre Grenzen. Die Anzahl der Frauen an den Universitäten stieg zwar deutlich, aber langsam: von 5,5 Prozent (4240 Frauen bei insgeamt 77300 Studenten) im Jahr 1914 über 8,5 Prozent (7600 bei insgesamt 89480) 1925 auf 13,2 Prozent (16290 bei insgesamt 123700) im Jahr 1929 (nach Koch 1970, S. 143).

Freiheit und Selbständigkeit wurden höher eingeschätzt als eheliches Glück und finanzielle Absicherung durch einen männlichen »Versorger«. Vielleicht war dieser Sinneswandel nur deshalb möglich, weil die politische und wirtschaftliche Lage insgesamt so unsicher war, daß der Wunsch nach trautem Familienleben und vielen Kindern absurd schien. Auf die harten Entbehrungen und die Ängste der Kriegsjahre war keine richtige Entspannung und Erleichterung erfolgt, die Zukunft erschien unsicher. War es da nicht besser, zu genießen, wo immer es möglich war und lieber nicht nach dem Morgen zu fragen? In Anbetracht der veränderten Umstände konnten Frauen nicht mehr die Gleichen bleiben, und sie wollten es auch nicht. »Der Typ des Haustöchterchens, das süß, träumerisch und beschränkt auf den Freier wartete, gehörte der Vergangenheit an. Die Chance der neuen Frauen, auch in der Männerwelt des Berufslebens ›ihren Mann zu stehen‹, war die gesellschaftspolitische Basis dafür« (Koch 1970, S. 145). Das neue Lebensgefühl und die neuen Aufgaben der Frau spiegelten sich in ihrem Äußeren wider – sie wurde zur »Garçonne«, die ihre Emanzipation durch ihr ganzes Wesen demonstrierte, auch durch ihren Körper, der alle typisch weiblichen Formen verlieren sollte; das Ideal war, möglichst »knabenhaft« auszusehen. Verniedlichte Männlichkeit? Die Frau als jüngerer Kamerad? Nein, das war sie nicht. Die Garçonne gab sich am liebsten als Vamp, dessen Typus in zahlreichen Filmen vorgespielt wurde: Eine kühle und unwiderstehliche Art von Sex, gepaart mit Köpfchen, Sarkasmus und »männermordender« Berechnung unterschied den Vamp vom Weibchen. Man lehnte sich gegen überkommene Tabus auf und propagierte die freie Liebe, wie es in einem Berliner Gedicht der zwanziger Jahre zum Ausdruck kam (Anonymus, zitiert nach Koch 1970, S. 143).

Ohne Scham und ohne Schande
penn ich mit der ganzen Bande
nicht nur mit dem Einzelherren
hemmungslos ist jetzt modern

Dieses Gedicht gibt jedoch bestimmt nicht die Einstellung aller wieder, dennoch drückt es auf ironische Weise eine Lebenshaltung aus, die, zumindest zeitweise, mit der Doppelmoral Schluß machte, den »Herren der Schöpfung« größere sexuelle Freiheit als der Frau zuzugestehen. Vor dem Ersten Weltkrieg war die Sexualität der Frau aus bürgerlichem Hause bekanntlich mit noch größeren Tabus belegt als die des Mannes. Ein neues Lebensgefühl drückte sich nun sichtbar und greifbar im Körperideal dieser Zeit aus. Die »Mode« ergriff auch diejenigen, die am Rande dieser Bewegung standen oder von keinerlei »ideologischen« Gedanken umgetrieben wurden. Dies ist ein Beispiel dafür, daß die Auslöser für einen Modewechsel gar keine Rolle mehr spielen müssen, wenn die neue Mode erst einmal Anklang gefunden hat und sich auszubreiten beginnt. »Die Mode verlangt jetzt, daß die Frau wie ein Lineal aussieht«, schrieb der ›Modenspiegel‹ im Herbst 1923 (zitiert nach Loschek 1978, S. 74). Und das war nicht ironisch, sondern ernst gemeint. Auch die Modezeitschrift ›Die Dame‹ legte ihren Leserinnen höflich nahe, daß die weibliche Silhouette auf jeden Fall schlank sein müsse: »Besonders zur Teestunde und am Abend ist das Schlangenhafte modern« (zitiert nach Loschek 1978, S. 74). Schlangen und Lineale haben weder Busen, Bauch noch Hüften – was blieb den werten Damen anderes übrig, als auch die ihren »abzuschaffen«? Zunächst war die neue Mode nur für jüngere Frauen gedacht, aber bald strebten auch die reiferen, zu dieser Zeit meist recht üppigen Damen diesem Ideal nach (Loschek 1978, S. 76). Die erste Schlankheitswelle unseres Jahrhunderts rollte. Sport, Gymnastik, Sauna, Massage fanden begeisterte und hoffnungsfrohe Anhängerinnen. Nur hungern, um die überflüssigen Pfunde loszuwerden, reichte nicht aus. Der Körper sollte straff sein und geschmeidig. Allerdings hatte die Sportbegeisterung noch einen anderen Grund. Nachdem die bürgerliche und adelige Frauenwelt jahrhundertelang in Boudoirs und Salons zur Bewegungslosigkeit verdammt gewesen war und höchstens beim Tanzen oder

Reiten ihre Anmut hatte unter Beweis stellen dürfen, war sie glücklich, einen neuen Lebensbereich erobern zu können: In der Sportbegeisterung drückte sich ein neues Körpergefühl aus und der Wunsch, dem Mann in jeder Beziehung gewachsen zu sein. Ein Großteil der Damenwelt besuchte Gymnastikhallen und Massageinstitute, allerdings weniger aus Freude am Körper, sondern um abzuspecken. Die »Pillules orientales«, die einen üppigen Busen versprachen, verschwanden vom Markt. Hochkonjunktur hatten Schlankheitspillen und -salben, die die Idealfigur herbeizaubern sollten. (Loschek 1978; Koch 1970) Das Korsett war zwar verschwunden und es wurden auch keine Bleiplatten mehr auf die Brust geschnürt, wie am spanischen Hof – aber die Industrie hatte bereits eine Neuheit auf den Markt geworfen. Die wenigsten Frauen konnten dem superschlanken Ideal gerecht werden. Allen, denen ihre Figur Kummer machte, bot dafür das elastische Mieder aus Gummi eine Möglichkeit, »lästige Pölsterchen« zumindest gleichmäßig zu verteilen oder einigermaßen zu kaschieren. Der Büstenhalter sollte in dieser Zeit nicht die weiblichen Rundungen betonen und zur Geltung bringen, er sollte sie vielmehr möglichst flach erscheinen lassen. Der Traum vieler Frauen war, einen knabenhaft schlanken Oberkörper und lange, schlanke Beine zu besitzen; allerdings wandelte sich dieses Ideal überraschend schnell, denn schon die dreißiger Jahre brachten einen Umschwung (nach Loschek 1978, S. 87f.).

b) »Die Wende«

Der Zeitgeist änderte sich – die konservativen Kräfte, die bisher in den Hintergrund gedrängt worden waren, gewannen immer stärker an Einfluß. Fast genau mit dem Ende der »goldenen Zwanziger« kamen die freiheitlichen Ideale von Liebe und Emanzipation aus der Mode. Garçonne und Vamp verschwanden sang- und klanglos. Obwohl junge Frauen auch weiterhin berufstätig waren, rückte die »Weiblichkeit« wieder in den Vordergrund. »Altmodische« Haltungen und Gefühle bestimmten den neuen Alltag. Männer sollten wieder zu Beschützern und Ernährern ihrer Familien werden. Der Wunsch nach einem trauten Heim mit Kinderschar, betreut von der liebevoll-mütterlichen Hand, war erneut wach geworden. Die Frau schien sich plötzlich wieder nach Geborgenheit zu sehnen, die die »starke Männerhand« ihr schaffen und sichern sollte. Vergessen waren Unabhängigkeitsstreben und der Wunsch nach Gleichberechtigung. Diese neuen alten Ideale, die nur ganz kurze Zeit von einer anderen Strömung überdeckt worden waren, paßten natürlich ausgezeichnet zu denen des Nationalsozialismus, der sie kräftig propagierte und förderte (Loschek 1978, S. 112f.). Dazu später mehr.

Zwischen 1930 und 1933 spiegelte sich die »neue Weiblichkeit« auch in der Kleidermode und in der bevorzugten weiblichen Körperform wider. Die sackartigen Hänger der zwanziger Jahre wurden durch figurbetonte Modelle ersetzt. Das Körperideal blieb zwar weiterhin »schlank«, aber »Linealform« war nicht mehr gefragt. Brust und Taille wurden wieder zu Attributen weiblicher Schönheit. Das Mieder war zwar nach wie vor ein wichtiges Requisit, um die Körperformen wunschgemäß zu modellieren, aber die Brust wurde jetzt nicht mehr flachgepreßt und unsichtbar gemacht, sondern ganz im Gegenteil: Der Büsten»halter« hielt jetzt, was sein Name versprach, nämlich die Brust hoch. Hüften und Oberschenkel mußten weiterhin sehr schmal »getragen« werden – auch hier taten die Korsagen ihren Dienst. Da die elastischen Gewebefasern von Jahr zu Jahr verbessert wurden, ließen sich die gewünschten Effekte leichter und bequemer erzielen. Es waren lukrative Zeiten für die Miederindustrie, die mit Schlagworten wie »Traumlastic für Starke erzwingt schlanke Hüften«, »Wie eine zweite Haut«, »federleicht« warb (Loschek 1978, S. 135).

In Deutschland verschob sich mit der Machtübernahme der Nationalsozialisten 1933 das populäre Frauenbild immer stärker in Richtung »Mütterlichkeit«. Nach den Grundvorstellungen der NS-Ideologie war es die oberste Aufgabe der Frau, »dem Führer Kinder zu gebären«, um so der Ausbreitung des »germanischen Rassemenschen« Vorschub zu leisten. Die Rolle der Frau wurde festgeschrieben auf ihre biologischen Funktionen als »Hüterin des Lebens in seinen kostbarsten Eigenschaften der Rasse und des Charakters« (Groß, Großmann 1981, S. 402). Nach Meinung und Willen der Nationalsozialisten waren Mann und Frau grundverschiedene Wesen. Hitler sagte es deutlich: »Die Welt des Mannes ist groß, verglichen mit der der Frau. Der Mann gehorcht seiner Pflicht, und nur ab und zu schweift sein Gedanke zur Frau hinüber. Die Welt der Frau ist der Mann. An etwas anderes denkt sie nur ab und zu« (zitiert nach Groß, Großmann 1981, S. 395).

Damit hatte die Emanzipation der Frau keine Chance. Wünsche nach Gleichberechtigung wurden als Ergebnisse der »typisch jüdischen Lehre von der Geschlechtergleichheit und Geschlechterfreiheit« verteufelt. Aber man beließ es nicht nur bei Propagandaaktionen, um die Frauen an ihren angestammten Platz zurückzuverweisen – nämlich in Küche und Kinderstube. Den Worten folgten Taten: Ausbildungsmöglichkeiten für Frauen wurden radikal reduziert. Nach dem Motto »Bildung setzt nur Flöhe in den

Kopf – von Frauen« wurde beschlossen, daß der Anteil von Studentinnen an allen deutschen Universitäten 10 Prozent nicht überschreiten darf. Die Anzahl der Studentinnen sank erstaunlich schnell: von 1933 bis 1934 studierten 22 Prozent weniger Frauen Medizin, 25 Prozent weniger Zahnmedizin, 52,5 Prozent weniger Physik. In anderen Fachbereichen war es ähnlich (Groß, Großmann 1981, S. 398). »Die Zahl der Studentinnen sank von 18315 im Sommersemester 1932 auf ein Minimum von 5447 im Jahr 1939« (Frauengruppe Faschismusforschung 1981, S. 110). Übten Frauen bereits einen Beruf aus, wurde ihnen seine Aufgabe nahegelegt, nicht nur durch Sanktionen, sondern sogar über massive finanzielle Anreize. Heiratete eine Frau, dann wurden »Ehestandsdarlehen« gewährt – aber nur unter einer Bedingung: wenn die Frau sich verpflichtete, ihren Beruf niederzulegen.

So ist es nicht verwunderlich, daß sich das Körperideal nun in Richtung »Mutterbild« verwandelte. Die Merkmale der fruchtbaren, gebärfreudigen (blonden und blauäugigen) »Rassefrau« sind nicht extreme Schlankheit und lange Beine, sondern »nährende« Brüste und Gebärfreudigkeit signalisierende breite Hüften. In der Aktmalerei des Nationalsozialismus wird dieser Typ sehr naturalistisch vorgeführt: »Das Weib« ist nicht extrem üppig, aber kräftig gebaut. Ein klein wenig erinnert der Körperbau an den der griechischen Idealskulptur – aber die künstlerischen Ausdrucksmöglichkeiten der von den Nationalsozialisten geförderten Maler und Bildhauer liegen an der Grenze zum Dilettantismus. Schwülstigkeit und erzwungene »Natürlichkeit« spiegeln das künstlerische Niveau dieser Zeit wider. Die Aktmalerei des Dritten Reiches kannte auch noch eine besondere Spezialität: Sehr gerne wurde der Typ der »erwachenden Jungfrau« dargestellt – gerade dem Mädchenalter entwachsend, mit kleinen Brüsten und verheißungsvollem Unschuldsblick, der verschwinden wird, sobald die Frau im Kind endgültig erwacht ist, um bald selber Kinder zu wiegen (vgl. Petsch 1983, S. 387ff.).

Sportliche Betätigung wurde gefördert; »Weibchen« sollte die Frau nicht sein, sondern durchtrainiert und gesund, aber auf keinen Fall »vermännlicht«. »Die nationalsozialistische Mädchenerziehung wird vorsorglichsten Wert darauf legen, durch straffe körperliche Ertüchtigung das Mädchen in Blut und Seele gesund und froh zu machen, damit ihm in dem späteren Leben die Pflicht und Aufgabe der Mutterschaft leicht werde« – so klang das im Originalton (Siber 1933).

Die straffe körperliche Ertüchtigung hatten die Frauen kurze Zeit nach diesen Aussprüchen dringend nötig – allerdings nicht so sehr, um ihrer Pflicht und den Aufgaben der Mutterschaft zu genügen. Die »Mütter der Nation« mußten während des Zweiten Weltkriegs an der »Heimatfront« antreten, um die Männer, wie auch im Ersten Weltkrieg, in allen Berufen zu ersetzen. Die Arbeitszeiten in kriegswichtigen Betrieben wurden, auch für Frauen, gesetzlich bis auf 14 Stunden pro Tag ausgedehnt. 1937 waren bereits wieder 11,5 Millionen Frauen berufstätig. 1944 waren es 15 Millionen (Groß und Großmann 1981).

»Die Mode erfaßt den ganzen Menschen« – und viele Moden sind Symbole für die Ideale einer Zeit. Manchmal sogar mehr als ein Symbol, denn die »mütterlichen Formen« des Dritten Reiches hatten eine Funktion. Garçonne und Vamp versprachen keinen Kindersegen und keine Unterwerfung unter die Herrschaft des Mannes. Sie mußten der »Urmutter« weichen.

»Denn man mag noch so viele neue Quellen aufschließen, es sind niemals lebendige Quellen [der Geschichte; Anm. d. Verf.]. Sobald ein Mensch gestorben ist, ist er der sinnlichen Anschauung ein für allemal entrückt; nur der tote Abdruck seiner allgemeinen Umrisse bleibt zurück. Und sofort beginnt jener Prozeß der Inkrustination, der Fossilierung und Petrifizierung; selbst im Bewußtsein derer, die noch mit ihm lebten. [...] Es bleiben nur Teile und Stücke. Das *Ganze* aber hat aufgehört zu sein, ist unwiederbringlich hinabgesunken in die Nacht des Gewesenen. Die Vergangenheit zieht einen Schleiervorhang über die Dinge, der sie verschwommener und unklarer, aber auch geheimnisvoller und suggestiver macht: alles verflossene Geschehen erscheint uns im Schimmer und Duft eines magischen Geschehens« (Friedell 1927, S. 12f.).

Der wiederholte Wandel von Schönheitsidealen läßt sich lebendiger als mit Worten durch Bildbeispiele aus verschiedenen Epochen belegen. Die Menschen fast aller Zeitalter und Kulturen haben uns in ihren Kunstwerken Eindrücke davon hinterlassen, welche Ideale und Vorlieben dem Zeitgeschmack entsprachen. Allerdings muß man eine Einschränkung machen: Erst seit der Erfindung photographischer Techniken und dem Aufkommen von Massenmedien kann man Schönheitsideale rekonstruieren, die von breiten Schichten der Bevölkerung anerkannt sind. Aus der Zeit davor verfügen wir nur über Skulpturen und Gemälde als geeignete Quellen. Sie entstanden meist im Auftrag von Angehörigen der Oberschicht. Das künstlerische Schaffen von Bildhauern und Malern war zwar vom herrschenden Zeitgeist geprägt, aber die Ideale wurden von einer im Besitz der Macht befindlichen kleinen Schicht getragen. Zudem spielen bei der Entstehung eines Kunstwerkes persönliche Vorlieben und Abneigungen des Künstlers eine wesentliche Rolle. Nicht vergessen werden darf auch, daß sich die künstlerischen Möglichkeiten im Lauf der Zeiten weiterentwickelt haben. Die Fähigkeit, Perspektive und Proportionen naturalistisch widergeben zu können, hat sich über viele Künstlergenerationen hinweg entwickeln müssen.

Diese Einschränkungen machen deutlich, daß uns die »Wirklichkeit« der Vergangenheit teilweise verschlossen bleibt. Die Bruchstücke, aus denen wir uns ein Bild zurechtlegen, erfüllen dennoch ihren Zweck, nämlich zu zeigen, wie sehr das, was als schön gilt, vom jeweiligen Geschmack abhängt – und der kann sich ändern.

Wir wollen uns hier jedoch nicht kommentarlos auf eine Auswahl von Kunstwerken beschränken. Die Epochen, aus denen sie stammen, werden kurz charakterisiert, denn kulturelle Hintergründe können das Verständnis dafür wecken, weshalb sich in einer Zeit bestimmte Ideale herausbilden. So kann das Körper- und Schönheitsideal einer Epoche Ausdruck bevorzugter Einstellungen und Ziele sein. Nicht immer ist es möglich, die Zusammenhänge so eindeutig zu beschreiben, wie im vorangegangenen Kapitel für die »goldenen« zwanziger Jahre und das Dritte Reich. Auch hier eine Einschränkung: So plausibel es klingt, daß Frauen sich männliche Körperformen zum Vorbild nehmen, wenn sie nach Emanzipation streben, oder daß mütterliche Formen in Mode kommen, wenn ein Mutterideal propagiert wird – es ist vor allem der Rückblick, der das alles sinnvoll und stimmig erscheinen läßt. Aber die Ursachen für den Wandel von Idealen sind nie letztendlich ergründbar. Es lassen sich nur Zusammenhänge beschreiben, was etwas anderes meint als erklären, warum etwas so und nicht anders war.

Unsere Blicke in die Vergangenheit reichen weit zurück, fast bis zu den Anfängen der Menschheitsgeschichte. »Früher war mal dick chic« – ja, aber auch nicht immer. Die Beispiele aus der Geschichte zeigen, wie die Körperideale von ätherisch-schlank über ausgeprägt weiblich bis hin zu »richtig dick« in unserem Sinn variiert haben. Ein sehr breits Spektrum! Unser erstes Beispiel stammt aus der jüngeren Altsteinzeit. Funde aus dieser Epoche, wie zum Beispiel die berühmte Venus von Willendorf liefern uns Hinweise, daß vor Urzeiten sehr üppige Frauen bevorzugt wurden. Nächste Station ist die griechische Klassik mit ihrem als eher stämmig zu beschreibenden Körperideal. Dann folgt die Renaissance, die uns zu Beginn mit sehr zarten Frauen überrascht. In Hoch- und Spätrenaissance werden die Formen immer üppiger. Im Barock sind sie schließlich so schwellend wie kaum zuvor und danach. Zumindest was Europa angeht, schienen die Schönheitsideale anderer Völker teilweise jedes noch so üppige Barock-Ideal übertrumpft zu haben, wenn man den Berichten westlicher Forschungsreisender Glauben schenken darf. Bevor wir Europa verlassen, wollen wir aber noch den Wandel der Körperideale in Klassizismus, Romantik und der Viktorianischen Ära nachzeichnen.

Bei den Recherchen zu diesem Kapitel wurde sehr schnell deutlich, daß die wechselnden Schönheitsideale für Frauen recht gut rekonstruierbar sind, für Männer jedoch nicht (vgl. vor allem Braun 1974, Mantell 1953, Murstein 1974, Paschke 1976, Pischel 1975). Der Grund liegt darin: Um Körperformen vergleichen zu können, ist es notwendig, Abbildungen des unbekleideten Körpers zu haben. Es gibt jedoch wenige Zeitalter, in denen der unbekleidete Männerkörper Objekt künstlerischen Schaffens war. An nackten Frauendarstellungen mangelt es nicht; Aphrodite- oder Venusgemälde und -skulpturen zeigen für fast jede Epoche, was als vollkommene Schönheit gilt. Andere Informationsquellen enttäuschten ebenfalls: Romane, zeitgenössische Schriften enthalten oft liebevoll-detaillierte Beschreibungen von Frauen: Wogende Busen, üppige Schultern und Arme sind häufig die Attribute, die genannt werden, wenn eine »glänzende Schönheit« vorgestellt wird. Männern wird meist nur lapidar ein kräftiger oder schwächlicher Körperbau, gutes oder abstoßendes Aussehen bescheinigt. Wenn vom Körperbau die Rede ist, dann allenfalls bei Mißgestalten wie dem ›Glöckner von Notre Dame‹.

Natürlich haben wir nicht alle Kunstepochen oder das Werk jedes einzelnen Künstlers bis in die letzten Einzelheiten durchforscht. Wir hatten aber den Eindruck, daß sich bestimmte Grundmuster herausarbeiten lassen, nach denen Künstler Männer und Frauen abgebildet haben. Eines darf bei den folgenden Einschätzungen nicht vergessen werden: Sie werden vom Standpunkt eines heutigen Betrachters aus angestellt – sind also ebenso zeitgebunden, wie die Besonderheiten der beurteilten Werke.

1. Männer in der Kunst

Der nackte Männerkörper wird in der bildenden Kunst stark idealisiert und ästhetisiert dargestellt. Man denke an die griechische Skulptur: Ebenmäßige Körper, götterähnliche Schönheit, vollkommene Ausgewogenheit. Ziel des Künstlers war nicht die Abbildung der Realität, sondern die Erhöhung des Menschen zur Vollkommenheit. Der »klassische« Durchschnittsgrieche entsprach diesem Ideal genau so wenig, wie ein heute lebender »Normalbürger«. Man mag an dieser Stelle einwenden, daß es ja gerade um Schönheitsideale geht. Sicher – aber nicht um götterähnliche. Die meisten Zeiten wählten ihre Schönheitsideale so, daß zwar nie alle, aber doch eine erhebliche Anzahl von Menschen ihnen entsprachen.

Ein wesentlicher Aspekt der griechischen Skulptur ist die fehlende erotische Ausstrahlung. Es gibt in allen Zeitaltern kaum ein Männerbild, in dem der Mann »verführerische« Reize auf den Betrachter ausstrahlt. Der Mann in einer frauenverführenden Rolle ist jedoch keine Seltenheit. »Lust« wird beim Mann fast nur in der

Annäherung an eine Frau ausgedrückt, wobei sie nackt sein kann, er jedoch in der Regel bekleidet ist. »Lust« wird auch in den üppigen Figuren eines Bacchus, Fauns oder Nöcks vermittelt, aber diese Figuren demonstrieren nicht den »idealen« Männerkörper, sondern Genuß, »Lusttrunkenheit«. Es ist bekannt, daß in bestimmten Epochen der »gewichtige« Mann en vogue war; Künstler hüteten sich aber, diesen Typ nackt zu verewigen, während die Darstellung der üppigen Frau gang und gäbe war. Nackte Männer finden sich übrigens auch in Adam-und-Eva-Darstellungen. Hier ist Adam allerdings nie üppig, sondern entweder ästhetisiert oder »ausgemergelt« – letzteres als Ausdruck seiner Sündenbeladenheit.

2. Frauen in der Kunst

Auch der nackte Frauenkörper – und hier gibt es wirklich genug Abbildungen – wird in manchen Epochen idealisiert-ästhetisch mit wenig erotischer Ausstrahlung dargestellt. Die griechische Frauenskulptur ist das Pendant zur Männerskulptur – würdige Göttinnen, die vom Olymp herabgestiegen sind, um den Sterblichen einen Eindruck von wahrer Vollkommenheit zu vermitteln. Aber in fast allen anderen Epochen finden sich erotisch-verlokkend und zugleich ästhetisch wirkende Frauendarstellungen. Sie geben uns die Möglichkeit, ein auf menschliches Maß reduziertes Schönheitsideal nachzuempfinden (zum folgenden vgl. vor allem Braun 1974, Mantell 1953, Murstein 1974, Paschke 1976, Pischel 1975).

3. Rückblicke in die weitere Vergangenheit

a) Die ältesten Spuren der Menschheit

Seit wann gibt es »Kunstwerke«? Vermutlich ab der jüngeren Altsteinzeit, dem Jungpaläolithikum (30000–10000 v. Chr.). Die Funde, die von Archäologen auf diese Zeit datiert werden, zeugen oft von erstaunlicher Kunstfertigkeit. Das Bedürfnis, Porträts und Abbildungen von Menschen zu schaffen, scheint in den Jäger- und Sammlerkulturen der jüngeren Altsteinzeit allerdings nicht sehr ausgeprägt gewesen zu sein. Man fand bis heute zwar nur wenige,

Frauenfiguren aus der Altsteinzeit: Grimaldi-Höhlen (oben links und Mitte), Unterwisternitz/Dolní-Věstonice (unten links), Willendorf (unten Mitte), Savignano sul Parano (rechts): wirklich die »Idealfrau« der Steinzeit oder lediglich Fruchtbarkeitssymbol?

dafür sehr eindrucksvolle weibliche Figuren aus Elfenbein, Knochen oder Ton. Männliche Figuren wurden bisher noch keine entdeckt.

Die Fundstellen, hauptsächlich an den ehemaligen Wohnstätten, sind erstaunlicherweise nicht auf ein Gebiet beschränkt. Sie liegen weit gestreut, von Sibirien bis Westeuropa. Man stößt, unabhängig vom Gebiet, auf ganz unterschiedliche Körperformen. Die Variationen reichen von extrem üppig bis nach heutigen Begriffen normalgestaltig.

Bei der üppigen Variante sind Becken und Brüste überbetont. Es liegt deshalb die Vermutung nahe, daß es sich um Fruchtbarkeitssymbole handelt. Diese Erklärung alleine ist aber wohl zu einfach. Vergleichende Studien im Bereich der jägerischen Kultur legen eine andere Vermutung nahe: Neben ihrer Funktion als Fruchtbarkeitssymbol könnten die Figürchen Abbildungen von »Göttinnen«, höheren weiblichen Wesen, dargestellt haben, zum Beispiel als Mutter und Herrin der Tiere, als Helferin bei der Jagd und Geberin des Jagdwildes, als Beherrscherin der Unterwelt und Beherrscherin von Naturkräften.

Für unser Thema wichtig ist jedoch die Frage, ob diese Figürchen wirklich nur als Symbole und »Göttinnen« geschaffen wurden, oder ob sie ein wirklich existierendes Körperideal der jüngeren Altsteinzeit widerspiegeln. Das ist durchaus möglich, denn Üppigkeit und betonte Geschlechtsmerkmale signalisieren Fruchtbarkeit – und immerhin hing von der Fruchtbarkeit der Bestand einer Sippe ab. Warum soll also dieser Frauentyp nicht tatsächlich bevorzugt worden sein? Vielleicht hatte der »üppige Typ« sogar einen evolutionären Selektionsvorteil, das heißt, höhere Überlebens- und Fortpflanzungschancen. Er trug die Nahrungsvorräte sozusagen am eigenen Leib. Angesichts der ungesicherten Ernährungslage könnte das von nicht zu unterschätzender Bedeutung gewesen sein, um sich selber und säugende Kinder vor dem Hungertod zu bewahren. Zudem schützt Körperfett vor Kälteeinflüssen – ein weiterer wichtiger Überlebensaspekt (Scott-Beller 1977, S. 56).

Ein wichtiger Hinweis auf die tatsächliche Bevorzugung der üppigen Frau ist, daß viele der Figürchen einen »Fettsteiß« (Steatopygie; siehe Abschnitt ›Die Schönheitsideale anderer Völker‹) aufweisen. Einen so extrem ausgeprägten Po kennen wir in Europa nicht. Bei manchen afrikanischen Völkern war der Fettsteiß jedoch ein entscheidendes Schönheitsmerkmal; und bevor wir das seltsam finden, sei an eine europäische Mode erinnert: Den »Cul de Paris« – im Viktorianischen Zeitalter wurde mit Hilfe eines Draht- oder Roßhaargestells die Hinterpartie so ausgepolstert, daß sie den Fettsteiß an Volumen eher noch übertraf.

War nun die üppige oder die schlanke Frau die begehrtere? Wahrscheinlich die üppige – ganz sicher ist das jedoch nicht. Denn wie bereits erwähnt, hat man nicht nur üppige, sondern auch für unser Empfinden normalgestaltige Figuren gefunden.

Über die Stellung von Mann und Frau in der Urgesellschaft ist genauso wenig bekannt wie über das Körperideal. Viele Forscher vermuten jedoch, daß die Gemeinschaften matriarchalisch orientiert waren, daß also die Frau eine entscheidende und bestimmende

Rolle spielte und mehr Macht besaß als der Mann. Zum Teil beruht diese Vermutung darauf, daß den Menschen der Steinzeit nicht zugetraut wird, gewußt zu haben, daß zur Zeugung eines Kindes auch ein Vater gehört. Die Geburt eines Kindes sei ein geheimnisvoller Vorgang gewesen, an dem sich der Mann gar nicht beteiligt gefühlt hätte. Das Patriarchat, also die Vorherrschaft des Mannes, habe erst entstehen können, als sich der Mann seiner zeugenden Macht bewußt geworden wäre. Das sind natürlich Spekulationen.

b) Griechische Klassik und Hellenismus

In der griechischen Kunst spiegeln sich deutliche Entwicklungen wider – sowohl rein künstlerisch-technischer als auch weltanschaulicher Art. Hier beschränken wir uns in der Darstellung auf Klassik (etwa 460–330 v. Chr.) und Hellenismus (etwa 330–30 v. Chr.). Besonders in der Klassik wird die Bemühung deutlich, den Menschen, Mann und Frau, in seiner »idealen« Körperform zu verewigen.

In der griechischen Kunst, ungefähr seit der Klassik, wird der Mensch in einer ausgewogenen, idealisierten Schönheit des Körpers verherrlicht. In der Körperdarstellung soll sich die philosophisch untermauerte Lehre von der klaren und sicheren Vernunft des Menschen widerspiegeln, der sich mit der Welt auseinandersetzt, seine eigene innere Welt erkennt und durch die Erkenntnis zum Beherrscher von Innen- und Außenwelt wird. Schaut man sich die Skulpturen der griechischen Klassik an, so fallen Harmonie, Gleichgewicht, Ordnung, Proportion und Maß auf: alles Werte, die zu dieser Vernunftwelt gehörten und die im Gegensatz zu tierischer Wildheit, ungebildetem Barbarentum und ziellosen Leidenschaften stehen. Wahrscheinlich drücken diese Statuen deshalb einen so geringen erotischen Reiz aus, zumindest für den modernen Betrachter.

Diese Kunst ist unter anderem auch Ausdruck einer vermenschlichten Religion, in der die Götter nicht in einem entfernten Reich abgesondert wohnen, sondern am Leben der Sterblichen teilnehmen: Die Vorstellung der göttlichen Welt entspricht einem erhöhten Abbild der menschlichen, so daß die schöne und edle Menschengestalt gleichzeitig zum überzeugendsten Abbild der Gottheit wird. Männer bemühten sich zum Teil, dem »Idealkörper« durch sportliches Training nahezukommen, die Statuen hatten also auch Vorbildfunktion.

Im Hellenismus bleiben die Körper weiterhin idealisiert-ästhe-

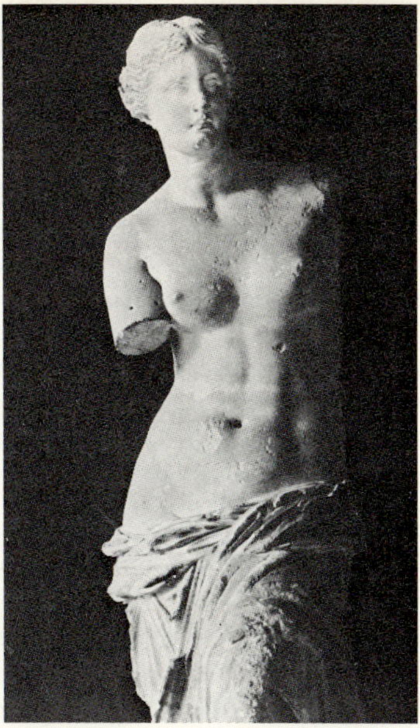

Klassische Proportionen, überraschend üppige Formen: Die Venus von Milo, 4. Jahrhundert v. Chr. (Louvre, Paris).

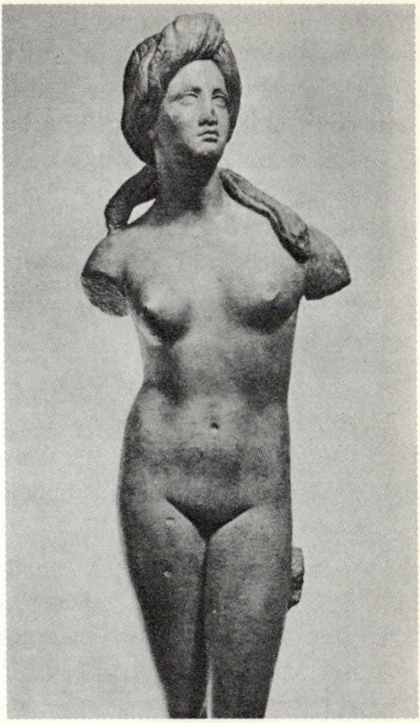

Ideal war die erblühte, reife Frau: Eine Aphrodite aus Zypern, 1901 entdeckt (Cyprus Museum, Nicosia).

tisch, aber es kommt ein neues Element hinzu: Die Ausgewogenheit der Haltung wird ersetzt durch den Ausdruck von innerer Bewegtheit und Spannung. Dies bedeutet einen ersten Schritt der Hinwendung zu einer realistischeren Art der Menschendarstellung.

Es ist noch darauf hinzuweisen, daß die Griechen als »Idealfrau« die vollerblühte, reifere Frau sahen, die heute in natura recht stämmig wirken würde. Erstaunlich ist, daß auch die Frau idealisiert dargestellt wurde, denn das »Goldene Zeitalter« hatte für die Frau fast nur Schattenseiten. Ihre Stellung in der Gesellschaft veränderte sich zwar im Lauf der griechischen Geschichte, sie war aber immer stark untergeordnet.

Zur Stellung von Mann und Frau in der Gesellschaft liegen ab dem 6. Jahrhundert v. Chr. genauere Schilderungen vor.

Der Mann als Vater war der absolute Beherrscher seiner Familie. Männliche Kinder wurden von Geburt an bevorzugt. Nur Jungen lernten lesen und schreiben; wenn die Finanzen der Familie es erlaubten, besuchten sie eine der philosophischen Schulen. Bei Geburt eines Kindes entschied der Vater, ob es ausgesetzt wurde oder überleben durfte. Er suchte die Ehepartner für seine Kinder aus, die ohne Mitspracherecht an seine Wahl gebunden waren. Die Kinder mußten den Vater fast gottähnlich verehren. Im allgemeinen vermied er jede körperliche Arbeit und widmete sich völlig der Philosophie, dem Sport und Kriegsvorbereitungen.

Frauen, die zur Ehefrau bestimmt waren, erhielten überhaupt keine Ausbildung. Durch die hohe Anzahl der fremdländischen Sklaven in der »nachhomerischen Zeit« war es ihre Aufgabe, alle praktischen Arbeiten zu beaufsichtigen – und natürlich Kinder zu gebären. Die Frau galt generell als minderwertiges Geschöpf, Aristoteles (384–322 v. Chr.) zum Beispiel bescheinigte ihr einen genetischen »Defekt«, da sie nur Menstruationsblut und kein Sperma produziere. Ihre Ungebildetheit steigerte die Verachtung des Mannes noch. Da Frauen als Partnerin so reizlos waren, mußten die Männer förmlich zur Ehe gezwungen werden. Schon Solon (etwa 640 – nach 561 v. Chr.) überlegte, ob er den Zwang zur Eheschließung nicht gesetzlich verankern sollte, Perikles (nach 500–429 v. Chr.) führte dann indirekte Restriktionen für Eheunwillige ein: Sie durften nicht als öffentliche Redner auftreten und in der Armee nicht bis zum General aufsteigen.

Die Homosexualität gewann immer stärker an Bedeutung. Meist suchte sich ein älterer Mann einen attraktiven Jüngling zwischen 12 und 20 Jahren, dem er seine ganze seelische, geistige und körperliche Leidenschaft zuwandte. Die Frau galt als so minderwertig, daß sie eines so ganzheitlichen Verhältnisses nicht für würdig befunden wurde. »Liebe« zwischen Mann und Frau rief eher befremdetes Erstaunen hervor. Zudem betrachtete es der ältere Mann als eine Verwirklichung seiner selbst, der Lehrer des jungen Mannes zu sein und dadurch in ihm »im Geist« weiterzuleben. Der junge Geliebte ersetzte durch seine Funktion die Auffassung vieler Eltern, »in ihren Kindern weiterzuleben« – die leiblichen Kinder galten dem Griechen nicht viel.

Die »Minderwertigkeit« der Frau legte ihr in der Praxis viele Beschränkungen auf. Die fehlende Ausbildung wurde bereits genannt. Sie war meist zu Hause eingesperrt und durfte nur bei besonderen Gelegenheiten verschleiert ins Freie, wobei sie sich strafbar machte, wenn sie nicht schlicht genug gekleidet war. Sie durfte nicht mit den Gästen des Mannes speisen, keine Verträge abschließen, nichts erben und so weiter: Im Grunde war sie eine rechtlose Haushälterin.

Mehr als die Ehefrauen galten die Prostituierten, die in drei Klassen eingeteilt waren, deren höchste die der Hetären war. Diese waren sogar einigermaßen gebildet und vor allem hochbezahlt; auch durften sie Eigentum haben. Demosthenes (384–322 v. Chr.) meinte zu diesem Thema: »Wir haben Hetären zum Vergnügen, Konkubinen für die tägliche Gesunderhaltung unseres Körpers und Ehefrauen für den Nachwuchs und als Hüterinnen des Hauses« (zitiert nach Murstein 1974, S. 54).

Zwei weitere Beispiele für die Geisteshaltung der »edlen« Griechen sind bezeichnend. Pallades schrieb, daß es im Leben des Ehemannes zwei Festtage gebe, den ersten, wenn er zum ersten Mal mit seiner Braut schläft, den zweiten, wenn er sie begräbt. Xenophon (um 430 – nach 355 v. Chr.) läßt in ›Oikonomikos‹ Sokrates seinen Freund Cristobolus fragen: »Gibt es irgend jemanden auf der Welt, mit dem du weniger redest als mit deiner Ehefrau?« Cristobolus' Antwort lautet: »Nein, wenige, eigentlich niemand« (zitiert nach Murstein 1974, S. 50).

Sokrates (470–399 v. Chr.) selbst war übrigens einer der wenigen, der die Frau nicht für minderwertig hielt. Er meinte nur, es fehle ihr an physischer und psychischer Kraft. Frauen waren in seinen Augen aber keine »hoffnungslosen Fälle«. Auch andere kritische, oder besser, ambivalente Stimmen meldeten sich: So kamen die Frauen zumindest in einigen klassischen Dramen zu Wort, zum Beispiel in ›Medea‹ von Euripides (485/484 oder um 480–406 v. Chr.).

Platon (427–347 v. Chr.) hielt die Frauen zwar für prinzipiell minderwertig, plädierte aber immerhin in einer seiner Utopien für Frauenbildung. Er erlaubte ausnahmsweise sogar, daß einige wenige Frauen seine Philosophenschule besuchen durften.

Noch eine Anmerkung zum Körperideal: Wie bereits erwähnt, ist es angesichts der Stellung der Frau erstaunlich, daß sie dennoch idealisiert-ästhetisch dargestellt wurde. Man könnte die Bevorzugung der erblühten, reifen Frau auch in Zusammenhang mit ihrer mütterlichen Funktion sehen. Brüste und Hüften weisen auf Fruchtbarkeit hin. Die damalige Realität der Frau läßt es aber unwahrscheinlich erscheinen, daß sie sich einen so straffen Körper erhalten konnte.

c) Die Renaissance

Die Jahrhunderte seit dem Untergang Roms waren geprägt von der Ausbreitung des Christentums und den Völkerwanderungen. Aus den Menschendarstellungen der Römer ist abzulesen, daß sie kein anderes Körperideal als die Griechen hatten – allerdings gelten sie, was die Kunst angeht, als Kopisten der Griechen und

In der Frührenaissance galt das Ideal der jugendlich-schlanken Körperform mit kleinen Brüsten aber betont rundem Bäuchlein als chic. Meister vom Niederrhein: Der Liebeszauber (Museum der Bildenden Künste, Leipzig).

Etrusker. In Rom herrschte zwar auch das Patriarchat, die Frau war jedoch wohlgeachtet und gewann im Laufe der römischen Geschichte immer mehr Rechte und Selbstbewußtsein. Vom Niedergang des Römischen Reiches an finden sich kaum mehr Menschendarstellungen, besser gesagt fast keine, die den nackten Körper zeigen. Es entstanden Bauwerke von bewundernswerter Architektur, eindrucksvolle christliche Kunstwerke – aber erst mit Beginn der Renaissance trat der menschliche Körper und die Sinnlichkeit in den Vordergrund. Die Menschen entwickelten ein neues Weltgefühl, christliche Fesseln wurden abgestreift, der Mensch stand wieder im Mittelpunkt. Die Gegenwart und nicht die künftige himmlische Herrlichkeit sollte mit Leben erfüllt werden.

Die starke, kühne, skrupellose und waghalsige Persönlichkeit war das Ideal dieser Zeit. Bildung, Kunstverstand, philosophisch-humanistische Auseinandersetzung mit der Welt waren Kennzeichen des »neuen« Menschen. Man griff auf die Ideale der Antike zurück, und erweiterte dabei das antike Erbe souverän. Die Renaissance kann man so als schöpferische Wiedergeburt der Antike charakterisieren, wobei das schöpferische Element in jedem Lebensbereich im Vordergrund stand, auch in der Kunst: So entdeckte zum Beispiel Filippo Brunelleschi (1377–1446) die Zentralperspektive, was der Kunst – im wahrsten Sinn des Wortes – ganz neue Dimensionen eröffnete.

Natürlich breitete sich der neue Lebens- und Kunststil nicht schlagartig einheitlich über Europa aus, abgesehen davon, daß kein Stil ganz eindeutig gegenüber einem vorhergehenden oder nachfolgenden abgegrenzt werden kann. Zudem entwickelte jeder Landstrich seine eigene Ausprägung.

In Italien, mit dem Zentrum Florenz unter Führung der Medici, kann man die Wurzeln der Renaissance bis ins 15. Jahrhundert zurückverfolgen; der neue Stil in der bildenden Kunst löste um 1420 die Gotik ab (Frührenaissance), erreichte um 1500 seinen Höhepunkt (Hochrenaissance) und ging seit 1520 seinem Ende entgegen (Spätrenaissance, meist dem Manierismus gleichgesetzt).

Die Renaissance ging in den Wirren des Streites zwischen Katholiken und Protestanten unter. Der Dreißigjährige Krieg 1618 bis 1648 ließ Europa zunächst einmal im Dunkel versinken.

Während der Renaissance profitierten auch die Frauen von der neuen Freiheit, ganz besonders die, die für ihre Schönheit, Klugheit und Bildung berühmt waren. Auch manche Kurtisanen glänzten durch Geist und blendende Erscheinung. Seit Beginn des 16. Jahrhunderts war Prostitution sehr populär und sozusagen »offiziell anerkannt«. Ein Beispiel ist Venedig, das sogar ein Verzeichnis aller in diesem Gewerbe tätigen Damen herausgab, übrigens mit Preisangaben. Viele der Kurtisanen trieben einen Aufwand wie Prinzessinen. Eine von ihnen, Veronica Franco, schickte sogar distinguierten Fremden als Einladung ein Bändchen ihrer gedruckten Verse. Da sich jedoch Geschlechtskrankheiten unaufhaltsam ausbreiteten, wurde Prostitution nach und nach in allen Ländern verboten, in Frankreich zum Beispiel ab 1560.

In der Renaissance hatten sich also Sinnlichkeit, Genuß im Diesseits, gepaart mit Geist und Witz, einen Platz erobert: Die schöne, erotisch anziehende und kluge Frau war sehr begehrt und ließ sich oft zu Höchstpreisen bezahlen. Dennoch gab es keine wirkliche Gleichberechtigung. Im allgemeinen wurde die Frau als schwächeres, minderwertiges Wesen betrachtet. Frauenbildung wurde nicht gezielt gefördert. Ehen wurden jetzt zwar zum Teil aus Liebe geschlossen, zum Teil aber immer noch aus finanzieller und politischer »Vernunft«. Gehorsam und Unterordnung dominierten allerdings nach wie vor als Erwartungen an die Frau. Shakespeare stellt uns das Bild einer idealen Ehefrau in der Selbsteinsicht der Katharina in ›Der Widerspenstigen Zähmung‹, entstanden zwischen 1591 und 1594, vor (Shakespeare 1967).

Katharina: [...] Dein Ehemann ist dein Herr, ist dein Erhalter,
Dein Licht, dein Haupt, dein Fürst, er sorgt für dich
Und deinen Unterhalt, gibt seinen Leib

Sandro Botticelli (1445–1510): Geburt der Venus (Uffizien, Florenz). Modell stand vermutlich die junge Simonetta Vespucci, die Geliebte des Giuliano di Medici (1453–1478), die im Alter von 17 Jahren an Schwindsucht starb. Der Arzt Carl Heinrich Stratz meinte um die Jahrhundertwende, die Anzeichen dieser Krankheit deutlich erkennen zu können.

Giorgione (1477 oder 1478–1510): Ruhende Venus (Gemäldegalerie Dresden). Die Formen werden üppiger ...

Mühsel'ger Arbeit preis zu Land und Meer [...]
Wie schäm ich mich, daß Fraun so albern sind!
Sie künden Krieg und sollten knien um Frieden!
O daß sie herrschen, lenken, trotzen wollen,
Wo sie nur schweigen, lieben, dienen sollen!
Weshalb ist unser Leib zart, sanft und weich,
Kraftlos für Müh und Ungemach der Welt,
Als daß ein weiches Herz, ein sanft Gemüte
Als zarter Gast die zarte Wohnung hüte? [...]
Drum dämpft den Trotz, beugt euch dem Mann entgegen,
Ihm unter seinen Fuß die Hand zu legen:
Wenn er's befiehlt, zum Zeichen meiner Pflicht,
Verweigert meine Hand den Dienst ihm nicht.
Petruchio: Das nenn ich eine Frau! Küß mich, mein Mädchen!

Ehebruch wurde in vielen Ländern schwer bestraft – vor allem wenn Frauen ihn begingen. Männer brüsteten sich dagegen bei Zechereien oft mit ihren Eroberungen. Wer treu blieb, geriet in den Verdacht, impotent zu sein.

Im Zeitalter von Reformation und Gegenreformation wurde die grundsätzliche Unterlegenheit der Frau noch stärker betont. Martin Luther (1483–1546) zum Beispiel lehnte Frauenbildung mit den Worten ab: »Wenn Weiber beredt sind, das ist an ihnen nicht zu loben. Es ist kein Rock oder Kleid, das einer Frau oder Jungfrau übler ansteht, als wenn sie klug sein will« (zitiert nach Boehn 1976, S. 150).

Interessanterweise gestand er aber der Frau Sinnlichkeit zu. Wenn der Ehemann impotent war, befand er es für zulässig, daß sie ihre Befriedigung bei einem anderen suchte, wobei diese Beziehung geheimgehalten werden sollte. Kinder aus dieser Verbindung wurden dem legalen Ehemann zugeschrieben. Natürlich spielte bei dieser Handhabung das »Recht der Frau auf Kinder« eine entscheidende Rolle.

Reichlich essen und trinken gehörte in der Renaissance zum gehobenen Lebensstil. In Hoch- und Spätrenaissance spiegelte sich das auch in der Körperform von Männern und Frauen wider: Die üppigen Formen wurden bevorzugt. In der Kunst wurden besonders die Frauenkörper üppig und sehr sinnlich-verlockend dargestellt. In der Frührenaissance hingegen war bei Frauen die jugendlich-schlanke Körperform mit kleinen Brüsten, aber betont rundem Bäuchlein begehrt. Der Bauch wurde wahrscheinlich etwas vorgestreckt, weil Schwangersein als chic galt, Mutter sein dagegen nicht. Man muß auch bedenken, daß oft sehr junge Frauen, fast Mädchen, abgebildet wurden: Das durchschnittliche Heiratsalter lag für Frauen bei 15 Jahren, Mindestalter war 12.

Noch eine kleine Anekdote am Rande: Der bereits erwähnte Dr. Stratz, der bei Frauen eher rundliche Formen bevorzugte, entsetzt sich über Sandro Botticellis (1445–1510) ›Geburt der Venus‹, für die, einem Gerücht zutage, die jugendliche Simonetta Vespucci, die Geliebte des Giuliano di Medici (1453–1478), Modell gestanden hatte. Sie war im Alter von 17 Jahren an Schwindsucht gestorben. Stratz hält es für sehr wahrscheinlisch, daß hier tatsächlich Simonettas Körper zum Schönheitsideal erhoben wurde. Er als Arzt meint, der Körperbau der Venus weise typische Zeichen von Schwindsucht auf. Verständnislos steht er vor dem Phänomen, daß eine, seiner Diagnose nach schwerkranke Frau, zum Schönheitsideal avancieren konnte (Stratz 1898, S. 21 ff.).

d) Der Barock – Zeitalter der Vernunft und der Privilegierten

Der Barock als eine Epoche der Kunst umfaßt den Zeitraum des 17. und des beginnenden 18. Jahrhunderts, der zwischen Manierismus und Klassizismus liegt. Erst im Barock entwickelte sich wieder betonte Lebensbejahung, irdisches Glücks- und Kraftgefühl, jedoch geprägt von einem tiefen Zwiespalt zwischen Aufklärung

Im Barock blühte der Körper in auffallender Üppigkeit, die das Renaissance-Ideal weit übertraf. Peter Paul Rubens (1577–1640): Die drei Grazien (Prado, Madrid).

und Religiosität, Oben und Unten, Ewigem und Vergänglichem, Askese und Sinneslust, Vernunft und Aberglauben.

Die Entwicklung in den einzelnen Ländern ist, sowohl zeitlich als auch von den Hintergründen her, sehr unterschiedlich. So gingen in Italien die entscheidenden ersten Impulse zur künstlerischen Ausprägung des Barocks von der katholischen Kirchenführung aus: Die Kunst sollte zu religiösen Propagandazwecken »sinnfällig« werden. Von Italien breitete sich der neue Kunststil aus, wobei es in jedem Land wohl immer um die Demonstration kirchlicher und vor allem auch fürstlicher Machtentfaltung ging. Die Darstellungen zielten auf leichte Verständlichkeit ab, beabsichtigt war die suggestive Wirkung des Überwältigtwerdens von Pracht und Pomp.

In Frankreich wurde das am Hofe des »Sonnenkönigs« Ludwig XIV. (1638–1715) besonders deutlich. Er, als Inbegriff des absoluten Herrschers, versuchte den Eindruck von Würde und Erhabenheit in jedem Lebensbereich aufrechtzuerhalten und durch ungeheure Prachtentfaltung zu untermauern.

Sinnfälligkeit und Betonung von Macht spiegelten sich auch im Körperideal wider, zudem hatte im Rahmen des privilegierten Lebensstils reichliches Essen einen hohen Stellenwert. Sowohl bei Damen als auch bei Herren galten körperliche Größe und Korpulenz als schön. Die Körpergröße wurde bei Herren durch Allongeperücken hervorgehoben, bei Damen durch extrem hochfrisierte Perücken und Haare. Um wohlbeleibter zu erscheinen, trugen Herren Hüft- und Wadenpolster, Damen schnürten sich zwar in steife Mieder, Brust und üppige Arme wurden jedoch betont, ebenso die Hüften durch die ausladende Kleidermode. Auf jeden Fall blühte im Barock der Körper in auffallender Üppigkeit, die jedes Renaissance-Ideal weit übertraf.

Bei der Stellung von Mann und Frau muß zwischen bürgerlichen und adeligen Kreisen unterschieden werden. Generell galt die Frau als unterlegen. Viele Männer im »Zeitalter der Vernunft« glaubten, daß Frauen von Natur aus kein Wissen aufnehmen könnten. Jean-Jacques Rousseau (1712–1778) meinte zum Beispiel, daß die Geschlechterunterschiede schon in frühester Kindheit deutlich würden, denn es sei offensichtlich, daß kleine Mädchen äußerst ungern Lesen und Schreiben lernten, während sie keinerlei Schwierigkeiten beim Nähenlernen hätten.

Lord Chesterfield (1694–1773) nahm in Briefen an seinen Sohn Schopenhauers (1788–1860) Ansichten über die Frauen vorweg: »Frauen [...] sind nur etwas groß geratene Kinder. Sie können ganz unterhaltsam plaudern, manchmal haben sie sogar Witz, aber für vernünftige Diskussionen fehlt ihnen der Verstand. Ich habe

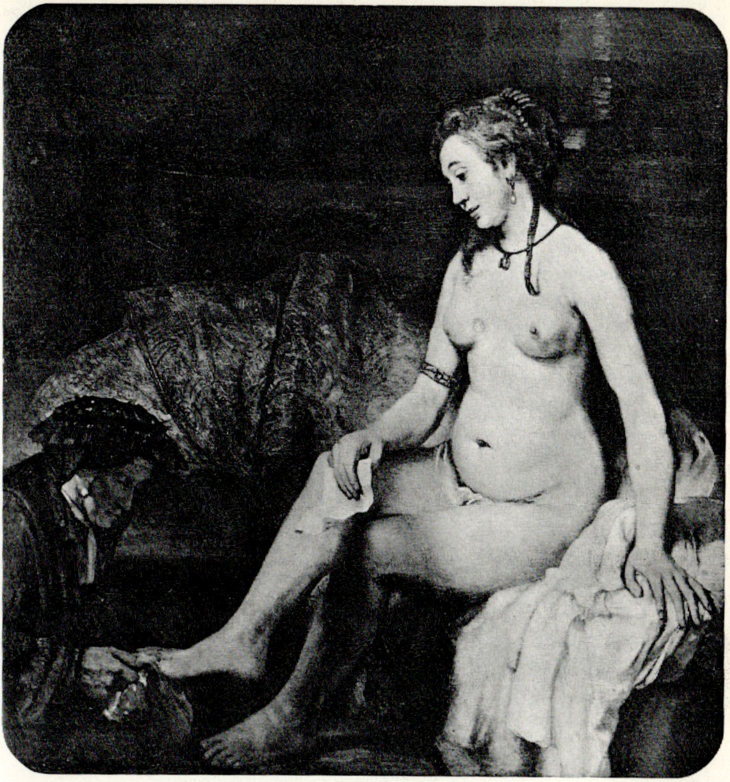

Rembrandt (1606–1669): Bathseba (Louvre, Paris).

keine einzige kennengelernt, die Sinn für Logik gehabt hätte« (zitiert nach Murstein 1974, S. 205).

Insgesamt waren Männer nicht offen feindselig gegenüber Frauen eingestellt, ja, ihre Zartheit wurde als Gegensatz zur männlichen Härte geschätzt. Die Verdienste der Frauen lagen darin, das Leben anmutiger und gesitteter zu gestalten. Dennoch entstanden im Barock die ersten Ansätze einer Frauenrechtsbewegung, die sich zum Beispiel dagegen wandte, daß das Vermögen der Frau bei Eheschließung in das des Mannes überging. Die Eheschließung selber wurde in adeligen und bürgerlichen Kreisen im allgemeinen nicht aus Liebe, sondern unter dem Aspekt der »Geschäftsinteressen« und Fortpflanzung betrieben. Im Bürgertum herrschte Sittenstrenge, zumindest was die Frauen anbetraf: Wurden sie beim Ehebruch ertappt, so galten sie als »entehrt« und hatten in manchen Ländern mit harten Strafen zu rechnen. Die adelige Schicht verhielt sich anders. In den meisten Ländern war es bei Mann und Frau üblich, sich Maitressen und Liebhaber zu halten. Die Frau war dabei gehalten, sich nur Männer »von Stand« zu suchen. In Frankreichs privilegierten Schichten entwickelte es sich zum »Sport«, außerhalb der meist aus rationalen Beweggründen geschlossenen Ehe, von Leidenschaft erfüllte Liebesaffären zu haben.

Es gab sogar spezielle »Liebes-Clubs«. Um in sie aufgenommen zu werden, mußte man einerseits einen finanziellen Beitrag leisten, andererseits auch eine Aufnahmeprüfung bezüglich der sexuellen Leistungsfähigkeit bestehen – unter den Augen unabhängiger Zeugen.

Der naiv-sinnenfrohe Barock klang in Frankreich im überfeinerten Rokoko aus, das mit dem Tod Ludwigs XIV. (1715) einsetzte. Die Körper wurden wieder anmutiger und schlanker, Erotik bedeutete nicht mehr absolute Sinnenfreude, sondern eher ein »frivoles« Spiel, das von Mann und Frau mit Geist und Witz betrieben wurde. Dieses Zeitalter ging in den Wogen der Französischen Revolution 1789 unter.

Während der Französischen Revolution gewannen auch die Rechte der Frau etwas an Boden – »Freiheit, Gleichheit, Brüderlichkeit« bezog, allerdings nur am Rande, auch die Anliegen der Frau mit ein.

e) Klassizismus und Romantik

Der Klassizismus, der Zeitstil von etwa 1770 bis 1830, ist von gleichzeitigen und folgenden Stiltendenzen nicht scharf abzugrenzen. In Gegenbewegung zu Barock und Rokoko erscheint die Antike in neuer Sicht, in »edler Einfalt, stiller Größe«, als Ideal.

Etwa ab 1760, mit dem Beginn der Industrialisierung, strukturierte sich die Gesellschaft um. Immer stärker trat die bürgerliche Schicht als tragende Klasse in den Vordergrund, die absolute Vormachtstellung des Adels verschwand mit der Französischen Revolution, behielt aber noch eine gewisse Bedeutung bei. Immer mehr Bauern verließen ihre Höfe, um in den Industriezentren ihr vermeintliches Glück zu finden.

Wieder laufen die Entwicklungen in den einzelnen Ländern nicht parallel ab. So ist England das Land, in dem die industrielle Revolution am schnellsten vorangetrieben wird, Frankreich überzieht Europa nach der Revolution mit den Napoleonischen Expansionskriegen, Deutschland wird zum Land des »Bildungsideals«.

Der Klassizismus mit seinem Anspruch auf Natürlichkeit brachte ab etwa 1795 auch eine völlig veränderte Kleidermode mit sich: antikisierende, durchscheinende Gewänder ohne Einschnürung durch Korsetts für die Damen. Das Körperideal war wohlproportioniert-antik. Fehlende Busenfülle wurde durch kunstvoll gearbeitete Wachsbrüste ersetzt, die teilweise so natürlich gestaltet waren, daß sogar blaue Äderchen hervorschimmerten. Der Wachsbusen war wohl notwendig geworden, weil durch die neue Kleidermode mangelnde Oberweite nicht mehr durch Rüschen und Spitzen vorgetäuscht werden konnte. Auf Seite 148 finden Sie den Kommentar eines zeitgenössischen Kritikers dieser Mode.

Um die Wende zum 19. Jahrhundert löste die Romantik Aufklärung und Klassizismus ab. Diese geistes- und stilgeschichtliche

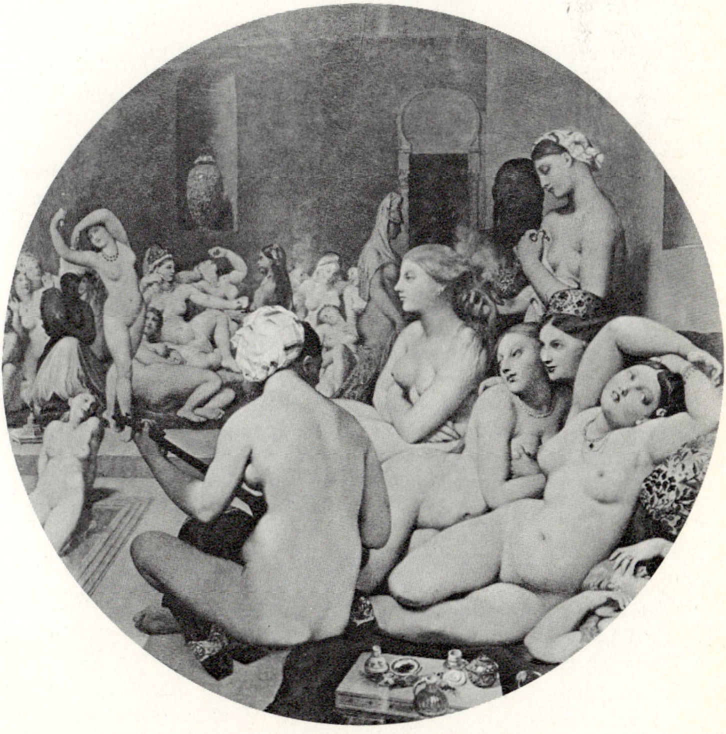

Klassizismus und Romantik: Runde Formen waren Trumpf. Jean Auguste Dominique Ingres (1780–1867): Das türkische Bad (Louvre, Paris).

Die wächsernen Busen oder Vorspiegelung falscher Tatsachen

Aus ›Journal des Luxus und der Moden‹, 1798 (zitiert nach Göres 1978):

»Seit einiger Zeit sprechen unsere öffentlichen Blätter sehr viel von einer neuen Mode-Erfindung, die alle häßlichen Trompeusen und Glaneusen überflüssig machen, und statt des aufgeputzten Gazen- und Spitzentabernakels, wodurch man das Daseyn eines unsichtbaren Busens zu verkündigen pflegt, die schöngerundete, volle Substanz der Sachen selbst geben soll. [...]

Mit einem Wort, die Damen haben die Sitte, durch wächserne Anlagen ihren Armen Füllungen und Rundungen zu geben auf etwas noch Substantielleres angewandt, und sich statt der Busen, wenn die Natur die ihnen versagte, künstliche Stellvertreter von Wachs zugelegt, die so künstlich angepaßt und eingerichtet sind, daß Argus selbst mit seinen hundert Augen den kleinen, unschuldigen Betrug nicht erspäht haben würde, wenn nicht ein unbescheidener Plauderer, der die neue Erfindung bey den Busenfabrikanten ausgekundschaftet hatte, durch eine öffentliche Bekanntmachung zum Verräther geworden wäre. Das schlimmste ist, daß nun auch hier der Betrug die schlimme Wirkung hervorbringt, die er bey allen Verfälschungen zeigt. Man dreht und wendet jeden noch so guten Piaster, welchem der ächteste Stempel auf die Nase des Königs von Spanien selbst aufgedrückt ist, doch zweymal um, seit man weiß, daß so viele falsche kursieren; und welchen Prüfungen muß sich nicht selbst die beste Banknote, bloß um ihrer falschen Schwestern willen, unterwerfen? Kein Wunder also, wenn es nun auch den ächten Busen eben so geht, wie den ächten Piastern und Banknoten. Man traut ihnen nicht mehr, und es ist daher das gemeinschaftliche Interesse aller Weiber – der schöngegürteten, schwellenden Busen, um mit Homer zu reden, sich dieser bösen Mode gleich im Entstehen zu widersetzen. Das ›Morning Chronicle‹ hat auch gar nicht ermangelt, sie darum, weil sie zuerst in der Königl. Oper, dem Sammelplatz der vornehmen Welt, bemerkt worden seyn soll, als eine heillose aristokratische Mode zu züchtigen. Hier ist ein Sinngedicht darauf, das uns neuerlich in diesem berüchtigten Oppositionsblatt aufgetischt wurde.

Auf die neumodischen Wachsbusen, von den Damen des guten Tons getragen.

Oft klagte sonst der Liebende mit Schmerz:
Des Mädchens Busen ist von Schnee, von Eis ihr Herz.
Doch jetzt stehn diese kalten Phrasen
Nur noch im Wörterbuch der Basen.
Es zündet und schmelzt der Liebe Hauch
Die wächsernen Busen nach Wachsstocks Brauch.«

Epoche ist eine gesamteuropäische Bewegung; ihr Höhepunkt kann in Deutschland gesehen werden. Sie betonte Innerlichkeit und Individualität. Die Trennung zwischen Subjekt und Objekt wurde erstmals problematisiert; die Spannung zwischen »Ich und Umwelt« trat in den Mittelpunkt der persönlichen Empfindungswelt, Phantasie und Gefühl wurden wichtiger als Vernunft. Kunst wurde zum Ausdruck schöpferischer Individualität. Die extremen Ideale der Romantik wirkten auf den Großteil des Bürgertums eher beängstigend-anarchisch, da die Romantiker in seinen Augen eine geordnete Welt in Frage stellten. Das Bürgertum wurde nach wie vor vom Klassizismus angesprochen, die Romantik hatte aber durchaus ihre Auswirkungen. Es wurde chic, »Gefühl« zu zeigen.

Besonders die Stellung von Mann und Frau wurde von romantischen Haltungen geprägt. Die »Liebe« galt als einer der Mittelpunkte des Empfindens, sie wurde zum Mittel, um der Natur näher zu kommen.

Das übertrug sich auf das Frauenbild: Die Frau, der man schon vorher eine stärkere Gefühlswelt zugeschrieben hatte, wurde zu einem wertvollen anderen Wesen erhoben, in dem der Mann einen Widerpart und eine Ergänzung zum eigenen Wesen finden kann. So entstand das Ideal der irrationalen, in ihrem Gefühl ruhenden passiven Frau.

Das bedeutete für sie zwar »Anbetung und Verhimmelung«, aber keine neue Selbständigkeit. Mit Bildung durfte sie zwar spielen, aber keinesfalls sollte sie ihr tiefes Gefühlsleben durch zu viel Rationalität gefährden.

Das spiegelte sich auch im Körperideal wider. Ab etwa 1813 verschwand die »neue Natürlichkeit«, das Korsett wurde wieder hervorgeholt und die Taille zu größter Zerbrechlichkeit geschnürt. Die Kleidermode behinderte jede Bewegung. Der Frau aus gehobenen Schichten blieb gar nichts anderes übrig, als ihre hilflose Zartheit zu betonen. Ein wohlgerundeter Busen war jedoch wichtigstes Schönheitsattribut.

Im Grunde trennten sich durch die romantischen Vorstellungen Frauen- und Männerwelt noch stärker, denn der realistische bürgerliche Mann mußte sich mit Gewalt durchsetzen, um sich in der ihm vielfältige Aufstiegschancen bietenden Gesellschaft einen Platz zu erobern. Er konnte den idealistischen Vorstellungen einer jungen Frau kaum gerecht werden. Da die meisten Ehen zu dieser Zeit noch »nach dem Geldbeutel« geschlossen wurden, mag das die »Gefühlsverwirrung« noch gesteigert haben. Auf jeden Fall erwartete man von der Frau, daß sie ihrem Mann untertan war, Kinder gebar und dem Haushalt ordnungsgemäß vorstand.

Ernsthaftere Emanzipationsbewegungen entstanden um etwa

1830, gewannen aber noch keine allzugroße Schlagkraft. Im Jahr der »Bürgerlichen Revolution« 1848 taten sich auch Frauen hervor und hofften auf ihre Stunde – umsonst.

Noch ein Hinweis: Im deutschsprachigen Raum wird die Zeit zwischen 1815 und 1848 als »Biedermeier« (auch: »Vormärz«) bezeichnet. Mit diesem Begriff verbindet sich seit 1900 vor allem eine Art treuherziger Innerlichkeit, Rückzug ins Private, Spießbürgerliche – Charakteristiken, die kennzeichnend für bestimmte Gesellschaftsschichten waren.

f) Die Zeit zwischen 1850 und 1900 – die »Viktorianische Ära«

Das Maschinenzeitalter setzte sich nun endgültig durch. Die Ausnutzung der Dampfmaschine, die Einrichtung von großen Industriestätten und Eisenbahnlinien prägte die europäische Welt. Die Gesellschaftsumschichtung beschleunigte sich. Der Mensch konnte sich nicht mehr in die Gefühlswelt der Romantik zurückziehen, zumindest der Mann mußte sich mit der Außenwelt auseinandersetzen. Schon früher lautgewordene Kritik an den ungerechten sozialen Zuständen verstärkte sich, die Argumentation des Sozialismus zog weite Kreise.

Im Kunstbereich spiegelte sich diese Entwicklung im Stil des Realismus wider. Die Forderung nach Wahrheit und Objektivität drückte sich in der Präzision der Wiedergabe des Sichtbaren aus. Allerdings wurde dieser Kunststil nur von einer Minderheit gepflegt, denn er bedeutete gleichzeitig Kritik an den herrschenden Zuständen, da vor allem Themen aus der Arbeitswelt gewählt wurden. Die meisten Künstler blieben einer bürgerlich-konventionellen Art der Malerei treu – bis auf eine andere Ausnahme: die Impressionisten. Ihre Ära begann 1863 mit der Ausstellung von Manets ›Frühstück im Freien‹, das vom Publikum mit Entsetzen aufgenommen wurde. Die Impressionisten betonten, im Gegensatz zu den Realisten, das schöne und bezaubernde Moment des eingefangenen Augenblicks.

Um 1850 begann sich die Technik der Photographie durchzusetzen. Schnell entstanden Porträt-Photostudios in den Städten, wandernde Photographen zogen durch ländliche Gebiete. Von Anfang an wurde die neue Technik eingesetzt, um erotisierende Szenen festzuhalten. Aktphotographien wurden zum »Konsumartikel«. Ab dieser Zeit ist es möglich, bevorzugte Körperideale objektiver als durch Kunstwerke vorzustellen –, und es zeigt sich, daß die Frauen bis in die Jahre des Ersten Weltkrieges hinein nicht ausgesprochen dick, aber wohlgerundet und sehr »fraulich« bevorzugt wurden. »Dünne« galten als mager und unschön. Die schmale Taille wurde durch starke Einschnürung erzielt, Brüste, Arme, Schultern und Waden mußten rundlich und weich sein. Fehlende Oberweite wurde ausgepolstert. Wohlsituierte Männer waren im allgemeinen auch körperlich gewichtig.

Das Viktorianische Zeitalter, so benannt nach der englischen Königin Viktoria (Regierungszeit 1837–1901), war eine Zeit der schlimmsten Doppelmoral – in jeglicher, nicht nur in sexueller Hinsicht.

Frauen waren von der Gesetzgebung her, und damit auch ökonomisch, völlig rechtlos. In der Bürgerschicht wurde die Frau als eine Art luxuriöses »Haustier« gehalten, dessen Aufgaben sich darin erschöpften, die Dienstboten zu beaufsichtigen. Im Arbeitsleben war die Frau ein ausgebeutetes Lasttier, mit Löhnen, die oft nicht die Hälfte dessen betrugen, was ein Mann verdiente, und mit Arbeitszeiten zwischen 12 und 16 Stunden. Die Situation insgesamt war völlig widersinnig. Aus der Romantik heraus wurde die Bedeutung von Gefühl und Leidenschaft übernommen, die bürgerliche Moral verbot aber sexuelle Erfüllung, zumindest mit der eigenen Frau. Zudem wurde das Ideal der »Liebesheirat« propagiert, im Grunde ging es aber um gute Versorgung. Junge Mädchen aus besserem Hause waren im großen und ganzen zur Tatenlosigkeit verurteilt. Ihre Anstrengungen beschränkten sich darauf, sich herauszuputzen, Theater und Bälle mit dem Ziel zu besuchen, eine »passende Partie« zu angeln – »alte Jungfern« konnten sich höchstens als Gouvernanten verdingen oder im Haus der Eltern ein verachtetes Leben führen.

Was waren die Hintergründe dieser Situation?

Generell war man sich darüber einig, daß die Frau ein unterlegenes Wesen sei. Diese Grundhaltung hatte verschiedene Ausprägungen.

Eine Gruppe von Männern, so auch Schopenhauer (1788–1860) verachtete die Frau generell als minderwertig. Er beschreibt die spezifischen Eigenschaften der Frau so: Das einzige, was Frauen ernsthaft beschäftige, seien Liebesaffären, Männer zu erobern und alles, was damit zusammenhängt, wie Mode, Kleidung, Tanzen und so weiter. Der grundlegende Fehler der Frau sei ihr mangelnder Gerechtigkeitssinn. Eine wirklich wahrhaftige und aufrechte Frau sei wahrscheinlich eine Unmöglichkeit. Nur die sexuellen Impulse des Mannes trüben seinen Geist in der Richtung, diese kleine, breithüftige, kurzbeinige, schmalschultrige Rasse als das »schöne Geschlecht« wahrzunehmen. Die Anziehungskraft zwischen Mann und Frau sei nur oberflächlich, sie berühre weder Geist, Seele noch Charakter (zitiert nach Murstein 1974, S. 261).

Eine andere Gruppe von Männern propagierte das Bild der »guten Frau«, die sich durch Sanftheit, Unterwerfung, pflichtbewußte Haushaltsführung und Kinderliebe auszeichnete – Qualitäten, die der Mann nicht aufzuweisen hatte. Über die intellektuelle Unterlegenheit der Frau bestand damals kein Zweifel. So schrieb William James (1842–1910) in seinem Buch ›Women of England‹ zum Beispiel, daß Frauen physiologisch ein »feuchteres« Gehirn als Männer hätten; deshalb könnten sie auch nicht logisch denken.

Die »gemäßigte Gruppe« plädierte zwar für mehr Rechte, aber die physische und psychische Unterlegenheit der Frau wurde als naturgegeben vorausgesetzt.

Die größten Widersprüchlichkeiten ergaben sich jedoch aus der bürgerlichen Leistungs- und Sexualmoral.

Dem Mann wurde eine animalisch-triebhafte Natur unterstellt, die er, um im Leben erfolgreich zu sein, in Zaum halten müsse; er verliere sonst zu viel Energie, um sich im Alltag durchzusetzen. Der Sexualakt als solcher sei deshalb so weit wie möglich einzuschränken. Selbstbefriedigung galt ohnehin als so verderblich und den gesunden Geisteszustand gefährdend, daß sie um jeden Preis verhindert werden mußte.

Junge Männer wurden auf ärztliches Anraten hin strengstens kontrolliert, mußten viel Sport treiben, eiskalt baden, durften nur kurz und auf harten Betten schlafen. Vorsichtshalber wurden vielen nachts die Hände festgebunden; da es aber auch trotz dieser Maßnahmen zu nächtlichen Samenergüssen kommen konnte, wurden noch härtere Mittel angewendet, zum Beispiel wurden stachelbewehrte Ringe oder Käfige am Penis befestigt.

Frauen hingegen galten prinzipiell als völlig asexuell und »rein«. Die »eheliche Umarmung« mußten sie um der triebhaften Natur des Mannes willen duldend über sich ergehen lassen. Jungfräulichkeit vor der Ehe wurde zum absoluten Ideal erhoben. Der britische Historiker John Emerich Edward Dalberg-Acton (1834 bis 1902) zum Beispiel meinte, es gäbe kaum eine Frau, die eines sexuellen Gefühls fähig wäre, wenn doch, so handele es sich um eine nymphomanische Verrückte, die in einer Anstalt für Geistesgestörte weitaus besser aufgehoben sei. Die wahren Leidenschaften der weiblichen Natur seien ihr Heim, ihre Kinder und die Haushaltspflichten (zitiert nach Murstein 1974, S. 253f.).

Natürlich gab es auch Gegenstimmen; sie gingen jedoch unter. Im Alltagsleben manifestierten sich die Widersprüchlichkeiten auf vielen Ebenen.

Stuhl- und Klavierbeine wurden schamvoll verhüllt, während die Kleidermode betont sexuell aufreizend war: Die Brust wurde stark dekolletiert, der »Cul de Paris« betonte das Gesäß. Interes-

Die leidige Krinoline

Eine Hofdame der Kaiserin Eugénie von Frankreich (1826–1920), Madame Carette, beschreibt die Auswirkungen der riesigen Krinolinen auf die Beweglichkeit:

»In der ersten Hälfte des Kaiserreichs war die Mode recht sonderbar. Unsere Eleganten von heute [...] würden sich entsetzen, müßten sie in jener Stoffmasse erscheinen, welche, von einem Stahlkäfig gehalten, einen Umfang erreichte, der es nahezu unmöglich machte, daß drei Damen gleichzeitig in einem kleinen Boudoir Platz nahmen. [...]

Gehen war nicht leicht, da man zugleich die Unmenge Stoff, die einen von allen Seiten umgab, fortbewegen mußte, zumal die enge Taille, die in der Mitte dieser Masse saß, wie losgelöst von dem übrigen Körper schien, – sich setzen aber, ohne daß ein Stahlreifen eine falsche Richtung bekam, war geradezu ein Kunststück. In den Wagen steigen, ohne die leichten Tüll- und Spitzenstoffe zu zerdrücken, erforderte viel Zeit, sehr ruhige Pferde und einen übergeduldigen Mann! Reisen, sich hinlegen, mit seinen Kindern spielen, ja, nur ihnen die Hand zu geben, um mit ihnen spazieren zu gehen, das waren Probleme, zu deren Lösung große Zärtlichkeit und viel guter Wille gehörten. Um diese Zeit verlor sich dann auch allmählich der Brauch, Damen den Arm zu bieten, um sie zu begleiten« (Boehn 1976, Band II, S. 244f.).

An einer anderen Stelle spricht die Verfasserin von den »furchtbaren Röcken«, deren Riesenglocken in den mit Nippestischen angefüllten Zimmern zu schrecklichen Katastrophen führten. Zudem standen die weiten Röcke (Saumumfang bis zu zehn Metern!) aus den leichten, luftigen Stoffen in großer Gefahr, rasch Feuer zu fangen. So starb die Erzherzogin Mathilde von Österreich um 1860 daran, daß sie, zigarettenrauchend ertappt, diese in ihrem weiten Rock zu verbergen suchte. Dabei geriet ihr Kleid in Brand (Forstner 1984, S. 68).

sant ist also, daß Asexualität propagiert, aber viele erotische Reize ausgespielt wurden.

Die Prostitution blühte wie nie zuvor. Die bürgerliche Frau hatte die »Triebhaftigkeit und Schwachheit« des Mannes verständnisvoll zu übersehen beziehungsweise dankbar zu sein, daß sie nicht allzuoft »sexuell belästigt« wurde. Frauen der Arbeiterklasse hingegen waren dankbar dafür, ihren Lebensunterhalt aufbessern zu können – aus ihren Reihen rekrutierte sich die »billige Schicht« der Prostituierten. Hausangestellte waren der Gnade ihres Herrn ohnehin auf Gedeih und Verderb ausgeliefert. Eine neue Erscheinung war die Herausbildung der »Demi monde«, einer Klasse von zum Teil geistvollen Luxusmaitressen, die sich sehr teuer bezahlen ließen. Für Herren von Stand galt es fast als Pflicht, eine Dame auszuhalten. In Paris existierte die feste Regelung, zwischen Geschäftsschluß um 17.00 Uhr und dem Abendessen im Kreise der Familie um 19.00 Uhr die Maitresse aufzusuchen. Die Doppelmoral war zudem ein fruchtbarer Nährboden für sexuelle Spielarten à la Marquis de Sade.

Gegen Ende des 19. Jahrhunderts löste sich der Mythos von der generell unleidenschaftlichen Frau ganz langsam auf. Die Prostitution hatte einerseits gezeigt, daß auch Frauen der Leidenschaft fähig sein können, andererseits hatten Geschlechtskrankheiten soweit um sich gegriffen, daß es nahelag, diesen Mythos im eigenen Interesse aufzuheben. Und Frankreich zum Beispiel bot in Gestalt der berühmt-berüchtigten Kaiserin Eugénie (1826–1920) ein aristokratisches Gegenbeispiel: Sie hatte sich durch Schönheit und erotische Verführungskunst die Krone der Kaiserin von Frankreich erkämpft. Die Nachwehen der viktorianischen Doppelmoral sind zum Teil heute noch spürbar, trotz sexueller Revolution. Der interessierten Leserin beziehungsweise dem Leser empfehlen wir zur weiteren Lektüre das Buch von Jos van Ussel ›Sexualunterdrückung – Geschichte der Sexualfeindschaft‹.

g) Beispiele aus anderen Ländern

Die Quellen folgender Beschreibungen sind zum Teil sehr alt und damit, vom wissenschaftlichen Standpunkt aus betrachtet, unzuverlässig (vgl. vor allem Henriques 1961; Wangen 1928). Abgesehen davon, daß Schilderungen westlicher Forschungsreisender über das Schönheitsideal anderer Völker manchmal zu phantasievoll klingen, haben sich die Körperideale mit dem Vordringen der westlichen Kultur verändert. In ›Frauen der Welt‹ (Deffarge, Troeller 1984) beklagen einige Afrikanerinnen zum Beispiel, daß das Aussehen der Frau einen höheren Stellenwert einnimmt, wenn die westlichen Vorstellungen von Partnerschaft die Ursprungskultur verändern. Massenmedien sorgen auch hier für die Propagierung eines westlichen Maßstäben angeglichenen Körperideals.

Fällt das Stichwort »Harem«, entsteht sofort die Vorstellung der früher und teilweise auch heute noch geforderten Üppigkeit. Ein Reisender des 19. Jahrhunderts berichtet von jungen Araberinnen, daß sie von frühester Jugend an mit Milch und Kuskus gemästet werden – auch unter Einsatz von Prügeln, wenn der jugendliche Magen sich sträubt, die großen Mengen aufzunehmen.

Aus Afrika berichtet der englische Reisende Speke, daß er Gelegenheit hatte, die Lieblingsfrau eines Prinzen kennenzulernen: »Sie konnte nicht aufstehen, weil ihre Arme zu schwer wogen. An

Um dem geforderten Schönheitsideal gerecht zu werden, wurden in anderen Ländern, wie aus früheren Berichten von Forschungsreisenden überliefert ist, Frauen von Kindheit an zum Beispiel mit Milch gemästet.

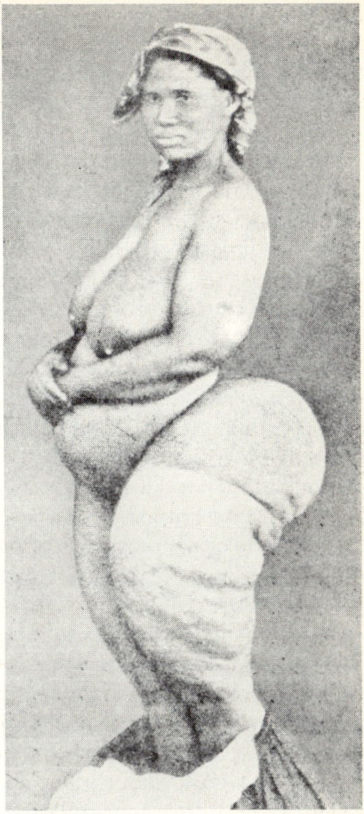

Steatopygie ist eine extreme örtliche Fettablagerung an Gesäß und Oberschenkeln; man vermutet, daß dieses Merkmal bei Hottentotten- und Buschmann-Frauen in den Erbanlagen vorhanden ist.

den Gelenken dieser Gliedmaßen hing ein gewaltig erstaunliches Gewicht zarten, weichen Fleisches. [...] Eine Prinzessin wie diese kann nur auf Händen und Füßen laufen: Das ist die höchste Ehre für das schöne Geschlecht« (zitiert nach Wangen 1928, S. 33). Gemästet worden war auch sie unter anderem mit Milch – der Prinz erklärte voller Stolz, daß man pro Tag zwischen sieben und zwölf Liter Milch »verfüttere«. Dadurch würden solcherart ernährte Frauen zu Frauen »würdig unser und unseres Ranges«.

Ploss beschrieb in einem alten Buch, dessen Erscheinungsjahr leider nicht bekannt ist, das Schönheitsideal der tscherkessischen Frau: »Um eine schlanke Taille hervorzubringen und zu erhalten und das Fett- und Wohlbeleibtwerden, das doch sonst im Orient vielfach als Schönheit gilt, zu verhindern, ernähren die tscherkessischen Mütter ihre Töchter fast nur mit Milch und legen ihnen im 5. oder 6. Jahr schon eine starke Schnürbrust an, die Tag und Nacht getragen und erst von dem Dolch des Bräutigams gelöst wird« (zitiert nach Wangen 1928, S. 27).

Steatopygie ist eine extreme örtliche Fettablagerung an Gesäß und Oberschenkeln. Man vermutet, daß dieses Merkmal bei Hottentotten- und Buschmänner-Frauen von den Erbanlagen her vorhanden ist. Der übrige Körper kann, muß aber nicht schlank sein. Angeblich würden die Hottentotten-Frauen ihren Fettsteiß als Kindersitz verwenden. Die Steatopygie kommt schwächer ausgeprägt vereinzelt auch bei anderen afrikanischen Völkern und in Südeuropa vor. Interessant ist, daß die Frauen des Viktorianischen Zeitalters ihr Gesäß durch die Mode des »Cul de Paris« künstlich sehr stark betonten, die dadurch entstehende Silhouette erinnert stark an die der Hottentotten. Manche Gelehrte vertreten übrigens die Hypothese, daß die Fettablagerungen am Gesäß deshalb so stark ausgeprägt seien, weil diese den Wüstenvölkern als Nahrungsdepot in Hungerzeiten dienten. Noch zwei Berichte aus der Vergangenheit, deren Inhalte auf die genannten Volksstämme heute nicht mehr zutreffen.

Mungo Park schrieb 1860 über nigerianische Frauen, daß Korpulenz und Schönheit gleichbedeutend zu sein schienen. Dieses Ideal sei so stark ausgeprägt, daß eine Frau, um schön zu sein, auf jeden Fall so dick sein müsse, daß sie nur noch mit Hilfe zweier Sklaven gehen könne. Absolute Schönheit verkörpere diejenige, die so schwer wie eine »Kamellast« sei.

Briffault schrieb noch 1926 von den Tuareg ähnliches und schildert die Schönheitspflege so: »Bei den Tuareg fördern die Familien die Schönheit ihrer Töchter schon von früher Jugend an. Mit sechs oder sieben Jahren werden sie energischen Sklavinnen anvertraut, die dafür sorgen, daß sie täglich mehrmals große Mengen von Milchprodukten und Mehl zu sich nehmen« (zitiert nach Henriques 1961, S. 375). Zudem würden sie jeden Abend im Sand gewälzt und kräftig massiert, um das angesetzte Fett gleichmäßig über den Körper zu verteilen und die Unebenheiten auszugleichen. Da die Mädchen ansonsten völlig untätig wären, würden sie ungeheuer dick und könnten sich ebenfalls oft nur noch mit Hilfe von Sklaven fortbewegen.

Im alten China liebten es die Männer, wohlbeleibt zu erscheinen, um ihren Reichtum zu demonstrieren. Die Chinesinnen dagegen mußten schlank und zierlich »wie zarte Lotosblüten« sein (Kiener 1956, S. 57).

Covarrubis berichtet 1937 von einem Indianerstamm Mexikos, den Zapoteken, bei denen Schlankheit als Zeichen von Kränklichkeit gelte. Die normalgewachsene Europäerin wirke neben der »blühenden« Üppigkeit der Frauen Tehuantepecs ausgesprochen mager. Unserem »Sie sehen aber gut aus!« entspreche das Kompliment »Wie dick und blühend (frondosa – im Sinn eines großen, üppig belaubten Baumes) du aussiehst!« (zitiert nach Henriques 1961, S. 380).

Es könnten noch viele weitere Beispiele genannt werden, einige Ideale entsprechen auch durchaus dem westlichen. Man sollte sich nur bewußt machen und möglichst bildlich vorstellen, daß ein Körper, der auf uns als Inbegriff der Ästhetik wirkt, im Rahmen einer anderen Kultur genauso »abstoßend« wirken kann, wie auf uns ein üppig-fleischiger ohne die uns gewohnten Proportionen.

h) Von der Jahrhundertwende bis zur Gegenwart

Im Laufe unseres Jahrhunderts hat sich das Körperideal relativ häufig verändert: Bis zu Beginn der zwanziger Jahre waren bei Frauen üppige Formen erwünscht, bei Herren in gereiftem Alter galt der Bauch nach wie vor als »Gütezeichen«. Im Abschnitt »Zeitgeist und Körperideale« (Seite 121) wurden die Besonderheiten der zwanziger und dreißiger Jahre beschrieben.

Nach dem Zweiten Weltkrieg bis in die späten sechziger Jahre war eine besondere Art der Weiblichkeit begehrt: rassige Frauen, die Sex-Appeal ausstrahlten, mit langen, wohlgeformten Beinen, schmaler, ausgeprägter Taille und üppigen Brüsten. Dieses Ideal wurde durch Sexidole wie Marilyn Monroe, Gina Lollobrigida, Sophia Loren, Anita Ekberg verkörpert. Um deren aufsehenerregenden Formen nachzueifern, trug die Normalfrau oft hautenge Pullover und trichterförmige Büstenhalter, die nicht selten mehr vortäuschten, als wirklich vorhanden war. Die Strickwaren- und Korsettindustrie erlebte einen riesigen Aufschwung. Die Kleidung betonte Formen: Brust, Taille und schmale Hüften. Die schmale Taille erschien durch weitschwingende Röcke besonders zerbrechlich, hautenge Röcke hingegen hoben den »Hüftschwung« hervor, der auch beim Gehen praktiziert wurde. Nach dem Zweiten Weltkrieg wurde »Mannequin« zum angesehenen Frauenberuf, der als Sprungbrett zu Traumkarrieren fungieren konnte. Die Mannequins waren auch damals schon schlanker als Sexidole, da Kleidung nicht primär unter erotischen, sondern unter ästhetischen

Jayne Mansfield (1932–1967) und die Venus von Milo. In den fünfziger bis Mitte der sechziger Jahre mußte der Busen möglichst groß, die Beine lang und die Taille schlank sein.

Twiggy – die »teuerste Bohnenstange der Welt«. An Magersüchtige erinnernde Figuren wurden Ende der sechziger Jahre zum Schönheitsideal junger Frauen.

Aspekten an die Frau gebracht werden soll (vgl. den Abschnitt »Die Frau in der Werbung«, Seite 96). Dennoch gewannen sowohl Mannequins als auch Sexidole hier Vorbildfunktion. In diesem Zusammenhang sei nochmals daran erinnert, wie sich Mode ausbreitet.

Die bevorzugten langen Beine verdienen noch eine besondere Anmerkung, denn in vielen Jahrhunderten wurde von Frauen als dem »kurzbeinigen Geschlecht« gesprochen. In einer Normalverteilungskurve des »durchschnittlichen« weiblichen Körpers stellen die ausgeprägt Langbeinigen eine Extremgruppe dar. Und die Kombination von Langbeinigkeit, schmaler Taille und großen Brüsten ist noch seltener.

Ende der sechziger Jahre wurde das Mannequin »Twiggy« (mit bürgerlichem Namen Leslie Hornby) – von der Kritik als »teuerste Bohnenstange der Welt« bezeichnet – zum Modesymbol. Beson-

Ein neidischer Blick von Sophia Loren auf die üppigeren Brüste.

ders die jüngere Damenwelt bemühte sich, Twiggys an eine Magersüchtige erinnernde Körperformen nachzueifern. Zumindest chronologisch fällt dieses Ideal ungefähr mit der »68er-Szene« zusammen. In dieser Zeit der Studentenbewegung wurden gesellschaftliche Strukturen in Frage gestellt, die feministische Bewegung nahm einen verstärkten Aufschwung. Vielleicht steht, wie bereits in den zwanziger Jahren vermutet, ein knabenhafter Körper im Zusammenhang mit einer sichtbaren Manifestation des Wunsches nach Gleichberechtigung. Wie in den zwanziger Jahren sank auch Ende der sechziger Jahre allgemein die Motivation, Kinder zu bekommen (Loschek 1978).

Interessant ist, daß ein »Mode-Ideal«, das in Zusammenhang mit einer gesellschaftlichen und ideologischen Strömung steht, immer auch Kreise erfaßt, die ohne weitergehende Überlegungen oder Veränderungswünsche nur eine äußere Form übernehmen.

An dieser Stelle schließt sich der Kreis zu Teil A: Seit Mitte der siebziger Jahre pendelt sich die Vorstellung von der bevorzugten Körperform für beide Geschlechter bei einer Ausprägung ein, die – in Kilogramm ausgedrückt – etwa dem Broca-Idealgewicht entspricht.

Kapitel 10 Was tun?

Was kann man im Alltag mit den vielen Informationen dieses Buches anfangen, wenn man selber zu denen gehört, die unter dem aktuellen Schlankheitsideal leiden? Gibt es überhaupt einen Weg, sich von gesellschaftlich bevorzugten Idealen zu lösen? Wir meinen: Ja, auch wenn das mit einigen Anstrengungen verbunden ist. Es gehören Mut und Bereitschaft zum Experimentieren dazu, wenn man aus vorgezeichneten Bahnen ausbrechen will. Aber es lohnt sich, zumindest für die, die Leidensdruck oder Unzufriedenheit spüren. Beim Durcharbeiten dieses Kapitels wird Ihnen auffallen, daß wir keine Patentrezepte liefern wollen, sondern daß immer wieder Sie selber gefordert sind: Sie sollen und müssen entscheiden, welcher Gruppe sie sich zugehörig fühlen, für welchen der vorgeschlagenen Wege Sie sich entscheiden wollen, wieviel Zeit und Nachdenken Sie investieren möchten und welche Veränderungen in der Umwelt, in der Sie leben, überhaupt möglich sind.

Wo anfangen? Natürlich bei der Analyse Ihrer persönlichen Situation – ohne Bestandsaufnahme lassen sich keine Anhaltspunkte dafür ableiten, was Sie verändern könnten.

1. Einteilung in Gewichtsgruppen

Prüfen Sie zunächst, welcher Gruppe Sie angehören. Bitte berechnen Sie dazu, wieviel Übergewicht Sie tatsächlich haben. Zur Erinnerung:

Idealgewicht bei Frauen: Körpergröße in Zentimetern minus 100 minus 15 Prozent.

Idealgewicht bei Männern: Körpergröße in Zentimetern minus 100 minus 10 Prozent.

Normalgewicht bei Frauen und Männern: Körpergröße in Zentimetern minus 100.

Zu welcher der folgenden Gruppen gehören Sie?

Gruppe 1: Ihr Gewicht liegt mehr als 20 Prozent über Broca-Normalgewicht. In diesem Fall sollten Sie unbedingt mit ihrem Arzt abklären, welche Risikofaktoren für Ihre Gesundheit vorliegen und woher Ihr Übergewicht kommt. Leiden Sie unter einer Stoffwechselkrankheit, die das Übergewicht verursacht? Wenn ja, dann hilft natürlich nur medizinische Behandlung.

Stammt Ihr starkes Übergewicht wirklich daher, daß es Ihnen zu gut schmeckt – dann lesen Sie bitte bei »Diät – aber wie?« (Seite 168) weiter.

Gruppe 2: Ihr Gewicht liegt zwischen 15 und 20 Prozent über Broca-Normalgewicht? Auch in diesem Fall sollten Sie Ihren Arzt aufsuchen und abklären lassen, ob erstens Ihre Gesundheit gefährdet ist und ob zweitens Ihr Übergewicht auf einer Stoffwechselstörung beruht. Wenn das zweite zutrifft, so sollten Sie mit Ihrem Arzt medizinische Maßnahmen besprechen. Ist Ihre Gesundheit gefährdet, so lesen Sie bitte bei »Diät – aber wie?« (Seite 168) weiter. Liegen keine Risikofaktoren vor, steht für Sie die Entscheidung an, ob Sie zu Ihrer Körperform stehen wollen oder ob und um wieviel Sie abnehmen möchten. Bitte lesen Sie bei »Schlank ist chic« (auf dieser Seite unten) weiter.

Gruppe 3: Sie wiegen weniger als 15 Prozent über Broca-Normalgewicht, wissen aber durch Ihren Arzt, daß Sie zu den wenigen Menschen gehören, deren Gesundheit durch Ihre Ernährung gefährdet ist. Dies kann der Fall sein, wenn Sie zuckerkrank oder akut herzinfarktgefährdet sind. Bitte lesen Sie auf Seite 168 bei »Diät – aber wie?« weiter.

Gruppe 4: Sie wiegen weniger als 15 Prozent über Broca-Normalgewicht, Ihre Gesundheit ist nicht gefährdet. Falls Sie ohne Hungern und Selbstkasteiungen mit Ihrem Gewicht zufrieden sind, brauchen Sie überhaupt nicht weiterzulesen. Sie möchten jedoch schlanker sein, sind mit Ihrer Figur nicht zufrieden, sind zwar mit Ihrem gegenwärtigen Gewicht zufrieden, können aber nicht unbefangen essen, was Ihnen schmeckt, machen sich Sorgen, was passieren würde, wenn Ihre Selbstbeherrschung versagt, Sie möchten nicht dick werden: Dann lesen Sie bitte den nächsten Abschnitt »Schlank ist chic«.

2. »Schlank ist chic«

Sie fühlen sich zu dick und/oder Sie müssen sich beherrschen, um nicht zuzunehmen. Kurz: Sie haben Figurprobleme. Was tun? Bitte beantworten Sie sich zuerst die Frage, welchen Stellenwert die Sorge um Ihre Figur in Ihrem Leben einnimmt und was Sie an Nachdenken, Energie, Zeit und Geld investieren, um schlanker zu werden oder schlank zu bleiben. Wir haben einige Antwortbeispiele zusammengestellt. Vielleicht können Sie sich in einem wiederfinden; vielleicht denken Sie auch ganz anders.

Antwort 1: Die Sorge um meine Figur beschäftigt mich sehr stark. Meine Gedanken kreisen sehr oft ums Essen oder darum, wie schön es wäre, wenn ich schlank wäre, ohne hungern zu müssen. Eigentlich nimmt dieses Thema den Hauptteil meiner Gedanken in Anspruch.

Antwort 2: Ich denke öfters über meine Figur und darüber nach, wieviel ich essen darf. Manchmal macht mir das ausgesprochen viel aus, manchmal wenig oder nichts. Dick möchte ich auf keinen Fall werden, ich bin bereit, einiges zu investieren, um dies zu verhindern.

Antwort 3: Ich mache mir ab und zu Gedanken über meine Figur. Bisher ist es mir immer gelungen, sie zu halten. Sicher, ich muß mich beherrschen, aber es lohnt sich. Ich bin stolz darauf, es bisher immer geschafft zu haben, schlank zu bleiben.

Antwort 4: Im Grunde finde ich es dumm, daß ich mir Gedanken über meine Figur mache. Bei anderen ist es mir völlig egal, wie sie aussehen, aber ich selber möchte schlank sein und ich tue auch etwas dafür.

Eigene Antwort: Was meinen Sie?

Sie haben nun Ihre Grundeinstellung in Worte gefaßt. Nun sollten Sie diese Grundeinstellung überprüfen. Sind Sie zufrieden damit, wie Sie mit dem Thema Schlanksein umgehen? Kommen Sie gut mit Ihrer Einstellung zurecht oder möchten Sie gerne etwas verändern? Wenn Sie etwas verändern wollen, schlagen wir Ihnen vor, sich mit unseren Anregungen auseinanderzusetzen und damit zu experimentieren.

Beginnen wir damit, die Ebenen zu bestimmen, auf denen Veränderungen stattfinden können.

Da wäre zum Beispiel die Ebene des Verstandes und die des Gefühls. Beide hängen eng miteinander zusammen, aber Sie wissen so gut wie wir, daß beide sich widersprechen können. Wie die Therapieerfahrung zeigt, führt einer der Wege, Gefühle zu verändern über den Verstand. Wer sich gefühlsmäßig vom Schlankheitsideal lösen möchte, muß zuerst verstandesmäßig die Argumente sammeln, die für die Loslösung sprechen. Diese sind nicht schwer zu finden – wir fassen für die Verstandesebene die Hauptpunkte unseres Buches zusammen.

1. Erst in den letzten 15 Jahren hat sich das Körperideal immer stärker in Richtung Idealgewicht verändert. Wie bei jeder Modeströmung scheint immer das als selbstverständlich schön, was gerade allgemein gefällt: ein Körper, der vor 15 bis 20 Jahren als schlank galt, ist nach heutiger Wahrnehmung bereits üppig.
2. Ideale ändern sich. Einige Kapitel dieses Buches waren dem

Entstehen und Verschwinden von Idealen gewidmet. Gerade jetzt scheint sich wieder ein Umschwung anzubahnen, denn

3. das schlanke Körperideal hat mehr Schaden angerichtet als Nutzen gebracht: Man weiß heute, daß nicht die Gesundheit, sondern nur die Mode das Idealgewicht verlangt. Aber bevor Proteste laut wurden, mußte erst eine gehörige Anzahl von Menschen, vor allem Frauen, immer stärker unter diesem Ideal leiden.
4. Das Idealgewicht wurde unter zweifach falschen Voraussetzungen propagiert: Erstens, daß es das gesündeste Gewicht sei und zweitens, daß es für jeden Menschen leicht erreichbar und haltbar sei. In Wirklichkeit ist das zum einzelnen passende Gewicht ganz individuell.

Vernünftige Argumente – aber wenn doch schlank einfach schöner ist und wenn man sich schlank spürbar wohler fühlt? Mit diesen Einwänden bewegen wir uns auf der Gefühlsebene. Und wie kann man sie verändern? Hier beginnt die Experimentierphase für Sie, die Phase, in der Sie sich selber überzeugen, mit anderen diskutieren, ausprobieren können. Zunächst einige Diskussionsgrundlagen, bevor die praktischen Tips folgen.

Punkt 1: Lohnt es sich, so viel Zeit und Energie in ein vom Standpunkt der Vernunft aus sinnloses Ideal zu investieren?

a) Ja: Denn das Aussehen zählt mehr, als die meisten Menschen glauben. Es ist natürlich, wenn man sich einem herrschenden Ideal anpaßt.

b) Nein: Natürlich zählt das Aussehen, aber – *was* zählt daran? Wirklich die scheinbar überflüssigen Pfunde oder der Gesamteindruck, den man hinterläßt? Die Autorinnen von ›Wir sind rund – na und?‹ haben den Nagel auf den Kopf getroffen – sie meinen: Wer sich zu dick fühlt, hat oft die Tendenz, sich zu vernachlässigen. Nur wenn das Traumgewicht (mal wieder) erreicht ist, werden die hübschen Kleider aus dem Schrank geholt. Das Leben wird auf die schlanken Zeiten verschoben, nur dann fühlt sich frau attraktiv und selbstsicher genug. Vernünftiges Verhalten müßte genau umgekehrt ablaufen – zu sich stehen, wie man ist, sich nicht gehen lassen, wenn man sich zu dick fühlt. Wer in den Fehler verfällt, sich üppig nicht zu mögen, wirkt natürlich unattraktiver – weniger gepflegte Erscheinung gepaart mit schlechter Laune ist die perfekte Mischung, um der Umgebung zu zeigen, daß man nicht liebenswert ist.

Punkt 2: Ich fühle mich aber spürbar wohler, wenn ich dünner bin.

a) Ja: Selbstverständlich stimmt das. Wer mit den Idealen seiner Umgebung übereinstimmt, fühlt sich wohler als jemand, mit dem die anderen und er selbst nicht einverstanden sind. Er fühlt sich nicht nur psychisch, sondern auch körperlich besser. Das bekannte Argument, beim Sport merke ich jedes überflüssige Pfund, ich bin einfach beweglicher, wenn ich dünner bin, taucht in jeder Diskussion auf.

b) Nein: Welche Fragen sollte man sich stellen? Will meine Umgebung, Mann, Partner, Freund, Freundinnen, Familie und so weiter, daß ich schlank bin, oder will ich das? Was kostet es mich, schlank zu sein? Lohnt sich der Einsatz für mich? Erhalte ich für mein Schlanksein Belohnungen, die ich mir dafür erwarte? Was genau erwarte ich mir davon, wenn ich schlank bin oder es wäre? Wie steht es mit meiner Beweglichkeit: Bin ich deshalb weniger aktiv, weil ich mich ärgere oder deprimiert bin, wenn ich zugenommen habe? Spüre ich deshalb meine Pfunde beim Sport, weil ich nur Sport treibe, wenn ich zugenommen habe? Bin ich außer Übung, wenn ich beim Sport außer Atem gerate, oder sind es wirklich die Pfunde?

Punkt 3: Frauen sind die Hauptleidtragenden der Schlankheitswelle – muß das so sein?

a) Ja: Natürlich – Frauen werden nun mal stärker nach ihrem Aussehen beurteilt als Männer. Zudem machen sie sich von Natur aus gerne schön.

b) Nein: Solange Frauen zu Passivität erzogen werden, solange sie selber nicht die Kraft finden, sich davon zu lösen, daß sie im Hauptberuf attraktiv für einen Partner sein müssen – solange werden sie der Schönheitspflege größere Bedeutung zumessen als Männer und sich manches Opfer auferlegen, um dem jeweiligen Schönheitsideal gerecht zu werden. Haben Frauen das wirklich nötig?

Punkt 4: Alles schön und gut, aber wenn ich esse, was ich will, gehe ich auf wie eine Dampfnudel.

a) Ja: Na klar – wer zuviel ißt, wird dick. Wirklich?

b) Nein: Erinnern wir uns an Teil A:

Die wenigsten Menschen sind von ihrem Stoffwechsel her darauf angelegt, idealgewichtig zu sein. Wer ein natürliches Körpergleichgewicht hätte, das über dem Idealgewicht liegt, hungert sich im wahrsten Sinn des Wortes aus, wenn er idealgewichtig sein möchte. Aller Wahrscheinlichkeit nach lernt sein Körper, mit weniger Nahrung auszukommen, wenn er ständig unterernährt wird. Wenn jemand nach längerem Diäthalten wieder normal ißt, nimmt er deshalb meist übermäßig zu.

Wer sein natürliches Körpergleichgewicht finden möchte, nachdem er lange Zeit gehungert hat, muß zunächst Geduld und angstfreien Umgang mit sich selber lernen – wer gelassen mit seinem

Gewicht umgehen kann, ißt auch gelassen. Und wer gelassen ißt, wird nie und nimmer übermäßig dick.

Damit kommen wir bereits zu den praktischen Tips, die wir Ihnen, wie oben bereits erwähnt, im folgenden geben. Hier sollten Sie sich zunächst entscheiden: Möchten Sie weiterhin nur auf Kontrolle setzen, oder wollen Sie lernen, Ihr persönliches, zu Ihnen passendes Gewicht zu finden? Entscheidungsgrundlage muß sein, was Ihnen wichtiger erscheint: Schlank sein nach Vorschrift oder ein Leben ohne Kalorienzählen. Nehmen Sie sich bitte Zeit für diese Entscheidung; wenn irgend möglich, diskutieren Sie mit anderen darüber. Wenn Sie Ihre Entscheidung getroffen und sich fürs Umlernen entschieden haben, steht Selbsterfahrung für Sie an. Am vorteilhaftesten wäre es, wenn Sie sich einer Gruppe Gleichgesinnter anschließen könnten – mit Rückendeckung lebt sich's leichter. Aber Sie können es auch alleine versuchen. Viele Wege führen zum Ziel.

3. Praktische Tips

a) Leben ohne Kalorienzählen

Hören Sie auf, ständig zu überlegen, was Sie essen dürfen. Lernen Sie lieber, in sich hineinzuhören, worauf Sie wirklich Lust haben. Und essen Sie ohne schlechtes Gewissen das, wozu Sie Lust haben. Auch wenn's am Anfang schwerfällt, auch wenn die Angst vor dem Dickwerden aufkommt – es ist besser, die zwei Stücke Torte, nach denen einen gelüstet, gleich zu essen, als vorher ein Knäckebrot, 300 Gramm Magerquark, ein Pfund gelbe Rüben und anschließend mit furchtbar schlechtem Gewissen ein Stück Torte. Und weil man das schlechte Gewissen jetzt ohnehin hat, betäubt man es dann womöglich mit dem zweiten Stück Torte und einer Tafel Schokolade – morgen wird man ja alles wieder einsparen ...

Die Angst vor natürlichem, lustbetontem Essen abzubauen, ist nicht einfach. Am besten funktioniert das in einer Gruppe, zusammen mit Frauen, denen es ähnlich geht.

Wenn Sie nach einiger Zeit – und lassen Sie sich Zeit! – noch das Gefühl haben, wirklich zu viel zu essen, dann gehören Sie vielleicht zur Gruppe derer, die sich tatsächlich aufgrund psychischer Probleme überessen. Dann sollten Sie diese Probleme angehen – Sie können sicher sein, daß Ihnen auch die beste Diät nicht weiterhelfen wird. Sie werden Ihre Probleme nur verschärfen, wenn Sie sie mit der Flucht ins Diätleben überdecken wollen.

b) Selbstsicherheitstraining

Was vermuten Sie, wodurch Sie auf Ihre Mitmenschen wirken? Auf welchen Wegen finden Sie Anerkennung? Weshalb mögen andere Sie? Wer sehr viel Wert auf sein Aussehen legt, oder, anders ausgedrückt, wer um seines guten Aussehens willen Leiden auf sich nimmt, fürchtet oft insgeheim, nur durch sein Äußeres beeindrucken zu können. Frauen legt ihre Erziehung dieses Wertsystem nahe. Ein Selbstsicherheitstraining hilft, andere Werte zu setzen. Es gibt Programme, die Sie zu Hause durchführen können (erkundigen Sie sich in ihrer Buchhandlung), oft wird Selbstsicherheitstraining im Rahmen von Volkshochschulprogrammen angeboten. In größeren Städten können Sie sich bei Frauengruppen oder in Frauenbuchläden erkundigen. Wer lernt, seine Persönlichkeit zur Geltung zu bringen, hat es nicht nötig, sein Selbstbewußtsein nur aufs Aussehen und die schlanke Linie zu stützen.

c) Ihr Körper

So widersprüchlich es klingen mag: Meist haben die, die ständig Kalorien zählen und auf ihre schlanke Linie achten, keine gute Beziehung zu ihrem Körper – im Gegenteil. Der Körper ist ein Feind, der unter Dauerbeobachtung gestellt wird.

Selbstannahme heißt aber unter anderem auch, eine liebevolle Beziehung zum eigenen Körper aufzubauen, ihn pfleglich zu behandeln und ihn zu genießen. Wie kann man das lernen? Am besten in Gruppen unter Anleitung, wir können nur Anhaltspunkte geben.

a) Wissen Sie überhaupt, wie Ihr Körper aussieht? Schauen Sie sich im Spiegel an, befreunden Sie sich mit Ihren Formen, statt sie zu verdammen, lernen Sie, Ihren Anblick zu genießen. Geben Sie nicht vorschnell auf!

b) Körpergefühle wahrnehmen:
   1. Vergleichen Sie Ihr Spiegelbild, also Ihren Anblick mit dem, was Sie wahrnehmen, wenn Sie Ihre Formen ertasten.
   2. Seien Sie nett zu Ihrem Körper – streicheln Sie sich, baden Sie genüßlich, cremen Sie sich zärtlich ein. Fühlen Sie sich selber!
   3. Was bedeutet Bewegung für Sie? Lernen Sie, verschiedene

Bewegungen bewußt zu genießen. Tanzen Sie für sich alleine – erleben Sie, was für Empfindungen mit welchen Bewegungen verbunden sind.

Das sind nur wenige Anregungen. Denken Sie sich selber Neues aus, es gibt unendlich viele Möglichkeiten! Den meisten Spaß und den größten Lernerfolg werden Sie haben, wenn Sie den Mut finden, sich einer Gruppe zur Körpererfahrung anzuschließen oder eine zu gründen.

d) Nochmal Körper – Sport

Sporttreiben ist ein heikler Punkt. Die meisten von uns bewegen sich zu wenig und wenn, dann oft nur in sporadischen Anfällen von Selbstüberwindung, die nicht lange anhalten.

Daß Sporttreiben, wenn in Maßen betrieben, jedem gut tut, ist eine Binsenweisheit. Wer Sport aber nur aus schlechtem Gewissen heraus oder um abzunehmen betreibt, wird nicht lange durchhalten. Eine Sportart wird auf Dauer nur betrieben, wenn der Ausübende viel Spaß dabei und ein wirkliches inneres Bedürfnis hat, genau diese Sportart auszuüben.

Unser Tip: Wenn Sie Sport treiben wollen, dann suchen Sie sich bitte eine Sportart aus, die Ihnen wirklich Freude macht, und übernehmen Sie sich vor allem nicht. Setzen Sie sich kleine, aber dafür realistische Ziele. Ihre eigene Erfahrung deckt sich bestimmt mit der unseren: Heroische Pläne werden zwei bis drei Tage, bestenfalls eine Woche lang durchgeführt. Dann kommt die Phase des schlechten Gewissens, ein neues Aufraffen und irgendwann haben Sie die Nase endgültig voll. Deshalb: kleine Schritte!

4. Diät – aber wie?

Wenn Sie wirklich abnehmen müssen oder unbedingt abnehmen wollen, gibt es einige Grundregeln, die Ihnen das Leben leichter machen können. Nur eines dürfen Sie nicht erwarten: Ein für allemal abzunehmen und mühelos so superschlank zu bleiben, wie Sie es vielleicht gerne wären, außer Sie gehören zu denen, die aufgrund psychischer Probleme und/oder weil Sie in einen Diätkreislauf geraten sind, zuviel wiegen. Aber dann ist ohnehin der vorhergehende Abschnitt der wichtigere für Sie. Mag sein, daß Ihr persönlicher Sollwertbereich, also das zu Ihnen passende Gewicht, gar nicht so weit von Ihrem Traumgewicht entfernt liegt, wie Sie befürchten.

Diätvorschriften gibt es genug. Wieviel (oder wie wenig) sie Ihnen genutzt haben, können nur Sie selber beurteilen. Die folgenden Punkte halten wir für wichtig.

a) Wie viele Kalorien darf ich ...?

Hier sollten Sie experimentieren. Wenn Sie Ihren Körper zu sehr aushungern, kann sich Ihr Sollwertbereich verschieben. Die Folge ist: Sie nehmen sofort zu, wenn Sie wieder normal essen. Deshalb ist es ratsam, nicht zu lange Diät zu halten. Wechseln Sie Reduktionsphasen von ein bis zwei Wochen mit Phasen normalen Essens ab. Alarmzeichen für Sollwertverschiebung ist, wenn Sie trotz reduzierter Nahrungsmengen nicht mehr abnehmen. Lassen Sie es möglichst nicht soweit kommen! Warten Sie ab, bis Sie das Gefühl haben, daß sich Ihr neues Gewicht stabilisiert hat, bevor Sie erneut Diät halten. Lassen Sie sich Zeit!

Wir wissen aus eigener Erfahrung, wie verlockend es ist, sich zu sagen: Zwei, drei Wochen strenge Diät und dann ist alles in Ordnung; wenn ich erst mein Traumgewicht habe, dann kann ich es auch halten. Wenn Sie eine lange Diätkarriere hinter sich haben, wissen Sie, daß das so nicht stimmt. Jede Diät stört das Körpergleichgewicht und das psychische Gleichgewicht. Gehen Sie schonend mit sich um – auf Dauer zahlt sich das aus. Wenn Sie dauerhaft abnehmen wollen, hilft nur langsames Umlernen.

b) Umlernen

Das Umlernen umfaßt viele Bereiche, vor allem sich realistische Ziele zu setzen und Widerstände abzubauen.

Realistische Ziele setzen: Nur wer sich realistische Abnahmeziele setzt, hat eine Chance, das angestrebte Gewicht zu halten. Wenn Ihr Gewicht weit über Normalgewicht liegt, ist es sinnlos, vom Idealgewicht zu träumen. Natürlich können Sie versuchen, mit heroischer Anstrengung Ihre Pfunde loszuwerden – aber bedenken Sie, daß es mit dem Abnehmen alleine nicht getan ist. Wenn Sie sich einem Leben mit ständig knurrendem Magen aussetzen möchten und sich dazu stark genug fühlen, steht Ihnen natürlich dieser Weg frei. Sie können aber auch einen anderen einschlagen: Experimentieren Sie, bis Sie das zu Ihnen passende Gewicht gefunden haben. Weitere Ausführungen dazu finden Sie im Abschnitt »Schlank ist chic« (Seite 162).

Widerstände abbauen: Sie wissen vielleicht aus eigener Erfahrung, daß bei einer Diät nicht nur der Hunger nagt, sondern daß nach der anfänglichen Phase der Euphorie deprimierende Gedanken hochkommen wie »Von jetzt an muß ich mich immer beherrschen«, »Nie mehr richtig essen dürfen ...« und so weiter.

Diesen Gedanken und Gefühlen können Sie teilweise vorbeugen:

– Stellen Sie keine zu großen Ansprüche an Ihr Durchhaltevermögen. Verbieten Sie sich nicht heroisch jede Süßigkeit, jede Lekkerei – um schließlich eines Tages mit schlechtem Gewissen angesichts der vielen Verlockungen doch zu versagen. Denken Sie daran: Verbotene Genüsse locken viel stärker als erlaubte. Bauen Sie von vorneherein das in Ihre Diät ein, was Ihnen wirklich schmeckt. Achten Sie dabei weniger auf ausgewogene Ernährung als darauf, Ihren »psychischen Hunger« zu stillen. Da Ihre Diätphase nicht länger als eine bis zwei Wochen dauern sollte, wird Ihre Gesundheit nicht gefährdet.
– Lernen Sie, genußvoll zu essen. Damit meinen wir nicht, daß Sie jeden Bissen fünfzigmal kauen sollen – dann schmeckt er nämlich nicht mehr –, sondern daß Sie lernen sollten, das, was Sie essen, ohne schlechtes Gewissen zu essen. Auch wenn Sie mal mehr als geplant zu sich nehmen: Genießen Sie es. Einen Rückschlag in Ihren Abnahmebemühungen erleben Sie nicht dann, wenn Sie einmal oder zweimal etwas zu viel essen, sondern wenn Sie dem typischen Abnahmephänomen erliegen: »Jetzt habe ich zuviel gegessen! Dann kommt's heute auch nicht mehr darauf an, was ich esse. Morgen beherrsche ich mich wieder. Ganz bestimmt.« Die Folge: Statt etwas mehr zu essen, wird auf Vorrat »gestopft«, und das mit sehr schlechtem Gewissen.
– Widerstände können Sie auch abbauen, indem Sie eine neue Einstellung zu sich und Ihrem Körper finden. Alles, was im Abschnitt »Schlank ist chic« (Seite 162) gesagt wurde, gilt auch, wenn Sie abnehmen wollen oder müssen.

Es geht nicht nur um Ihren Körper und darum, ihm mit Willenskraft die überflüssigen Pfunde abzutrotzen; es geht darum, Körper und Persönlichkeit in Einklang zu bringen.

c) Hunger!

Es gibt keine Diät ohne Hungergefühle und flaues Gefühl in Kopf und Magen – welche(r) Abnahmewillige denkt nicht mit Grausen daran. Was tun? Ganz verschwinden wird es wohl nie, wenn man sich auf schmälere Kost setzt, aber man kann es vermindern: Wer sich nicht zu sehr aushungert, wer mit Genuß ißt, wer keinen endlosen Leidensweg ohne die Freuden guten Essens vor sich liegen sieht, entwickelt von vorneherein keine solch überwältigenden Hungergefühle wie jemand, der die höchsten Ansprüche an sein Durchhaltevermögen stellt.

Die übrigbleibenden »kleinen« Hungergefühle kann man zumindest etwas dämpfen, indem man
- sich warm hält – Frieren verstärkt Hungergefühle,
- viel trinkt, vor allem heiße Getränke,
- in Maßen Sport treibt.

Eine Warnung: Es wird oft geraten, Hunger durch Unmengen von Salat, Gemüse und so weiter zu überlisten. Vielleicht gehören Sie zu denen, die damit Erfolg haben. Die meisten fühlen sich dadurch kaum weniger hungrig, gewöhnen sich aber daran, vom Volumen her sehr große Nahrungsmengen zu sich zu nehmen. Wenn die Selbstbeherrschung versagt, fällt es sehr leicht, entsprechend große Mengen stark kalorienhaltiger Nahrungsmittel zu essen. Deshalb: Essen Sie lieber gleich das, worauf Sie eigentlich Hunger haben. Es ist sinnlos, ein Pfund gelbe Rüben, einen Kopf Salat und 200 Gramm Magerquark in tapferer Selbstbeherrschung zu verspeisen und dann dem Griff in die Pralinenschachtel doch nicht widerstehen zu können.

d) Und die Gesundheit?

Vielleicht haben Sie ein Kapitel über gesunde Ernährung vermißt? Erstens gibt es dazu sehr viel Literatur und zweitens: Wer sich hierzulande einigermaßen ausgewogen ernährt, das heißt nicht nur von Cola, Pommes Frites, Hamburgern, Schokolade lebt, sondern Vollkornbrot, Obst und Gemüse auf seinen Speiseplan gesetzt hat, steht kaum in der Gefahr, an Mangelernährung zugrunde zu gehen. Sollten sich spezifische Probleme, wie zum Beispiel Eisenmangel, ergeben, dann ist dem leicht abzuhelfen.

Während einer Diät empfehlen wir, ein Vitaminpräparat einzunehmen. Essen Sie ansonsten das, was Ihnen schmeckt. Verzichten Sie unbedingt auf Abführmittel – unterstützen Sie Ihre Verdauung auf natürlichem Wege durch Weizenkleie, Vollkornbrot und ähnliches. Und bedenken Sie: Es ist kein Unglück, wenn Sie mal 4 Tage oder sogar länger »nicht können« – Ihre Darmflora muß sich auf die verminderten Nahrungsmengen einstellen. Sie schaden Ihrer Gesundheit, wenn Sie vorschnell zu Abführmitteln greifen!

Wenn Sie unter Zuckerkrankheit, Gicht und so weiter leiden oder herzinfarktgefährdet sind, sollten Sie sich natürlich an Ihre speziellen Diätvorschriften halten. Aber auch hier gilt: Gestehen Sie sich lieber bewußt von Zeit zu Zeit einen »Ausbruch« zu, als Ihr Durchhaltevermögen völlig überzustrapazieren. Sie fahren damit auf Dauer besser, als mit völlig unkontrollierten Ausrutschern.

5. Zu guter Letzt ...

Es bleibt uns nur übrig, Ihnen Mut zum Experimentieren und zu neuen Erfahrungen mit sich und Ihrem Körper zu wünschen! Wir hoffen, Ihnen Anregungen gegeben zu haben, mit denen Sie in Ihrem Alltag etwas anfangen können. Alle unsere Vorschläge stammen aus eigenen und fremden Erfahrungen, Erlebnissen und unzähligen Diskussionen über Schlanksein und Schlankwerden. Wissenschaftliche Forschungsergebnisse liegen für die theoretischen Grundlagen vor, zum Beispiel zum Sollwertbereich, zur Set-Point-Theorie. Belegt sind auch die negativen Auswirkungen der Schlankheitswelle und die hohe »Rückfallquote« der Abnahmewilligen, die sich auf althergebrachte Diätmethoden verlassen. Es ist Zeit, neue Wege zu gehen! Sie werden sicher nicht alleine bleiben. Die Proteste gegen die Schlankheitswelle hatten durchaus Auswirkungen. So haben sich bereits eine Anzahl von Frauen zu Selbsthilfegruppen zusammengeschlossen. Auch das Konsumverhalten hat sich generell verändert: Jahrelang bevorzugten die Verbraucher kalorienreduzierte Nahrungsmittel wie Magerquark oder Magermilch. Im Lauf des letzten Jahres ging der Umsatz dieser Produkte stark zurück zugunsten von Sahnequark, Vollfettkäse und so weiter. Sahnejoghurts wurden zum Verkaufsschlager. Solche Marktveränderungen sind wichtige Zeichen für die Veränderung der Einstellung gegenüber Essen und Genießen.

Und nun wirklich zu guter Letzt: Ein Ideal ändert sich erfahrungsgemäß meist dann, wenn es in allen gesellschaftlichen Gruppen Anerkennung gefunden hat. Das trifft auch für das Schlankheitsideal zu – seit kurzem wollen (fast) alle schlank sein. Ein gutes Vorzeichen für einen dringend fälligen Modewechsel.

Bibliographie

Adam, Hans Christian: Die erotische Daguerreotypie. In: Michael Köhler, Gisela Barche (Hrsg.): Das Aktfoto – Ansichten vom Körper im fotografischen Zeitalter. Ästhetik, Geschichte, Ideologie. Katalog zur gleichnamigen Ausstellung des Münchner Stadtmuseums. Verlag C. J. Bucher, München 1985, S. 56–61

Arz, Astrid, Barbara Kloos: Mund auf, Augen zu – Essen zwischen Lust und Sucht. Rowohlt Taschenbuch Verlag, Reinbek bei Hamburg 1983

Asch, Solomon: Studies of independence and submissions to group pressure: I. A. minority of one against an unanimous majority. In: Psychological Monographs, Nr. 417, 1956, S. 417ff.

Bar-Tal, D., L. Saxe: Perceptions of similiarity and dissimiliarity attractive couples and individuals. In: Journal of Personality and Social Psychology, Nr. 33, 1976, S. 772–781; zitiert nach: Hans Werner Bierhoff: Sozialpsychologie – Ein Lehrbuch. Kohlhammer Verlag, Stuttgart 1984, S. 41

Berger, M., P. Berchtold: Das sogenannte Idealgewicht. In: Deutsche Medizinische Wochenschrift, Jahrgang 103, Nr. 39, 29. September 1978, S. 1495f.

Bierhoff, Hans Werner: Sozialpsychologie – Ein Lehrbuch. Kohlhammer Verlag, Stuttgart 1984

Blank, Hartmut: Ist doch ganz erfräulich, Schwester! In: Werben & Verkaufen, Nr. 21, 22. Mai 1981; zitiert nach: Michael Köhler, Gisela Barche (Hrsg.): Das Aktfoto – Ansichten vom Körper im fotografischen Zeitalter. Ästhetik, Geschichte, Ideologie. Katalog zur gleichnamigen Ausstellung des Münchner Stadtmuseums. Verlag C. J. Bucher, München 1985, S. 281

Boehn, Max von: Die Mode. Band I: Eine Kulturgeschichte vom Mittelalter bis zum Barock. Band II: Eine Kulturgeschichte vom Barock bis zum Jugendstil. Bearbeitet 1986 von Ingrid Loschek, Bruckmann Verlag, München 1976

Braun, Heinz: Formen der Kunst. Eine Einführung in die Kunstgeschichte. Teil 1: Altertum (13. Auflage 1974). Teil 2: Mittelalter (13. Auflage 1974). Teil 3: Renaissance und Barock (12. Auflage 1974). Teil 4: 19. und 20. Jahrhundert (12. Auflage 1974). Verlag Martin Lurz, München

Brownmiller, Susan: Weiblichkeit. S. Fischer Verlag, Frankfurt am Main 1984; zitiert nach Alice Schwarzer (Hrsg.): Durch dick und dünn. Ein Emma-Buch. Rowohlt Taschenbuch Verlag, Reinbek bei Hamburg 1986, S. 167 bis 172

Buchhändler-Vereinigung Frankfurt am Main (Hrsg.): Verzeichnis lieferbarer Bücher 1986/1987 – Schlagwortverzeichnis. Verlag der Buchhändler-Vereinigung, Frankfurt am Main 1986

Burland, W. L., P. D. Samvel, I. Yudkin (Hrsg.): Obesity Symposium. Serner Research Institute Symposium on Obesity. Curchill Livingston, Edinburgh 1974

Byrne, D., C. R. Ervin, J. Lamberth: Continuity between the experimental study of attraction and real-life computer dating. In: Journal of Personality and Social Psychology, Nr. 16, 1970, S. 157–165; zitiert nach: Hans Werner

Bierhoff: Sozialpsychologie – Ein Lehrbuch. Kohlhammer Verlag, Stuttgart 1984, S. 40

Cross, J. F., J. Cross: Age, sex, race, and the perception of facial beauty. In: Developmental Psychology, Nr. 5, 1972, S. 433–439; zitiert nach: Hans Werner Bierhoff: Sozialpsychologie – Ein Lehrbuch. Kohlhammer Verlag, Stuttgart 1984, S. 41

Deffarge, Marie-Claude, Gordian Troeller: Frauen der Welt. Verlag 2001, Frankfurt am Main 1984

Denscher, Bernhard: Die Frau in der Werbung. In: Museen der Stadt Wien: Die Frau im Korsett. Wiener Frauenalltag zwischen Klischee und Wirklichkeit 1848–1920. Katalog zur 88. Sonderausstellung des Historischen Museums der Stadt Wien. Eigenverlag der Museen der Stadt Wien, Wien 1984, S. 97–100

Dermer, M., W. M. Thiel: When beauty may fail. In: Journal of Personality and Social Psychology, Nr. 31, 1975, S. 1168–1176; zitiert nach: Hans Werner Bierhoff: Sozialpsychologie – Ein Lehrbuch. Kohlhammer Verlag, Stuttgart 1984, S. 41

Deutsche Gesellschaft für Ernährung (Hrsg.): Ernährungsbericht 1972, 1976, 1980, 1984. Druckerei und Verlag Franz Jos. Henrich, Frankfurt am Main 1972, 1976, 1980, 1984

Dion, K.: Physical attractiveness and evaluation of children's transgressions. In: Journal of Personality and Social Psychology, Nr. 24, 1972, S. 207–213; zitiert nach: Hans Werner Bierhoff: Sozialpsychologie – Ein Lehrbuch. Kohlhammer Verlag, Stuttgart 1984, S. 40

Ernährungsbericht siehe Deutsche Gesellschaft für Ernährung

Exner, Eva: 100 verschiedene Schlankheitsdiäten. Heyne Verlag, 8. Auflage, München 1975

Fontane, Theodor: Die Poggenpuhls. Reclam Verlag, Stuttgart 1978

Forstner, Regina: Die Wiener Damenmode in der zweiten Hälfte des 19. Jahrhunderts bis zum Ende des Zweiten Weltkriegs. In: Museen der Stadt Wien: Die Frau im Korsett. Wiener Frauenalltag zwischen Klischee und Wirklichkeit 1848–1920. Katalog zur 88. Sonderausstellung des Historischen Museums der Stadt Wien. Eigenverlag der Museen der Stadt Wien, Wien 1984, S. 68ff.

Frankfurter Kunstverein: Die Kunst im Dritten Reich. Verlag 2001, 5. Auflage, Frankfurt am Main 1981

Frauengruppe Faschismusforschung: Mutterkreuz und Arbeitsbuch – Geschichte der Frauen in der Weimarer Republik und im Nationalsozialismus. Frankfurt am Main 1981

Freytag, Kurt: Das nackte Propagandabild. In: ASA, 3. Jahrgang, 1909, Nr. 9; zitiert nach: Michael Köhler, Gisela Barche (Hrsg.): Das Aktfoto – Ansichten vom Körper im fotografischen Zeitalter. Ästhetik, Geschichte, Ideologie. Katalog zur gleichnamigen Ausstellung des Münchner Stadtmuseums. Verlag C. J. Bucher, München 1985, S. 274

Friedell, Egon: Kulturgeschichte der Neuzeit. Die Krisis der europäischen Seele von der schwarzen Pest bis zum Ersten Weltkrieg. C. H. Beck'sche Verlagsbuchhandlung (Oscar Beck), München 1927, S. 12f. (Taschenbuchausgabe: Deutscher Taschenbuch Verlag, München 1976, S. 12f.)

Göres, Jörn (Hrsg.): Heimliche Verführung – Ein Modejournal 1786–1827.

Katalog zur Ausstellung des Goethe-Museums und der Anton und Katharina Kippenberg Stiftung Düsseldorf, Hoch Verlag, Düsseldorf 1978

Gorsen, Peter: Zur bürgerlichen Rezeption von Obszönität und Pornographie. Rowohlt Taschenbuch Verlag, Reinbek bei Hamburg 1972

Grauer, Angelika: Interviews in der Hölderlin-, Trapp- und Keltern-Apotheke, Tübingen 1985

Gries, F. Arnold, Peter Berchtold, Michael Berger: Adipositas – Pathophysiologie, Klinik und Therapie. Springer Verlag, Berlin, Heidelberg, New York 1976

Groß, Christian, Uwe Großmann: Die Darstellung der Frau. In: Frankfurter Kunstverein: Die Kunst im Dritten Reich. Verlag 2001, 5. Auflage, Frankfurt am Main 1981, S. 385–411

Haeberle, Erwin J.: Der »verbotene« Akt – Unzüchtige Fotos von 1850 bis 1950. In: Michael Köhler, Gisela Barche (Hrsg.): Das Aktfoto – Ansichten vom Körper im fotografischen Zeitalter. Ästhetik, Geschichte, Ideologie. Katalog zur gleichnamigen Ausstellung des Müncher Stadtmuseums. Verlag C. J. Bucher, München 1985, S. 212–224

Hans, Marie Françoise, Gilles Lapouge (Hrsg.): Die Frauen – Pornographie und Erotik. Luchterhand Verlag, Neuwied 1982

Hartl, Barbara: Der erotische Akt – Anmerkungen zum Pin-up. In: Michael Köhler, Gisela Barche (Hrsg.): Das Aktfoto – Ansichten vom Körper im fotografischen Zeitalter. Ästhetik, Geschichte, Ideologie. Katalog zur gleichnamigen Ausstellung des Münchner Stadtmuseums. Verlag C. J. Bucher, München 1985, S. 254–273

Henriques, Fernando: Sittengeschichte der Liebe. Albert Müller Verlag, München 1961

Hoffmann, Hans-Joachim: Psychologie der Werbekommunikation. Verlag Walter de Gruyter, Berlin 1981

Illustrierte Chronik der Zeit – Blätter zur Unterhaltung und Belehrung. Union Deutsche Verlagsgesellschaft, Stuttgart, Jahrgang 1893

Kannel, W. B., T. Gordon: Obesity and Cardiovascular Disease – The Framingham Study. In: W. L. Burland, P. D. Samvel, I. Yudkin (Hrsg.): Obesity Symposium. Serner Research Institute Symposium on Obesity. Curchill Livingston, Edinburgh 1974

Kiener, Franz: Kleidung, Mode und Mensch. Ernst Reinhardt Verlag, München 1956

Kirchmann, Joachim: Reizwelle – Sex in der Werbung. In: Capital – Das deutsche Wirtschaftsmagazin, Heft 12, 1979, S. 88f.; zitiert nach: Michael Köhler, Gisela Barche (Hrsg.): Das Aktfoto – Ansichten vom Körper im fotografischen Zeitalter. Ästhetik, Geschichte, Ideologie. Katalog zur gleichnamigen Ausstellung des Münchner Stadtmuseums. Verlag C. J. Bucher, München 1985, S. 278ff.

Klever, Ulrich: Klevers Kalorien-Joule-Kompaß. Die größte Kalorien-Joule-Tabelle der Welt. Verlag Gräfe und Unzer, 23. Auflage, München 1986

Koch, Thilo: Die goldenen zwanziger Jahre. Das Porträt eines Jahrzehnts. Akademische Verlagsgesellschaft Athenaion, ohne Ort, 1970

Koenig, Otto: Kultur und Verhaltensforschung – Einführung in die Kulturethologie. Deutscher Taschenbuch Verlag, München 1970

Köhler, Michael, Gisela Barche (Hrsg.): Das Aktfoto – Ansichten vom Körper im fotografischen Zeitalter. Ästhetik, Geschichte, Ideologie. Katalog zur gleichnamigen Ausstellung des Münchner Stadtmuseums. Verlag C. J. Bucher, München 1985

Köhler, Michael: Pikanterien, Pin-ups und Playmates. In: Michael Köhler, Gisela Barche (Hrsg.): Das Aktfoto – Ansichten vom Körper im fotografischen Zeitalter. Ästhetik, Geschichte, Ideologie. Katalog zur gleichnamigen Ausstellung des Münchner Stadtmuseums. Verlag C. J. Bucher, München 1985, S. 245–253

König, René: Macht und Reiz der Mode – Verständnisvolle Betrachtungen eines Soziologen. Econ Verlag, Düsseldorf 1971

Kreuz, Lothar: Begegnungen mit Aphrodite – Eine psychologische Studie zur Genetik des Schönen. Schattauer Verlag, Stuttgart 1966

Landy, D., H. Sigall: Beauty is talent – Task evaluation as a function of the performer's physical attractiveness. In: Journal of Personality and Social Psychology, Nr. 29, 1974, S. 299–304; zitiert nach: Hans Werner Bierhoff: Sozialpsychologie – Ein Lehrbuch. Kohlhammer Verlag, Stuttgart 1984, S. 40

Langsdorff, Maria: Die heimliche Sucht, unheimlich zu essen. Fischer Taschenbuch Verlag, 3. Auflage, Frankfurt am Main 1985

Löffler, Sigrid: »Eine Taille wie Sissi« – Wie das Korsett den Frauen die Freiheit nahm. In: Die Zeit, Nr. 37, 7. September 1984, S. 58

Loschek, Ingrid: Mode im 20. Jahrhundert – Eine Kulturgeschichte in unserer Zeit. Bruckmann Verlag, München 1978

Mann, G. V.: Obesity – The nutritional spook. In: American Journal of Public Health, Nr. 61, 1971, S. 1491

Mantell, Ute: Kleine Kulturgeschichte der großen Sehnsucht – Vom Wandel des erotischen Wunschbilds. Paul Neff Verlag, Stuttgart 1953

Mehrabian, Albert: Räume des Alltags oder Wie die Umwelt unser Verhalten bestimmt. Campus Verlag, Frankfurt am Main 1978

Miltner, Wolfgang, Wolf-Dieter Gerber, Niels Birbaumer: Verhaltensmedizin. Springer Verlag, Berlin 1986

Mukařovský, Jan: Kapitel aus der Ästhetik. Suhrkamp Verlag, Frankfurt am Main 1970

Murstein, Bernard L.: Love, sex, and marriage through the ages. Springer Publishing Company, New York 1974

Museen der Stadt Wien: Die Frau im Korsett: Wiener Frauenalltag zwischen Klischee und Wirklichkeit 1848–1920. Katalog zur 88. Sonderausstellung des Historischen Museums der Stadt Wien. Eigenverlag der Museen der Stadt Wien, Wien 1984

Orbach, Susie (1979): Anti-Diätbuch – Über die Psychologie der Dickleibigkeit – Die Ursachen von Eßsucht. Verlag Frauenoffensive, München 1979

Orbach, Susie (1982): Anti-Diätbuch II – Eine praktische Anleitung zur Überwindung von Eßsucht. Verlag Frauenoffensive, München 1982

Paschke, Uwe (Hrsg.): Holles Universalgeschichte. Band 1: Vom Höhlenbewohner zum Entdecker der Welt. Band 2: Von der Entdeckung der Welt zur Eroberung des Universums. Holle Verlag, Baden-Baden 1976

Petsch, Joachim: Kunst im Dritten Reich – Architektur, Plastik, Malerei. Verlag Vista Point, Köln 1983

Pietropinto, Anthony, Jacqueline Simenauer: Abschied vom Mythos Mann –

Report über das männliche Sexualverhalten. Fischer Taschenbuch Verlag, Frankfurt am Main 1978
Pischel, Gina: Große Kunstgeschichte der Welt. Südwest Verlag, München 1975
Prenger, Uta: Schönheit ist kein Zufall. Verlag Hädecke, Weil der Stadt 1969
Pudel, Volker (1978): Zur Psychogenese und Therapie der Adipositas. Springer Verlag, Heidelberg 1978
Pudel, Volker (1985 a): Schrei aus der Tiefe des Bauches. In: Der Spiegel, Nr. 15, 1985, S. 36–56
Pudel, Volker (1985 b): Essen – Wenn das Selbstverständlichste zum Problem wird. In: Psychologie heute, Nr. 5, Mai 1985, S. 22–29
Randow, Thomas von: Leibesfülle ist eine ererbte Last. In: Die Zeit, Nr. 32, 1. August 1986, S. 46
Richter, Gert: Die gute alte Zeit im Bild. Bertelsmann Lexikon Verlag, Gütersloh 1974
Roggenkamp, Viola: Meine Freundin Brigitte. In: Alice Schwarzer (Hrsg.): Durch dick und dünn. Ein Emma-Buch. Rowohlt Taschenbuch Verlag, Reinbek bei Hamburg 1986, S. 57–71
Schmerl, Christiane: Frauenfeindliche Werbung – Sexismus als heimlicher Lehrplan. Elefanten Press Verlag, Berlin 1980 (Taschenbuchausgabe: Rowohlt Taschenbuch Verlag, Reinbek bei Hamburg 1983)
Schönberger, Margit, Anita Höhne: Wir sind rund – na und? Ein Plädoyer für die mollige Frau. Verlag Droemer Knaur, München 1981
Schwarzer, Alice (Hrsg.): Durch dick und dünn. Ein Emma-Buch. Rowohlt Taschenbuch Verlag, Reinbek bei Hamburg 1986
Scott-Beller, Ann: Fat and thin – A natural history of obesity. Farrar, Straus and Giroux, New York 1977
Selg, Herbert: Pornographie in den Medien. Bamberg 1982; zitiert nach: Michael Köhler, Gisela Barche (Hrsg.): Das Aktfoto – Ansichten vom Körper im fotografischen Zeitalter. Ästhetik, Geschichte, Ideologie. Katalog zur gleichnamigen Ausstellung des Münchner Stadtmuseums. Verlag C. J. Bucher, München 1985, S. 245–253, hier Anmerkung 10, S. 253
Shakespeare, William: Dramen. Band I: Komödien. Winkler Verlag, München 1967
Siber, Paula: Die Frauenfrage und ihre Lösung durch den Nationalsozialismus. Berlin, Wolfenbüttel 1933, S. 22; zitiert nach: Christian Groß, Uwe Großmann: Die Darstellung der Frau. In: Frankfurter Kunstverein: Die Kunst im Dritten Reich. Verlag 2001, 5. Auflage, Frankfurt am Main 1981, S. 401
Sigall, H., N. Ostrove: Beautiful but dangerous – Effects of offender attractiveness and nature of the crime on juridic judgement. In: Journal of Personality and Social Psychology, Nr. 31, 1975, S. 410–414; zitiert nach: Hans Werner Bierhoff: Sozialpsychologie – Ein Lehrbuch. Kohlhammer Verlag, Stuttgart 1984, S. 40
Society of Actuaries: Build and Blood Pressure Study. Band 1 und 2, Chicago 1959
Sorlie, P., T. Gordon, W. Kannel: Body build and mortality. In: JAMA, Nr. 18, 9. Mai 1980, S. 1828–1831
Stratz, Carl Heinrich (1898): Die Schönheit des weiblichen Körpers. Enke Verlag, Stuttgart 1898

Stratz, Carl Heinrich (1900): Die Frauenkleidung. Enke Verlag, Stuttgart 1900
Stroebe, Wolfgang (Hrsg.): Sozialpsychologie – Band 2: Gruppenprozesse. Wissenschaftliche Buchgesellschaft, Darmstadt 1981
Stroebe, W., C. A. Insko, V. D. Thompson, B. D. Layton: Effects of physical attractiveness, attitude similiarity, and sex on various aspects of interpersonal attraction. In: Journal of Personality and Social Psychology, Nr. 18, 1971, S. 79–91; zitiert nach: Hans Werner Bierhoff: Sozialpsychologie – Ein Lehrbuch. Kohlhammer Verlag, Stuttgart 1984, S. 42
Tolstoi, Leo: Krieg und Frieden. Insel Verlag, Frankfurt am Main 1982
Ussel, Jos van: Sexualunterdrückung – Geschichte der Sexualfeindschaft. Focus Verlag, 2. Auflage, Gießen 1977
Wangen, Felix Leopold, Oskar Franz Scheuer: Das üppige Weib. Sexualleben und erotische Wirkung. Künstlerische und karikaturistische Darstellung der dicken Frau vom Urbeginn bis heute. Verlag für Kulturfoschung, Wien 1928
Wechsler, Johannes G.: Fastentherapie der Adipositas. Thieme Verlag, Stuttgart 1983
Wolffram, Gert: Der Sex-Appeal. Kreisselmeier Verlag, München 1958

Bildnachweis

Bilderdienst Süddeutscher Verlag, München: Seite 158 links und rechts
Aus Claire Bretécher: Die Frustrierten 2. Copyright © 1978 by Rowohlt Verlag GmbH, Reinbek bei Hamburg: Seite 72
Staatsbibliothek Stiftung Preußischer Kulturbesitz, Berlin: Seite 48
Aus Carl Heinrich Stratz: Die Frauenkleidung. Enke Verlag, Stuttgart 1900: Seite 45, 47 links und rechts.
Aus Felix Leopold Wangen, Oskar Franz Scheuer: Das üppige Weib. Sexualleben und erotische Wirkung. Künstlerische und karikaturistische Darstellung der dicken Frau vom Urbeginn bis heute. Verlag für Kulturforschung, Wien 1928: Seite 155 links und rechts.